Les Essentiels du SUP'

THÉORIE DES ORGANISATIONS

Thierry Colin
Maître de conférences HDR en sciences de gestion

Benoît Grasser
Professeur des universités en sciences de gestion

Amédée Pedon
Maître de conférences en sciences de gestion

ISAM-IAE Nancy / CEREFIGE
Université de Lorraine

ISSN 2497-1758
ISBN 978-2-311-40471-5

Couverture : Les PAOistes
Composition : Hervé Soulard

La loi du 11 mars 1957 n'autorisant aux termes des alinéas 2 et 3 de l'article 41, d'une part, que les « copies ou reproductions strictement réservées à l'usage privé du copiste et non destinées à une utilisation collective » et, d'autre part, que les analyses et les courtes citations dans un but d'exemple et d'illustration, « toute représentation ou reproduction intégrale, ou partielle, faite sans le consentement de l'auteur ou de ses ayants droit ou ayants cause, est illicite » (alinéa 1er de l'article 40). Cette représentation ou reproduction, par quelque procédé que ce soit, constituerait donc une contrefaçon sanctionnée par les articles 425 et suivants du Code pénal. Le « photocopillage », c'est l'usage abusif et collectif de la photocopie sans autorisation des auteurs et des éditeurs. Largement répandu dans les établissements d'enseignement, le « photocopillage » menace l'avenir du livre, car il met en danger son équilibre économique. Il prive les auteurs d'une juste rémunération. En dehors de l'usage privé du copiste, toute reproduction totale ou partielle de cet ouvrage est interdite.
Des photocopies payantes peuvent être réalisées avec l'accord de l'éditeur.
S'adresser au Centre français d'exploitation du droit de copie : 20 rue des Grands-Augustins, F-75006 Paris.
Tél. : 01 44 07 47 70

© Magnard-Vuibert – août 2017 – 5 allée de la 2e DB, 75015 Paris
Site internet : http://www.vuibert.fr

Sommaire

Introduction 5

PARTIE I • Les théories classiques

Fiche 1. L'école classique : la rationalisation du travail 9

Fiche 2. L'école des relations humaines...................................... 21

Fiche 3. L'école néoclassique 33

PARTIE II • Les théories modernes

Fiche 4. L'école systémique 47

Fiche 5. L'école de la contingence : les facteurs internes.................... 63

Fiche 6. L'école de la contingence : les facteurs externes 73

Fiche 7. Les processus décisionnels dans les organisations 85

Fiche 8. L'école sociologique.. 97

Fiche 9. L'approche institutionnaliste 113

Fiche 10. L'économie des organisations....................................... 123

Fiche 11. Les configurations organisationnelles de Mintzberg comme proposition de synthèse 137

PARTIE III • Les transformations organisationnelles contemporaines

Fiche 12. L'organisation *lean*... 151

Fiche 13. L'entreprise intelligente... 161

Fiche 14. L'entreprise libérée 177

Fiche 15. Les types de structure 193

Fiche 16. Vers des organisations en réseau 205

Synthèse 217

Exercices de synthèse 221

Bibliographie 229

Index 233

Introduction

Les ouvrages de la collection « Les Essentiels du Sup' » sont composés de fiches comportant systématiquement des rappels des notions clés, des questions à choix multiples commentées et des exercices intégralement corrigés.

Ces ouvrages sont conçus pour favoriser la remise à niveau, la mémorisation et la révision/préparation des épreuves. Ils proposent une **organisation synthétique** des connaissances et une application à la fois **immédiate** et **progressive**.

I. Objectifs de l'ouvrage

Depuis la fin du XIXe siècle et jusqu'à aujourd'hui, **le champ de la théorie des organisations ne cesse de se développer et de s'enrichir**. De la rationalisation du travail à l'entreprise libérée, en passant par la théorie des systèmes, les différents courants de pensée se succèdent, parfois complémentaires, parfois antagonistes. Face à ce foisonnement, cet ouvrage a comme objectif de guider le lecteur dans la découverte et la compréhension des principales approches théoriques.

Les enjeux sont considérables. Sur le plan **économique**, il s'agit de savoir quel type d'organisation sera le plus efficace pour atteindre un objectif donné. Sur le plan **humain** ou **social**, chaque forme d'organisation véhicule une certaine vision de l'homme au travail, et les conséquences des choix organisationnels se traduisent rapidement par plus ou moins d'autonomie ou d'intensité dans le travail.

Les cadres conceptuels proposés par les théories permettent de **caractériser les différents types d'organisation** et d'en **comprendre le fonctionnement**. Leur connaissance est donc indispensable à toute personne qui exerce ou se destine à exercer des **responsabilités managériales dans une organisation** privée, publique ou associative.

Cet ouvrage est ainsi tout particulièrement destiné aux étudiants en licence et en master dans les domaines du management, de l'économie ou de la sociologie, aux élèves des écoles de commerce ou des écoles d'ingénieurs, et à tout professionnel qui souhaite consolider ses bases ou s'initier aux théories des organisations.

II. Organisation de l'ouvrage

L'ouvrage est composé de seize fiches, regroupées en trois parties.

La première partie est constituée de trois fiches qui présentent les **fondements de la théorie des organisations**. La rationalisation du facteur humain, la prise en compte des relations humaines et la conception du management en tant que fonction à part entière sont successivement abordées. Elles forment un ensemble qui constitue aujourd'hui encore un socle de connaissances de référence.

La seconde partie est constituée de huit fiches exposant les **principaux concepts** qui aident à repérer les **différents types d'organisation** et les **principes de fonctionnement associés**. L'approche systémique permet de comprendre l'importance des phénomènes émergents, alors que l'école de la contingence permet d'identifier les facteurs qui influencent les structures organisationnelles. La connaissance des processus décisionnels, des dynamiques sociologiques, politiques ou économiques aident à mieux comprendre les ressorts de l'évolution d'une organisation et enrichissent la conception de la fonction managériale.

La troisième partie est composée de cinq fiches et s'intéresse davantage aux **formes concrètes d'organisation**, à travers les grands types de structure, et aux **transformations organisationnelles contemporaines**, à travers le *lean management*, l'entreprise « intelligente », l'entreprise « libérée » ou l'organisation en réseau.

Chaque fiche peut se lire de manière autonome et est conçue pour permettre une appropriation rapide des concepts : les points essentiels des théories sont présentés au début de chaque fiche. Des QCM permettent au lecteur de tester ses connaissances ; des mini-cas pratiques et des exercices l'invitent à exercer sa réflexion sur des situations réelles ou plausibles. Toutes ces applications font l'objet de corrigés détaillés, conçus pour prolonger et renforcer l'acquisition des connaissances.

Partie 1
Les théories classiques

L'école classique : la rationalisation du travail

FICHE 1

NOTIONS CLÉS

✓ Rationalisation du travail
✓ Direction d'entreprise
✓ Naissance de la théorie des organisations

I. L'organisation des entreprises au XIXe siècle

Au XIXe siècle, dans les usines naissantes, le travail reste encore assez autonome et peu organisé. La hiérarchie n'existe pas dans les ateliers et les connaissances professionnelles sont acquises par l'apprentissage, ce qui donne un pouvoir important aux ouvriers les plus qualifiés. Ils contrôlent les embauches et sont **libres d'organiser la production** comme ils l'entendent.

La seconde moitié du XIXe siècle est une période de progrès scientifiques et techniques considérables partout dans le monde. Les ingénieurs intègrent le progrès à la fois dans les produits fabriqués et dans les machines qui servent à les produire. Certains d'entre eux considèrent que les principes scientifiques mis en œuvre pour les machines doivent être élargis à l'organisation du travail dans l'atelier et dans l'entreprise. Les premiers auteurs qui réfléchissent au fonctionnement des organisations modernes seront donc des **ingénieurs**. Ils vont, à partir de leur formation en sciences appliquées et de leur expérience, proposer des principes de rationalisation du travail et de l'entreprise. On les désigne sous le terme d'école classique.

> **ATTENTION** L'école classique en théorie des organisations ne doit pas être confondue avec l'école classique en économie (d'Adam Smith, de David Ricardo, etc.). Elles n'ont rien en commun, si ce n'est que, dans les deux cas, il s'agit de courants de pensée considérés comme fondateurs pour la discipline.

II. La rationalisation taylorienne du travail

Les principes de l'organisation scientifique du travail (OST) sont sans doute la référence la plus connue en théorie des organisations. Leur auteur, Frederick W. Taylor (1856-1915) est un ingénieur américain qui connaît bien le fonctionnement des ateliers puisqu'il a commencé sa carrière comme ouvrier.

A Un constat : la faible productivité des ateliers

Pour Taylor, les usines ne sont pas assez productives à cause de la « flânerie » des ouvriers. Ces derniers n'ont aucun intérêt à produire à la cadence maximale et ils freinent volontairement leur rythme de travail. Ce freinage s'explique principalement par la mauvaise organisation du travail dans les ateliers. Tout d'abord, les méthodes utilisées par les ouvriers sont issues de leur expérience, sans réflexion préalable, et elles ne sont pas forcément les plus efficaces. Ensuite, Taylor constate que **les employeurs ignorent quelles seraient les bonnes méthodes et n'ont qu'une idée très approximative des rythmes de production possibles**. Le contrôle du travail des ouvriers n'est donc pas possible, et ces derniers n'ont donc ni la possibilité ni intérêt à produire au maximum. Taylor considère donc que c'est aux ingénieurs d'organiser le travail en utilisant une démarche scientifique pour déterminer la meilleure méthode possible et l'appliquer systématiquement.

B Le remède : l'organisation scientifique du travail (OST)

L'OST suppose donc une **analyse fine du travail par des ingénieurs spécialisés**. Le travail d'un individu est décomposé en mouvements élémentaires parmi lesquels on repère tous les mouvements inutiles, qui doivent être supprimés. Le travail est simplifié pour être divisé entre un maximum d'ouvriers. Enfin, on mesure la **durée de chaque tâche** à l'aide d'un chronomètre. On obtient ainsi, selon Taylor, la meilleure méthode de travail, le « *one best way* », que tous les ouvriers devront appliquer.

Aucune autonomie n'est laissée aux ouvriers, qui doivent suivre à la lettre les standards de travail établis par les ingénieurs des bureaux des méthodes. La maîtrise des méthodes de travail passe donc des ouvriers qualifiés aux ingénieurs, et l'organisation scientifique du travail aboutit à une **séparation totale entre ceux qui conçoivent le travail et ceux qui l'effectuent**. La division du travail extrêmement poussée permet de transformer toute activité industrielle complexe en une suite de tâches simples et répétitives.

> **EXEMPLE**
>
> H. Ford va pousser la logique de l'OST en mécanisant le déplacement des voitures que ses ouvriers doivent monter. C'est le meilleur moyen pour lui de réduire les gestes improductifs, puisque l'ouvrier ne se déplace plus. Il standardise également la production autour d'un modèle unique, simple et robuste : la Ford T. Le travail à la chaîne permettra de diviser progressivement par trois le prix de cette voiture et ainsi de la mettre à la portée d'un plus grand nombre de foyers américains.

III. La rationalisation de l'administration des entreprises

A La naissance du management

C'est un Français, Henri Fayol (1841-1926), qui publie en 1916 *Administration industrielle et générale*, considéré comme le **premier manuel de gestion d'entreprise.** Fayol est un ingénieur qui a fait sa carrière dans les mines jusqu'à devenir directeur. C'est à partir de son expérience professionnelle qu'il essaye d'établir des principes généraux d'administration des entreprises.

Dans les entreprises, Fayol distingue six fonctions :
— la fonction **technique**, c'est-à-dire la production ;
— la fonction **commerciale**, qui consiste à acheter et à vendre ;
— la fonction **financière**, qui doit s'assurer de la disponibilité des capitaux ;
— la fonction de **sécurité**, pour se protéger des incendies et du vol, mais également des grèves ;
— la fonction **comptable**, qui permet de connaître la situation économique de l'entreprise ;
— la fonction **administrative**, qui correspond à ce que l'on appellerait maintenant le management.

Fayol insiste sur l'**importance de la fonction administrative, c'est-à-dire le management**, qui n'est pas à l'époque considérée comme une profession à part entière. Il précise les contours de cette activité en la décomposant en cinq opérations : **prévoir, organiser, commander, coordonner et contrôler (POCCC).**

> **EXEMPLE**
>
> La prévoyance se traduit par un programme d'action qui « est à la fois le résultat visé, la ligne de conduite à suivre, les étapes à franchir, les moyens à employer », énoncé que ne renieraient pas la plupart des manuels modernes de stratégie d'entreprise.

Les six fonctions sont réparties dans l'entreprise, mais de façon variable selon les catégories. Ainsi, les ouvriers ont essentiellement besoin de capacités techniques, alors que plus on monte dans la hiérarchie, plus les capacités administratives sont importantes. Les dirigeants doivent savoir organiser et donc être formés à administrer. Cela peut sembler évident aujourd'hui, mais à l'époque, les dirigeants d'entreprises sont des ingénieurs qui ont reçu une formation uniquement scientifique et technique. Pour développer cet enseignement de l'administration des entreprises, encore faut-il qu'existe une doctrine, ce qui n'est pas le cas au début du xxe siècle.

B Une doctrine sous forme de principes

Fayol va développer une doctrine de l'administration des entreprises en proposant **quatorze principes généraux d'administration** issus de son expérience de dirigeant. Le premier principe présenté est celui de la nécessité de la division du travail, présentée comme naturelle et permettant une amélioration de la productivité. C'est un des fondements de l'école classique.

> **ATTENTION**
>
> Alors que Taylor va jusqu'à proposer une division du travail de management entre huit contremaîtres fonctionnels, Fayol a une vision plus globale du fonctionnement de l'entreprise. Il plaide pour l'unité de commandement au sein des ateliers.

Fayol insiste notamment sur la nécessité de « constituer le corps social », c'est-à-dire d'organiser et de coordonner les différentes activités. La coordination du travail repose pour lui sur les principes d'autorité, de discipline, d'unité de commandement, de centralisation et de respect de la hiérarchie. C'est donc une organisation très formelle, représentée dans le « tableau d'organisation », ancêtre de l'organigramme. Cette organisation a deux caractéristiques : les décisions sont essentiellement prises à son sommet, et c'est le respect de ces décisions qui assure son bon fonctionnement.

Figure 1.1. Organigramme simplifié d'une grande entreprise métallurgique présenté par Fayol

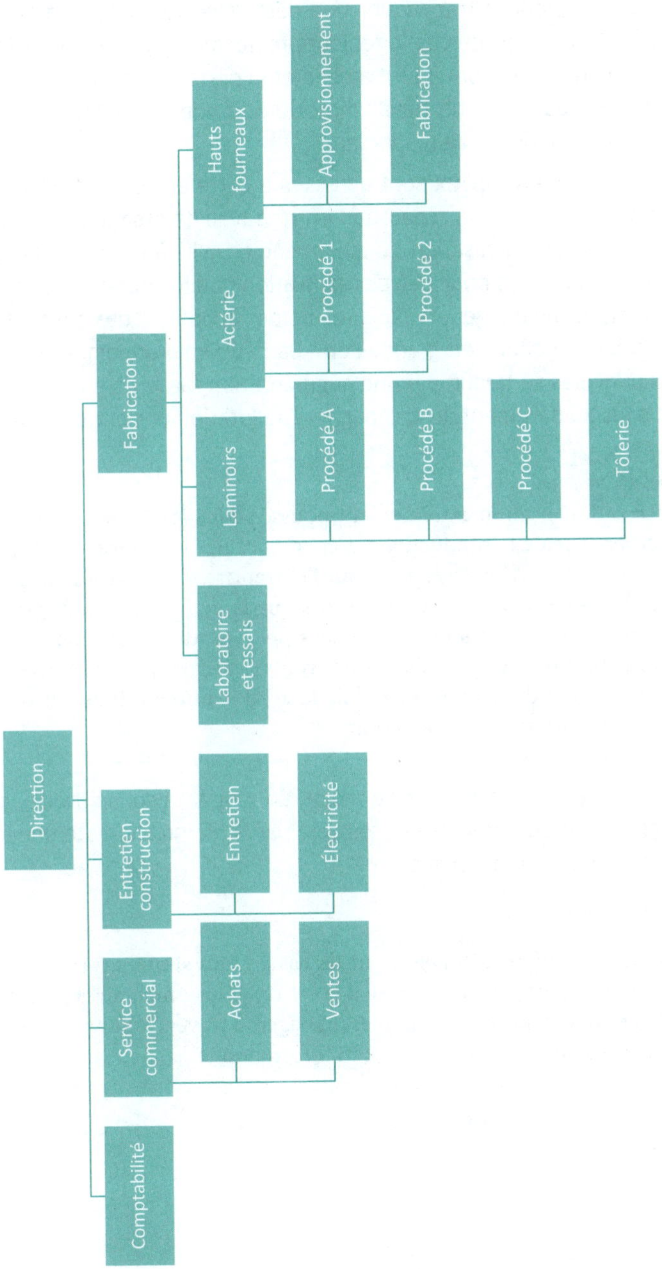

1. L'école classique : la rationalisation du travail

COURS

L'apport principal de l'école classique est d'avoir montré que la **performance des entreprises passe par une amélioration de leur organisation**. Elle est pionnière en ce qu'elle propose d'appliquer une démarche scientifique à l'analyse des organisations. L'approche de ces ingénieurs reste technique et considère l'organisation comme une machine dont il faut améliorer la performance. La faible prise en compte des individus aboutit à un travail morcelé et à une coordination par des procédures que la hiérarchie doit faire respecter.

Deux reproches principaux sont adressés à cette école. Tout d'abord, la division du travail très poussée et la séparation entre travail de production et intellectuel aboutissent à sa déshumanisation, ce qui le rend difficile à supporter et démotive les travailleurs. Ensuite, les principes d'organisation que les ingénieurs de l'école classique considéraient comme généraux se révéleront adaptés à des **contextes très particuliers** : des productions en grande série dans un environnement stable. L'application de ces principes se traduit par une augmentation facilement mesurable de la productivité, mais au détriment de la capacité d'adaptation des organisations.

> **EXEMPLE**
>
> La rationalisation extrêmement poussée dans les usines Ford a permis une forte croissance de la productivité. Cependant, dès les années 1920, la part de marché de Ford s'est effondrée, parce que l'entreprise n'a pas su s'adapter à l'évolution des attentes des consommateurs. Alors que la demande s'est diversifiée, la très forte standardisation des usines conçues pour produire un modèle unique selon une organisation très parcellisée du travail ne permet pas des ajustements rapides. La production de la remplaçante de la Ford T imposa de revoir de fond en comble l'organisation de la production.

Si, de nos jours, le travail est de moins en moins taylorisé, l'idée que le travail de production doit être organisé et contrôlé par la hiérarchie reste une idée encore très répandue dans les entreprises.

> **EXEMPLE**
>
> Dans les centres d'appels, pour les cas les plus simples (prise de rendez-vous), les téléopérateurs doivent suivre à la lettre les argumentaires préétablis, et le travail est étroitement surveillé par les managers à travers le suivi d'une batterie d'indicateurs calculés en temps réel par l'informatique.

> **EXEMPLE**
>
> Le 12 juillet 2013, un déraillement en gare de Brétigny-sur-Orge (Essonne) entraîne la mort de sept passagers. Techniquement, l'accident est dû à la défaillance d'une pièce métallique servant à raccorder deux rails. Le rapport d'enquête a pointé le fait que, du point de vue organisationnel, c'est la surabondance de règles et la perte d'initiative qu'elle implique pour les agents de maintenance qui explique le non-signalement des défauts. Comme le note dans Les Échos le sociologue F. Dupuy : « Par un surprenant retour à un taylorisme naïf, les entreprises, aidées par tous ceux qui les conseillent, croient ou font semblant de croire que la multiplication des procédures et des process permet de contrôler ce que font les gens, donc d'assurer un fonctionnement prévisible de l'organisation. »

ENTRAÎNEMENT

QCM

Choisissez, parmi les propositions suivantes, la ou les bonne(s) réponse(s).

1. **En général, la mise en pratique des principes de l'organisation scientifique du travail :**
   a. réduit le nombre de gestes nécessaires pour une opération et donc diminue la fatigue des salariés.
   b. augmente l'autonomie des salariés.
   c. augmente les cadences de travail et donc rend le travail plus fatigant.

2. **La rationalisation du travail proposée par l'école classique :**
   a. est toujours d'actualité, même si les moyens pour l'atteindre ont changé.
   b. n'est plus d'actualité.
   c. n'a jamais été efficace.

3. **Pour la rémunération des ouvriers, Taylor considère :**
   a. qu'une rémunération en fonction du nombre de pièces produites est efficace.
   b. que ce qui compte, c'est de mesurer scientifiquement le temps nécessaire pour une tâche.
   c. qu'il vaut mieux rémunérer les ouvriers en fonction du temps passé dans l'atelier.

4. **Laquelle de ces citations provient de Taylor :**
   a. « L'initiative est aussi un don précieux pour tous, mais d'autant plus utile que le rang est plus élevé. »
   b. « Dans le passé, l'homme était premier ; dans l'avenir le système devra primer. »
   c. « Tout système doit placer l'homme en son centre. »

5. **Pour Fayol, la fonction administrative :**
   a. est réservée au dirigeant de l'entreprise.
   b. se confond avec la fonction technique dans l'industrie.
   c. se répartit comme les autres entre les différentes catégories de l'entreprise.

6. **Le travail à la chaîne :**
   a. existait avant Taylor.
   b. a été mis au point par Taylor.
   c. a été mis au point après Taylor.

7. **L'école classique :**
   a. veut réorganiser les méthodes de travail pour améliorer l'efficacité des entreprises.
   b. est assez proche de l'école classique en économie.
   c. est un autre nom pour désigner l'OST.

PARTIE 1. Les théories classiques

ENTRAÎNEMENT

EXERCICES

1 **L'organisation du travail dans les entrepôts Amazon**

Le site Amazon.fr propose plus de 200 millions de références. Le réseau logistique en France est composé de 4 centres de distribution, qui totalisent une superficie de 236 000 m². La société emploie 3 600 personnes en France. Différents articles de presse décrivent le travail des préparateurs de commande, ou *pickers*, qui se déplacent entre les rayonnages pour constituer les colis. Ils sont dirigés par un logiciel qui leur indique où se situent les différents éléments de la commande en optimisant le trajet. L'employé valide en donnant un code de vérification affiché sur le colis, et l'article suivant s'affiche aussitôt sur le scan. Il a été montré que les employés parcourent ainsi vingt kilomètres par journée de travail. Les colis constitués sont emballés par d'autres salariés (les *packers*). Les managers peuvent suivre en direct les déplacements et donc les performances des employés. Ils ont la possibilité de leur faire des remarques par l'intermédiaire du scan, sans que les employés ne puissent répondre. La productivité individuelle est ainsi évaluée en permanence, et la pression est mise sur les salariés pour augmenter le nombre de colis traités. Les salariés n'ont pas le droit de communiquer entre eux, et les temps de pause sont strictement contrôlés.

Ces conditions de travail ont déclenché des grèves en France et en Allemagne. La société tente de répondre en mettant en avant les conditions salariales avantageuses (treizième mois, salaire supérieur au SMIC, intéressement, etc.). Le cas d'Amazon n'est pas isolé, puisque la plupart des entrepôts de la grande distribution alimentaire utilisent même des logiciels à commande vocale pour guider les préparateurs.

a. En quoi peut-on considérer cette organisation du travail comme taylorienne ?
b. Pourquoi la production n'est-elle pas entièrement automatisée ?

2 **L'autonomie des ouvriers vue par Taylor**

F. W. Taylor écrit, dans *Les principes de la direction scientifique des entreprises* : « La direction doit prendre en charge les tâches pour lesquelles elle est mieux pourvue que les travailleurs, tandis qu'auparavant, presque tout l'ouvrage et la plus grande part des responsabilités étaient assumés par les travailleurs. »

À partir de cette citation, que peut-on dire de la place réservée par Taylor à l'autonomie des ouvriers ?

CORRIGÉS DES QCM

1. c. La mise en pratique des principes de l'OST aboutit bien à réduire le nombre de gestes nécessaires pour une opération, mais cela se traduit par une diminution du temps accordé pour l'opération et donc par une augmentation des cadences.

CORRIGÉS

L'autonomie des salariés est réduite, puisqu'ils doivent appliquer strictement des normes prédéfinies.

2. a. Rationaliser le travail, c'est mieux l'organiser pour le rendre plus efficace. Cela reste finalement l'objectif de toute approche gestionnaire. L'approche taylorienne s'est avérée efficace dans un contexte de production stable en très grande série, où la productivité physique du travail est le critère principal de performance. L'objectif de rationalisation du travail reste d'actualité, mais, sauf sur certains segments, on n'attend plus uniquement des travailleurs une forte productivité, mais également une capacité de réaction, d'adaptation et une créativité pour lesquelles les principes tayloriens sont inadaptés.

3. b. Pour Taylor, la seule façon de motiver les ouvriers est de connaître, grâce à l'analyse scientifique du travail, la cadence maximale et d'attribuer des primes quand elle est atteinte ou dépassée.

4. b. Dans cette citation, Taylor explique que ce qui faisait la force des entreprises jusqu'ici était le savoir des salariés, mais que grâce à l'OST, c'est l'organisation du travail qui sera source de performance.

5. c. Pour Fayol, « l'administration n'est ni un privilège exclusif, ni une charge personnelle du chef ou des dirigeants de l'entreprise ». Comme les autres fonctions, elle est réalisée à tous les niveaux de l'entreprise, mais elle tient une place centrale dans l'activité des chefs d'entreprise. Cela justifie pour ces dirigeants une formation spécifique à l'administration.

6. c. C'est Ford qui va mettre au point et diffuser le travail à la chaîne. Dans cette organisation, un convoyeur déplace les pièces à monter pour que l'ouvrier ne se déplace pas. Ce système est cohérent avec les principes tayloriens de l'OST, mais il lui est postérieur.

7. a. Le fondement de l'école classique réside dans la volonté des ingénieurs de rationaliser les méthodes de travail. Cette école n'a rien en commun avec l'école classique en économie. L'OST fait partie de l'école classique, mais d'autres auteurs, comme Fayol, sont rattachés à cette école, sans être toujours d'accord avec Taylor.

CORRIGÉS DES EXERCICES

1 L'organisation du travail dans les entrepôts Amazon

a. Bien que le contexte soit différent, on trouve de nombreuses similitudes avec l'OST. Tout d'abord, le travail des préparateurs d'Amazon est directement prescrit et il est étroitement contrôlé. La différence avec l'OST est que le rôle des contremaîtres est ici joué par l'informatique. Les préparateurs n'ont aucune autonomie. On retrouve également l'obsession taylorienne de la chasse aux temps morts par la minimisation des temps de pause et l'optimisation du trajet. La division du travail est

importante, puisque les tâches de constitution et d'emballage du colis sont confiées à des employés différents. Enfin, face aux protestations des employés, la seule compensation proposée est une augmentation de salaire, de la même façon que Ford avait dû augmenter les salaires pour faire face au turn-over de ses ouvriers.

b. Les colis Amazon sont directement expédiés aux consommateurs. Ils sont de petite taille et sont tous différents. L'automatisation qui existe dans les entrepôts des fournisseurs de la grande distribution n'est donc pas rentable.

2 L'autonomie des ouvriers vue par Taylor

Taylor veut réduire l'autonomie des ouvriers et leur laisser le moins de marge de manœuvre possible. On comprend dans la citation que cette division verticale du travail se justifie, pour lui, par le fait que la direction « est mieux pourvue », c'est-à-dire plus compétente. Pour Taylor, seule la direction peut appliquer les méthodes scientifiques qui aboutissent à « la meilleure façon » de produire. Il fait ensuite référence au fonctionnement traditionnel des ateliers au XIXe siècle qui, au contraire de l'OST, était marqué par une grande autonomie des ouvriers.

L'école des relations humaines

FICHE 2

NOTIONS CLÉS

✓ Satisfaction au travail
✓ Motivation au travail
✓ Management participatif

I. Les origines de l'école des relations humaines

L'école des relations humaines est **inspirée par la psychologie**, et en particulier par le **courant béhavioriste**, qui, à la suite des expériences de Pavlov[1], étudie le comportement des êtres vivants en fonction des stimulus de leur environnement.

La **fondation** de cette école remonte aux **expériences Hawthorne menées de 1924 à 1932**. En 1924, près de Chicago, la direction des ateliers Hawthorne de la Western Electric Company, qui fabriquent du matériel téléphonique, lance une étude en collaboration avec des universitaires afin de comprendre les liens entre conditions de travail et productivité. Conformément aux méthodes de la psychologie expérimentale, on soumit un groupe d'ouvriers à des améliorations des conditions d'éclairage (groupe expérimental) et en observant en parallèle un autre groupe aux conditions d'éclairage inchangées (groupe témoin ou de contrôle). Chacun des deux groupes se savait observé. Les résultats furent surprenants, car la productivité augmentait dans les deux groupes et se maintenait dans le groupe expérimental malgré un retour aux conditions initiales défavorables.

Elton Mayo, psychosociologue en poste à l'université de Harvard, dirigea ensuite les recherches entre 1927 et 1932 et organisa une expérience restée célèbre : l'expérience du ***test room***.

---

1. En particulier l'expérience du « chien de Pavlov ».

À RETENIR

Expérience du *test room* et effet Hawthorne. Un petit groupe d'ouvrières acceptèrent d'être isolées dans une pièce et on modifia les conditions et les temps de travail, ou encore les modes de rémunération. On constata le maintien des gains de productivité en revenant à des situations moins avantageuses pour les ouvrières. L'explication est connue désormais sous le nom d'« effet Hawthorne » : lorsque les individus se savent observés ou se sentent l'objet d'attentions, ils modifient leur comportement, ici dans un sens favorable.

À la suite du *test room*, d'autres études furent menées à Hawthorne, et Mayo en conclut au final que **les conditions et l'organisation du travail ne sont pas les seuls déterminants de la productivité** de l'individu. La reconnaissance et l'intérêt que porte la direction envers ses employés, les relations de groupe entre les individus (relations affectives, d'ambiance ou de coopération) comptent tout autant, voire davantage. Les relations d'autorité ne suivent pas toujours l'organigramme officiel, et la productivité d'une équipe peut dépendre de l'autorité accordée à un membre prenant le rôle de leader informel. Ainsi, Mayo met en évidence **l'importance de l'humain, son besoin d'estime, les relations informelles et les phénomènes de groupe**.

II. La question fondamentale de la motivation au travail

Plus tard, en 1954, Abraham H. Maslow propose un modèle général pour comprendre le comportement des individus en faisant le l**ien entre besoins, satisfaction et motivation**. Les individus ont des besoins qu'ils vont chercher à satisfaire. Tant que ceux-ci ne sont pas comblés, les individus sont insatisfaits et agissent. L'ensemble des comportements déployés sont le reflet de leur motivation. Ce modèle sera ensuite transposé au contexte de l'entreprise et contribuera à **l'essor de l'école des relations humaines**, qui fait de la **motivation au travail** un objet d'étude central.

Définition

C. Levy-Boyer définit ainsi la **motivation au travail** : « Être motivé, c'est essentiellement avoir un objectif, décider de faire un effort pour l'atteindre et persévérer dans cet effort jusqu'à ce que le but soit atteint. La motivation est donc, par définition, un concept multidimensionnel puisqu'il fait appel aux notions de direction (l'objectif), d'intensité (le degré de l'effort) et de durée (la poursuite de l'effort) »

Le schéma général d'analyse devient le suivant.

Figure 2.1. Des besoins à la productivité

Les individus ont donc des besoins que l'organisation, pour être performante, doit satisfaire. Comment faire ? La réponse est simple : il faut connaître les besoins déterminants. Selon l'école des relations humaines, ce sont les **besoins d'estime de soi, de réalisation et d'accomplissement de soi** qui sont **primordiaux**. Pour y répondre, l'organisation doit abandonner les principes de l'école classique de la gestion et revoir le **style de management** (à rendre participatif), le **contenu du travail** (à enrichir) et les structures organisationnelles (à rendre horizontales).

III. Un management participatif ou démocratique

Les travaux de Kurt Lewin dans les années 1940 et de Rensis Likert dans les années 1960 montrent la **supériorité du management participatif** sur le management directif. En renforçant la cohésion et la dynamique de groupe, le style de management participatif permet de rendre les individus plus satisfaits et plus ouverts aux changements, et d'atteindre des niveaux de performances individuelles et collectives plus élevés.

> **Définition**
>
> Le **management participatif** se définit comme un processus de décision collective impliquant tous les salariés, d'où également le terme de **management démocratique**. Il ne s'agit pas simplement d'informer ou de consulter les salariés, mais de dialoguer, de négocier, de résoudre collectivement les problèmes, de décider en commun des solutions et de leur mise en œuvre.

Les **formes concrètes** du management participatif sont **nombreuses et variées** : groupe de travail, cercle de qualité, groupe d'expression, groupe d'amélioration continue, équipe autonome, procédure de décisions par vote collectif, etc.

> **ATTENTION** Ces modes de management participatif sont à distinguer des dispositifs législatifs ou réglementaires garantissant des droits aux salariés, notamment d'expression, tels que les délégués du personnel, les comités d'entreprise ou encore l'intéressement financier au résultat.

> **EXEMPLE**
> En France, J. Benoît fondateur de l'entreprise du même nom (vente de graines salées, fruits secs et popcorn) s'est aussi fait connaître dans les années 1970-80 pour avoir instauré un système de vote annuel sur sa direction. Noté sur une échelle de 0 et 10 par tous les salariés (plus d'une centaine), il devait obtenir la moyenne pour rester à son poste. Les salariés étaient également consultés sur la stratégie et la politique d'investissement ou d'embauche.

Likert a cherché à relier performance de l'entreprise et style de management et, sur la base d'enquêtes par questionnaire, il aboutit à une typologie des styles de management en distinguant :

- le **style autoritaire-exploiteur** : décisions imposées par la direction avec contrôle, sanctions et menaces ;
- le **style autoritaire-paternaliste** : quelques décisions mineures sont laissées aux subordonnés, un système de récompense est introduit à côté du système de sanctions (« la carotte et le bâton ») ;
- le **style consultatif** : la communication est descendante et ascendante, les subordonnés sont consultés sur des décisions importantes, mais la direction tranche *in fine* ;
- le **style participatif par groupe** : décentralisation de la décision, les subordonnés sont véritablement associés aux décisions qui se prennent en groupe. La communication se fait librement, verticalement et horizontalement.

Likert constate que **le style participatif est le plus efficace** pour obtenir les meilleures performances et pour motiver les salariés. Il démontre aussi que les managers sont convaincus de la supériorité du style participatif, mais que, face à la pression du court terme (réaliser au plus vite les objectifs), ils choisissent par facilité le style paternaliste ou consultatif.

IV. Enrichir le contenu du travail

Les sources de motivation ont particulièrement été étudiées par Frederick Herzberg (1966), qui fait une distinction entre facteurs d'hygiène et facteurs valorisants. Les **facteurs d'hygiène ou de contexte** déterminent le niveau d'insatisfaction (fort/faible). Il s'agit des conditions de travail, des relations de travail avec les collègues et la hiérarchie, de la sécurité de l'emploi, de la politique générale de l'entreprise et de la rémunération. Les **facteurs valorisants ou de contenu** déterminent le niveau de satisfaction (fort/faible) : l'intérêt pour le travail, l'accomplissement au travail, sa reconnaissance, la responsabilité et l'avancement.

Selon Herzberg, plus le degré de satisfaction est élevé, plus les individus sont incités à agir et à faire des efforts. En revanche, si le degré d'insatisfaction est faible, les individus sont dans un état de confort et ne sont pas incités à modifier leur comportement. Au fond, Herzberg considère qu'il existe deux types de besoin : le besoin physiologique d'éviter la souffrance (le bas de la pyramide de Maslow) et le besoin psychologique de se réaliser (le haut de la pyramide de Maslow). Les **facteurs motivants** sont ceux qui agissent sur **le besoin d'accomplissement** et donc sur la **satisfaction** : ce sont donc les facteurs valorisants ou de contenu.

Figure 2.2. La théorie des deux facteurs (bifactorielle) de F. Herzberg

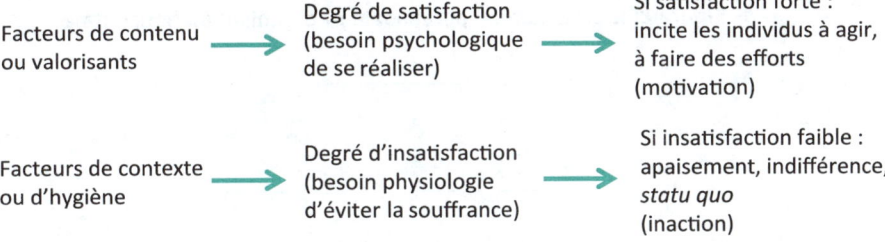

Les facteurs motivants sont liés au contenu des tâches, et c'est en rendant le travail plus intéressant, moins ennuyeux et moins routinier qu'on motive les individus. Cela passe par une plus grande **autonomie des individus** dans la conception et le contrôle de leur travail, par une plus grande **variété des tâches**, en déparcellisant et en élargissant les tâches, ainsi que par un **retour donné à l'individu sur les résultats et l'utilité de son travail**.

> **EXEMPLE**
>
> En 1989, Volvo ouvre à Uddevalla en Suède une usine où le travail à la chaîne est supprimé et remplacé par une organisation en équipes, chacune réalisant l'assemblage des véhicules de A à Z.

Selon Herzberg, ce n'est donc **pas en jouant sur les conditions de travail et les stimulants monétaires** que l'on obtient une satisfaction et une motivation plus élevées.

V. Les structures : horizontalité et transversalité

Outre la fragmentation et la spécialisation du travail, l'ensemble de la structure organisationnelle pyramidale est source d'insatisfaction et de démotivation. Pour Chris Argyris (1964), l'**organisation taylorienne**, avec une division des tâches et un contrôle extrêmes, maintient les individus dans un **état infantile, de soumission et de frustration**. Il s'ensuit des **comportements improductifs** d'apathie, d'absentéisme, de turn-over, de conflits. La solution est de rompre avec la structure pyramidale pour construire une organisation « saine » qui libère l'énergie des individus.

À l'organisation hiérarchique et verticale, il faut préférer l'**organisation transversale et horizontale**.

Figure 2.3. Organisation pyramidale et organisation horizontale

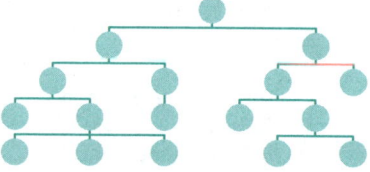

L'organisation pyramidale multiplie les niveaux hiérarchiques en multipliant les contrôles. La communication est descendante (du sommet vers la base).

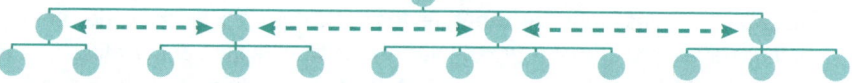

L'organisation horizontale réduit la hiérarchie (structure plate). La communication est descendante, ascendante ou horizontale entre les départements ou équipes (pointillés).

Il s'agit de **réduire les niveaux hiérarchiques**, de **travailler en équipe** projet, pluridisciplinaire ou transfonctionnelle (rassemblant des individus provenant de différents services et métiers), de **favoriser la communication** entre les différents services ou départements (comités de liaison), de **décentraliser le pouvoir de décision**. Ce type de structure requiert un **management participatif**.

> **EXEMPLE**
>
> Le management ou le pilotage par les processus est une façon de structurer une entreprise pour la rendre horizontale et transversale. Le fonctionnement de l'entreprise est découpé en processus, chaque processus étant un ensemble d'activités interdépendantes qui se combinent pour produire un bien ou un service (exemple : de la prise de commande à la livraison au client). Les différents acteurs provenant des différents métiers et départements de l'entreprise vont alors communiquer et se coordonner autour de chaque processus.

VI. La nature de l'homme au travail

Douglas Mac Gregor (1960), se situant sur un plan philosophique, s'est demandé quelle était la vision de l'homme au travail véhiculée par les théories du management. Il en tire sa célèbre opposition entre deux théories du leadership : la théorie X et la théorie Y. Mac Gregor montre que **le style de management est déterminé par une idéologie ou des croyances**. Il constate que le style de management le plus fréquent est le **style autoritaire et hiérarchique (théorie X)**. Le manager qui l'adopte considère les subordonnés comme des individus qui en général n'aiment pas le travail et cherchent à l'éviter. Il pense donc qu'il faut les contrôler, les surveiller et les contraindre par des sanctions, et que les individus acceptent ce mode de fonctionnement par manque d'ambition et refus des responsabilités.

Or, Mac Gregor montre que cette théorie X **n'a pas de fondement ni de preuve scientifique**, les propositions avancées n'étant que des affirmations non démontrées. Le problème est que ces postulats produisent des effets pervers qui finissent par les autovalider. Autrement dit, si les individus sont paresseux et sans initiatives, il faut l'imputer aux managers qui agissent selon la théorie X.

Mac Gregor propose d'adopter une autre théorie qu'il estime tout aussi valable, **la théorie Y**, selon laquelle **les individus aiment le travail** et sont prêts à s'impliquer, à faire des efforts, à apprendre. Ils sont également **capables de s'autodiriger et de s'autocontrôler**. Cette théorie Y induit un **management participatif, laissant initiative, autonomie et responsabilité aux individus**, et conduisant à leur satisfaction et à la réalisation de leurs aspirations, tout comme à l'accomplissement des objectifs de l'organisation. Pour Mac Gregor, la théorie Y met au défi les managers « d'innover, de découvrir de nouveaux moyens d'organiser et de diriger l'effort humain ».

Figure 2.4. L'autovalidation de la théorie X

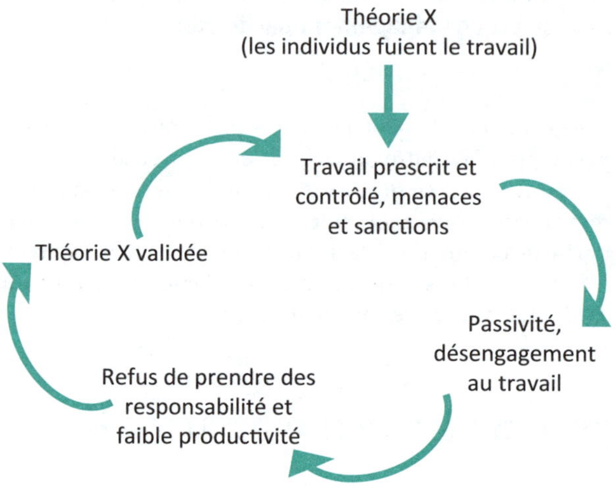

- Théorie X (les individus fuient le travail)
- Travail prescrit et contrôlé, menaces et sanctions
- Passivité, désengagement au travail
- Refus de prendre des responsabilité et faible productivité
- Théorie X validée

VII. Portée et limites de l'école des relations humaines

De **fortes critiques** ont été adressées aux travaux de l'école des relations humaines sur le plan **méthodologique** (difficultés à mesurer objectivement les états psychologiques et émotionnels des individus), sur le plan **conceptuel** (définitions variables de la satisfaction, conception passive de la motivation) ou encore sur le plan **pratique** (manipulation possible des salariés).

Toutefois, cette école reste riche d'enseignements. Elle a très tôt fait un **contrepoids aux excès du taylorisme** et a développé une **vision plus humanisante du travail**, toujours d'actualité. Elle donne les fondements d'une gestion des ressources humaines qui **modernise les pratiques** de ce qu'on appelait alors l'administration du personnel. Elle révèle enfin les facteurs humains et psychologiques pour **réussir la conduite du changement** dans une organisation.

ENTRAÎNEMENT

QCM

Choisissez, parmi les propositions suivantes, la ou les bonne(s) réponse(s).

1. **Les expériences à Hawthorne enseignent que la productivité des individus au travail dépend de :**
   a. la division et la répartition des tâches entre les individus.
   b. la qualité des relations interpersonnelles entre les individus.
   c. la qualité du commandement.

2. **L'école des relations humaines explique la motivation au travail par :**
   a. le degré de satisfaction de besoins.
   b. le degré de productivité atteint.
   c. le plaisir d'agir au travail en lui-même.

3. **Selon Herzberg, quels sont les facteurs de motivation parmi la liste suivante ?**
   a. La qualité des relations avec les supérieurs.
   b. L'estime des collègues.
   c. L'intérêt du travail effectué.
   d. Le niveau de salaire.
   e. Les perspectives d'avancement.

4. **Le management participatif nécessite de mettre en place une organisation :**
   a. pyramidale.
   b. paternaliste.
   c. par groupe.

5. **Quels sont les avantages d'une structure horizontale ?**
   a. Réduire le poids de la hiérarchie.
   b. Instaurer une plus grande communication.
   c. Faciliter la spécialisation des tâches.
   d. Favoriser le management par la théorie X.
   e. Faciliter la décision collective.

6. **Qui a pu écrire au sujet de la relation entre salariés et encadrement : « Il n'y a pas de mauvais soldats, il n'y a que de mauvais chefs » ?**
   a. Chris Argyris.
   b. Elton Mayo.
   c. Douglas Mac Gregor.

EXERCICES

1 Les conditions de travail du centre Google à Zurich

Salle équipée d'instruments de musique, salle de massage, salle de jeu avec baby-foot, billards et jeux vidéo, salle de relaxation avec aquariums et baignoires remplies

ENTRAÎNEMENT

de cubes en mousse synthétique, boissons, fruits et confiseries à volonté, salle de gym, espaces (bulles) pour s'isoler en forme de cabine téléphérique ou de soucoupe volante, toboggan ou mât de pompier pour descendre d'un étage à un autre, possibilité d'amener son animal de compagnie au bureau... voici la liste non exhaustive de ce qui est mis à la disposition des salariés du centre européen d'ingénierie de Google à Zurich (ouvert en 2008).

Que diraient les tenants de l'école des relations humaines face aux conditions de travail originales de Google Zurich ?

2 Proximité et distance de l'école des relations humaines avec l'école classique

a. Compléter le tableau.

	École classique	École des relations humaines
1. Base de l'organisation	Individu	
2. Décision	Centralisée et descendante	
3. Structure	Pyramidale (verticale)	
4. Contrôle	Par les managers	
5. Style de management	Directif	
6. Idéologie sous-jacente	Théorie X	

b. Traditionnellement, on oppose l'organisation taylorienne froide et déshumanisante à l'organisation des relations humaines, participative et épanouissante. Ne pourrait-on pas dire que ces deux visions se rejoignent dans leur finalité ?

CORRIGÉS DES QCM

1. b. La productivité est déterminée par des relations entre individus qui ne sont pas prévues par l'organisation du travail et la direction : relations affectives entre personnes, reconnaissance de l'autre, estime de soi, leadership officieux au sein d'une équipe. Toutes ces relations humaines forment une organisation bis invisible (informelle).

2. a. Les besoins non satisfaits expliquent les motivations qui se traduisent en actes et, au travail, en comportements plus ou moins productifs. Ce schéma a été remis en cause par d'autres théoriciens de la motivation, qui renversent la causalité (proposition b) ou qui ne font pas intervenir les besoins (proposition c).

3. b. c. e. Les réponses a et d renvoient aux facteurs d'hygiène, non motivants.

4. c. Le groupe est le lieu où la communication s'instaure et où les points de vue s'échangent et se discutent, pour des décisions prises collectivement et démocratiquement. Les membres du groupe doivent provenir de toutes les composantes de l'entreprise.

5. a. b. e. Une organisation avec moins de contrôle, plus de communication et de dialogue est propice à l'épanouissement des individus, à leur motivation et à leur productivité.

6. c. Cette phrase de Mac Gregor indique un retournement des responsabilités : les salariés qui font mal leur travail n'en sont pas nécessairement responsables. Ce sont plutôt les supérieurs hiérarchiques, en adhérant à la théorie X, qui entravent au final la bonne productivité des subordonnés au travail.

CORRIGÉS DES EXERCICES

1 Les conditions de travail du centre Google à Zurich

Dans le cadre de l'école des relations humaines, les efforts faits par Google pour offrir un environnement de travail agréable sont louables, mais si l'entreprise vise à motiver les individus et à accroître leur productivité, cela reste inopérant, car ce ne sont pas les conditions de travail qui en sont les déterminants. Il faudra plutôt développer l'autonomie, la responsabilité et l'intérêt pour le travail des individus, ainsi que les impliquer dans les décisions de l'entreprise.

2 Proximité et distance de l'école des relations humaines avec l'école classique

a. Pour chaque critère, on constate une nette opposition entre les deux écoles.

	École classique	École des relations humaines
1. Base de l'organisation	Individu	Groupe
2 Décision	Centralisée et descendante	Décentralisée, descendante et ascendante, latérale
3. Structure	Pyramidale (verticale)	Horizontale
4. Contrôle	Par les managers	Par l'individu (autocontrôle)
5. Style de management	Directif	Participatif
6. Idéologie sous-jacente	Théorie X	Théorie Y

b. On peut considérer que l'école classique de la gestion et l'école des relations humaines poursuivent la même finalité. En effet, elles visent toutes deux l'optimisation des individus au travail et des performances de l'organisation, d'un côté par une organisation scientifique du travail et la hiérarchie, de l'autre par une organisation laissant autonomie, responsabilité et décision aux salariés. Les deux écoles se rejoignent aussi sur la volonté de supprimer les conflits et d'obtenir la paix sociale dans l'organisation, d'un côté par un travail adapté à ses capacités et une rémunération au mérite, de l'autre par un travail procurant satisfaction et estime de soi. Elles s'opposent sur les modalités de fonctionnement de l'organisation mais pas sur la finalité (obtenir le meilleur fonctionnement possible).

L'école néoclassique

FICHE 3

NOTIONS CLÉS

- ✓ Décentralisation
- ✓ Centre de profit
- ✓ Management moderne
- ✓ Direction par objectifs

I. Empirisme et pragmatisme

À la recherche de principes de gestion destinés à améliorer la performance des entreprises, cette école s'inscrit dans la filiation de l'école classique. Elle s'en éloigne cependant, car elle délaisse l'approche scientifique traditionnelle pour privilégier une **démarche résolument empirique et pragmatique**. Elle intègre aussi les apports des écoles suivantes, en particulier de l'école des relations humaines.

> *Définition*
>
> L'**empirisme** est une méthode de production de connaissances à partir de l'observation, de l'expérience de situations et faits concrets. Il est possible d'induire des lois générales à partir de l'observation de cas particuliers.
>
> Le **pragmatisme** est une démarche qui considère que le critère de vérité ou de validité d'une idée ou d'une théorie est sa capacité d'action sur le réel avec efficacité.

L'école néoclassique récuse les constructions théoriques trop abstraites et met en avant des principes simples d'action, aisés à mettre en œuvre et ayant fait leur preuve. Ce n'est pas un hasard si les représentants de cette école sont essentiellement des « praticiens » de la gestion : dirigeants d'entreprise et consultants.

L'école néoclassique prend naissance dans les années 1920 aux États-Unis avec Alfred P. Sloan, et son essor a lieu dans les années 1960 autour des travaux de Peter F. Drucker, popularisés en France par Octave Gélinier. Cette école revisite les principes d'organisation et les tâches du manager moderne, et redéfinit les buts premiers d'une entreprise.

> **ATTENTION**
> Il ne faut pas confondre l'école néoclassique de la gestion avec l'école néoclassique en économie. Cette dernière, fondée au XIXe siècle, dans le cadre de l'analyse microéconomique, étudie le comportement du producteur et du consommateur, ainsi que les conditions d'un équilibre sur les marchés.

II. La décentralisation avec contrôle coordonné

A. P. Sloan a été directeur général puis président de la General Motors de 1923 à 1956[1]. Ses principes d'organisation ont permis à GM de devenir rapidement la première firme automobile mondiale et se résument dans le principe de **décentralisation avec contrôle coordonné**, appelé aussi décentralisation coordonnée ou décentralisation contrôlée.

> ### Définition
> La **décentralisation avec contrôle coordonné** tempère la centralisation de l'organisation classique en donnant une autonomie de décision aux principales unités ou départements d'une organisation. Elle laisse l'initiative aux personnels proches du terrain pour résoudre les problèmes opérationnels. La direction générale peut ainsi – et c'est sa mission essentielle – se consacrer pleinement aux questions de politique générale de l'entreprise, au premier rang desquelles figurent la stratégie et sa planification.

Ce principe de décentralisation est particulièrement adapté aux grandes entreprises diversifiées et donnera lieu au modèle de la **structure divisionnelle décentralisée** ou **structure multidivisionnelle**, ou encore **structure de forme M**. Les caractéristiques en sont les suivantes :
— l'entreprise est structurée en divisions (*business units*) : découpage par produits, par domaine d'activité stratégique, par zone géographique, etc., et la direction alloue les ressources à chaque division sous forme de budgets ;

---

1. Il a donné son nom à une revue et à une école de management : la *Sloan management review* et la *MIT Sloan School of Management*.

- chaque division dispose d'une autonomie dans la gestion courante, pouvant aller jusqu'aux décisions d'investissement ;
- chaque division doit en contrepartie réaliser des objectifs, avec au premier rang les impératifs de rentabilité : c'est la notion de centre de responsabilité ou **centre de profit** ;
- la coordination de l'ensemble se fait par le contrôle de gestion, qui s'appuie sur un système d'information automatisé, et par des structures horizontales interdivisionnelles (comité de liaison, comité de direction) ;
- certaines fonctions jugées stratégiques ou sensibles peuvent rester centralisées et rattachées directement à la direction générale, parfois *via* un comité de spécialistes appelé *staff* ou état-major.

Figure 3.1 Représentation type de la structure divisionnelle décentralisée

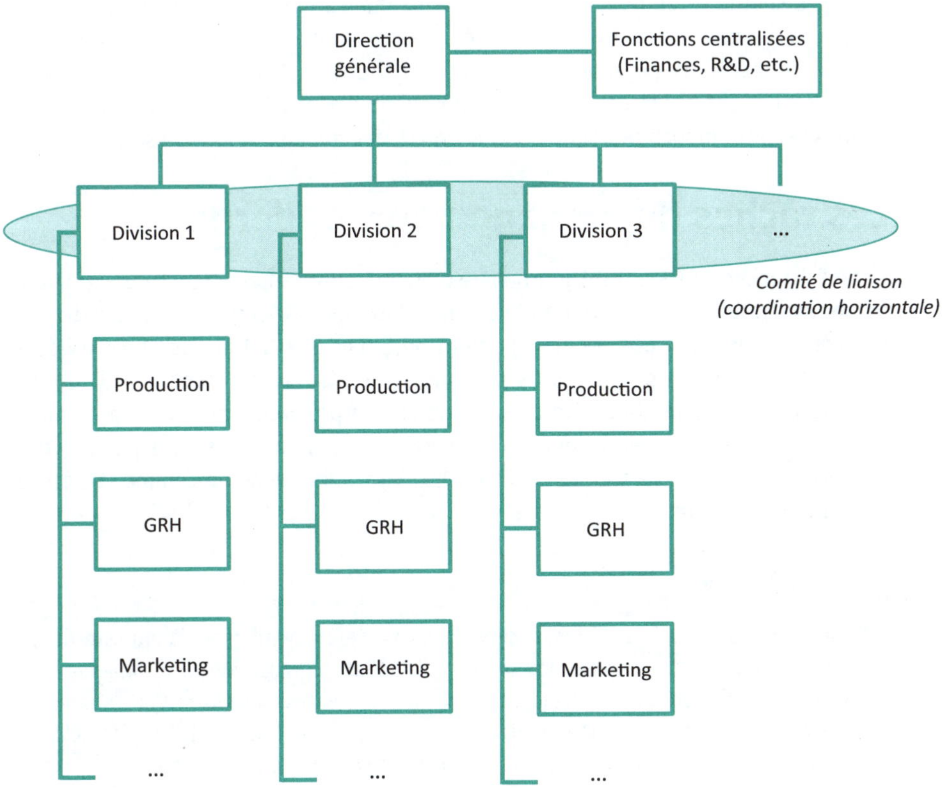

```
                    ┌──────────────┐       ┌──────────────────────┐
                    │  Direction   │───────│ Fonctions centralisées│
                    │  générale    │       │  (Finances, R&D, etc.)│
                    └──────┬───────┘       └──────────────────────┘
         ┌─────────────────┼─────────────────┬────────┐
     ┌───┴────┐       ┌────┴───┐        ┌────┴───┐
     │Division 1│     │Division 2│      │Division 3│   ...
     └───┬────┘       └────┬───┘        └────┬───┘
                                              Comité de liaison
                                           (coordination horizontale)
     ┌───┴────┐       ┌────┴───┐        ┌────┴───┐
     │Production│     │Production│      │Production│
     └───┬────┘       └────┬───┘        └────┬───┘
     ┌───┴────┐       ┌────┴───┐        ┌────┴───┐
     │  GRH   │       │  GRH   │        │  GRH   │
     └───┬────┘       └────┬───┘        └────┬───┘
     ┌───┴────┐       ┌────┴───┐        ┌────┴───┐
     │Marketing│      │Marketing│       │Marketing│
     └────────┘       └────────┘        └────────┘
        ...              ...               ...
```

3. L'école néoclassique

> **EXEMPLE**
>
> Sloan restructura General Motors, lorsqu'il en était vice-président, en cinq divisions, chacune correspondant à une marque (Chevrolet, Oldsmobile, Oakland qui deviendra Pontiac, Buick et Cadillac), plus trois divisions de pièces détachées. Chaque division s'adressait à une clientèle précise et était autonome dans sa gestion, les dirigeants étant responsables devant Sloan, et les résultats contrôlés une fois par an. Toutefois, certaines décisions et fonctions (R&D, finance, affaires juridiques) restèrent centralisées. Enfin, les méthodes de gestion (publicité, prévisions des ventes, calcul des coûts) étaient uniformisées pour toutes les divisions.

Selon Sloan, le principe de décentralisation et la structure divisionnelle sont particulièrement **bien adaptés à la grande entreprise** (fiches 11 et 15). Ils permettent une meilleure réactivité des diverses composantes de l'entreprise, notamment vis-à-vis des clients et du marché. Ils favorisent l'implication et la motivation des collaborateurs, en leur donnant autonomie et responsabilité. De plus, le dirigeant, *via* le contrôle de gestion et le *reporting*[2], connaît la situation des différentes divisions en temps réel. Il est libéré de la gestion opérationnelle et peut se consacrer aux problèmes les plus importants et aux opportunités de développement de son entreprise.

III. Les tâches du management moderne

Peter F. Drucker (1909-2005), journaliste puis consultant et enseignant universitaire, est incontestablement le chef de file des néoclassiques de la gestion. Ses écrits sont inspirés par les pratiques de management de Sloan à la GM (il approuve la décentralisation contrôlée) puis d'autres grandes entreprises américaines : ITT, General Electric, IBM, Sears Roebuck. Drucker est un auteur prolifique, avec une quarantaine d'ouvrages, et s'il faut en retenir un, ce sera *Management : Task, Responsabilities, Practices* publié pour la première fois en 1973 et qui le désigne comme le **père du management moderne**.

> **À RETENIR**
>
> Drucker réaffirme la position d'Henri Fayol : le management – l'administration, disait Fayol – est la composante essentielle d'une organisation. Le management définit la mission d'une organisation et agence les ressources en vue d'obtenir les résultats visés. C'est une discipline à part entière avec ses problématiques, ses démarches, ses outils, mais qui relève plus de la pratique que de la science.

---

2. Le *reporting* consiste à faire remonter les informations des filiales vers la maison mère.

Drucker énonce les **trois fonctions du management moderne** :
- définir la mission et les buts de l'organisation ; dans le cas de l'entreprise, le but premier est clairement la recherche de la performance économique ;
- permettre le travail productif et l'accomplissement du travailleur ; la performance d'une entreprise se mesure aussi par l'épanouissement de son personnel ;
- gérer la responsabilité sociale de l'entreprise ; l'entreprise fait partie de la société et doit être attentive aux impacts sociaux et environnementaux de son activité.

Dans l'exercice de ces trois fonctions, dont aucune ne prédomine sur les autres, et en vue d'obtenir « l'intégration des ressources dans un organisme viable et en croissance », le travail du manager moderne doit se structurer autour de **cinq tâches fondamentales** qui revisitent le POCCC de Fayol :
- fixer des objectifs : le manager détermine les objectifs, les communique aux salariés et explicite comment ceux-ci doivent les atteindre ;
- organiser : le manager divise le travail en différentes unités et en tâches, les regroupe au sein d'une structure organisationnelle, choisit les responsables ;
- motiver et communiquer : le manager motive et mobilise à travers des équipes et communique avec ses subordonnés, ses supérieurs, ses collègues ;
- mesurer : le manager fixe les normes de travail à atteindre, contrôle les résultats et les performances obtenues, les évalue et les diffuse à ses supérieurs et ses subordonnés ;
- former : le manager forme l'ensemble du personnel et se forme lui-même.

IV. La direction ou management par objectifs

Fixer des objectifs est pour Drucker la première des tâches du manager. Sloan et la General Motors l'inspirent pour proposer dès les années 1950 la direction par objectifs (DPO).

 À RETENIR

Un autre consultant, O. Gélinier, et directeur d'un des plus grands cabinets de conseil en management en France, la CEGOS, adapte la DPO à la fin des années 1960 en préconisant d'associer les individus à la définition des objectifs, ce qui deviendra la direction participative par objectifs (DPPO). Drucker requalifiera plus tard le terme en management par objectifs (MPO), la participation étant devenue partie intégrante de la démarche.

COURS

Le MPO consiste à ne plus donner des tâches aux individus mais des **objectifs qui déclinent en cascade la stratégie de l'entreprise**. Comme le résume Gélinier, à la pyramide des responsabilités, à l'organigramme, se superpose la pyramide des objectifs. Cela permet de **coordonner** les actions individuelles tout en renforçant le principe de décentralisation. Responsables et autonomes, les individus peuvent alors **s'autocontrôler** facilement en comparant le résultat de leur activité aux objectifs, sous le regard de leur supérieur hiérarchique. Selon Drucker, les objectifs incitent également les individus à vouloir les dépasser et à se dépasser, c'est-à-dire qu'ils sont source de **motivation** au travail.

À RETENIR

Le MPO permet participation, responsabilisation, autocontrôle, satisfaction et motivation. C'est pour Drucker tout autant un outil qu'une philosophie du management des individus.

EXEMPLE

La méthode SMART est très diffusée par les cabinets de consultants et vise à aider à la définition d'un « bon objectif » qui doit être :
- **S**pécifique : adapté à l'activité et au contexte de l'individu qui pourra le comprendre facilement (sans équivoque et simplement) ;
- **M**esurable : sinon il sera impossible d'évaluer objectivement les résultats obtenus ;
- **A**tteignable (ou acceptable, ou encore ambitieux) : l'objectif est un défi qui doit être accepté par le travailleur, qui doit le motiver à faire un effort ;
- **R**éaliste : s'assurer que l'individu dispose des moyens nécessaires et d'un contexte adapté ;
- **T**emporel : la réalisation de l'objectif est délimitée dans le temps, avec éventuellement des étapes de révision.

EXEMPLE

L'entretien annuel est devenu une pratique courante d'évaluation des salariés. Idéalement, le salarié et son responsable hiérarchique évaluent conjointement les résultats obtenus sur la base d'objectifs définis et négociés à l'avance. Cette évaluation détermine les propositions de rémunération, de formation et d'avancement faites au salarié. Les objectifs pour l'année suivante et les moyens nécessaires sont à nouveau définis et négociés.

V. Le but premier d'une entreprise : le client avant le profit

Drucker **conteste** l'exigence d'un **comportement de maximisation du profit**, prôné notamment par la microéconomie. Considérer le profit comme le déterminant du comportement des dirigeants est pour lui une erreur. L'entreprise ne peut exister que si elle dispose d'un marché, autrement dit de clients. Face aux mutations économiques, sociales, écologiques du monde moderne, face à un environnement qui change sans cesse, la survie de l'entreprise passe par la création, le maintien et le renouvellement de ses marchés. O. Gélinier fait le même constat en récusant le bien-fondé du comportement de maximisation du profit et en insistant sur l'importance de gérer le changement pour la survie de l'entreprise.

Deux fonctions sont alors essentielles dans l'entreprise : le **marketing** et l'**innovation**, c'est-à-dire les activités qui permettent de rechercher, de conserver et de développer des marchés, ainsi que d'anticiper les besoins des clients. Drucker considère que ces deux fonctions sont seules génératrices de valeur, les autres (RH, finance, production, etc.) générant des coûts.

> **EXEMPLE**
>
> Selon Drucker, IBM est « le meilleur exemple du pouvoir du marketing ». Si IBM est devenue la première firme mondiale dans l'informatique après la Seconde Guerre mondiale, c'est parce que ses dirigeants, qui n'avaient pas initialement les compétences techniques et scientifiques, se sont posé les bonnes questions : « Qui est le client ? Quelle valeur lui apporte-t-on ? Quel est son comportement d'achat ? Quels sont ses besoins ? »

Le profit ne doit pas être l'objectif premier d'une entreprise, sinon le manager perdra de vue les fonctions essentielles. Il doit être suffisant - minimal plutôt que maximal - pour couvrir le risque d'exploitation. C'est au final une **conséquence** du bon fonctionnement de l'entreprise et un **test** révélateur de la bonne performance du manager dans le domaine du marketing, de l'innovation et de sa capacité à rendre le travail productif.

VI. Portée et limites de l'école néoclassique

Cette école met l'accent sur les principes d'organisation suivants : **décentralisation avec autonomie et direction par objectifs**. Ces principes ont rencontré un grand succès et se sont largement diffusés dans les entreprises *via* les cabinets de conseil. Le management directif et autoritaire, ainsi que les structures très hiérarchisées, sont abandonnés. Sont en revanche intégrés les apports de l'école des relations humaines, et plus largement les dimensions psychologiques et sociologiques des individus.

> **EXEMPLE**
>
> L'organisation est une « machine à maximiser les forces humaines » écrit Drucker. Mais il faut considérer les travailleurs comme des êtres humains avec des besoins :
> - physiologiques (l'homme ne travaille pas comme une machine) ;
> - psychologiques (sentiment d'épanouissement, d'estime de soi) ;
> - sociaux (sentiment d'appartenance à une communauté et statut social) ;
> - financiers (rémunération) ;
> - de pouvoir (position hiérarchique et relations d'autorité).
>
> Les individus doivent être satisfaits sur tous ces plans pour être productifs et le manager doit donc gérer simultanément ces cinq dimensions au quotidien.

L'organisation a besoin d'une hiérarchie minimale pour bien fonctionner et les néo-classiques justifient le **rôle** et la **position des managers**, eux-mêmes au service de la fonction primordiale dans une organisation : le management.

Sur le plan de la GRH, l'école néoclassique met en avant la **compétition** et la **motivation** : il faut motiver les individus en les responsabilisant, en leur donnant des objectifs à atteindre et en promouvant les meilleurs, généralement dans un esprit de compétition. Il est cependant admis que ces principes ne sont pas universels mais spécifiques à la culture anglo-saxonne, notamment américaine. En outre, les conséquences de la mise sous tension psychologique des individus sont régulièrement dénoncées.

> **EXEMPLE**
>
> Stress, mal-être, dépression, *burn-out* et parfois suicide au travail sont considérés comme le revers de la course effrénée aux objectifs et à la performance.

L'école néoclassique récuse les constructions théoriques trop compliquées ou trop abstraites pour guider efficacement l'action du manager : elle préconise des pratiques de management établies d'après l'observation des organisations « qui réussissent » ou jugées « excellentes ». Mais cette posture engendre un **problème méthodologique majeur** : peut-on généraliser les résultats obtenus sur quelques études de cas et à un moment donné, d'autant que le monde des affaires est sans cesse changeant et imprévisible ?

ENTRAÎNEMENT

QCM

Choisissez, parmi les propositions suivantes, la ou les bonne(s) réponse(s).

1. **L'école néoclassique veut proposer des pratiques de management validées :**
   a. par un cadre théorique accepté par une majorité de chercheurs.
   b. par leur efficacité dans l'action.
   c. par un grand nombre d'observations.

2. **Dans une organisation décentralisée, les supérieurs hiérarchiques :**
   a. laissent une totale autonomie de décision à leurs subordonnés.
   b. laissent une autonomie de décision partielle à leurs subordonnés.
   c. ne laissent aucune autonomie de décision à leurs subordonnés.

3. **Quels sont les avantages de la décentralisation ?**
   a. Les individus sont plus responsabilisés et plus motivés.
   b. Les ordres circulent plus vite du sommet à la base et sont exécutés plus efficacement.
   c. Les managers peuvent contrôler plus facilement leurs subordonnés.
   d. Il n'est plus nécessaire de contrôler en permanence les individus, ce qui libère du temps pour le manager.

4. **Quel est le principal outil de coordination d'une entreprise multidivisionnelle ?**
   a. Le contrôle stratégique.
   b. Le contrôle qualité.
   c. Le contrôle de gestion.

5. **Une division est toujours un centre de profit.**
   a. Vrai.
   b. Faux.

6. **Quels sont les avantages du MPO ?**
   a. Coordonner plus facilement l'action des individus.
   b. Obtenir leur participation en les impliquant dans la définition des objectifs.
   c. Le contrôle des résultats est fait directement par les individus.
   d. Les amener à se dépasser en dépassant les objectifs.

7. **Pour Drucker, le profit est :**
   a. l'objectif de la performance.
   b. le moyen de la performance.
   c. le résultat de la performance.

ENTRAÎNEMENT

EXERCICES

1 À quoi reconnaît-on les influences de l'école des relations humaines chez Drucker ? et celles de l'école classique ?

2 Le prix de l'excellence

Le prix de l'excellence est un ouvrage paru en 1982 et écrit par Tom Peters et Robert Waterman, deux consultants du cabinet de conseil en stratégie McKinsey, et qui fut un best-seller mondial. À travers l'étude de 43 entreprises jugées les plus performantes au monde, choisies sur la base de leur expérience et d'un classement des 500 meilleures, les auteurs ont identifié huit principes de management conduisant au succès : privilégier l'action ; rester à l'écoute du client ; favoriser l'autonomie et l'innovation ; asseoir la productivité sur la motivation du personnel ; se mobiliser autour de valeurs clés ; s'en tenir à ce que l'on sait faire ; une structure simple et légère ; souplesse dans la rigueur.

Quelques années plus tard, en 1985, un tiers des entreprises étudiées connaissaient de graves difficultés, étaient en faillite ou avait été rachetées ; seul un tiers des entreprises avait réussi à maintenir leur niveau de performance.

Pourquoi cet ouvrage est-il l'exemple type du courant néoclassique ?

CORRIGÉS DES QCM

1. b. Il est possible de formuler des lois de management d'une entreprise à partir de l'expérience et de l'observation, sans nécessairement disposer d'un grand nombre de cas observés. Ce qui valide ces lois, c'est leur efficacité prouvée sur le terrain, dans l'action. Une théorie qui ne s'applique pas de façon simple au quotidien n'est pas utile pour le manager.

2. b. Le pouvoir de décision n'est plus centralisé par quelques dirigeants ; il est délégué du sommet de l'organisation vers les niveaux inférieurs. Une autonomie de décision est laissée aux subordonnés, mais elle n'est pas totale : elle se limite aux aspects opérationnels (comment faire concrètement) et ne doit pas remettre en cause les objectifs de l'organisation (quoi faire, quels résultats).

3. a. d. L'autonomie laissée aux individus les responsabilise, les implique, les motive et au final, doit conduire à un travail plus efficace. Les individus peuvent s'autocontrôler régulièrement sur la base d'objectifs prédéfinis. Le manager n'a plus à vérifier de façon continue le bon déroulement des activités de ses subordonnés et peut se consacrer à ses tâches prioritaires.

4. c. Avec les tableaux de bord, budgets et autres outils du contrôle de gestion, les dirigeants peuvent connaître l'avancée des résultats, mesurer les écarts par rapport aux objectifs en temps réel et agir si nécessaire. Cela suppose néanmoins un système d'information performant.

CORRIGÉS

5. b. Ce n'est pas nécessairement le cas. Une division est avant tout un découpage de l'entreprise par activités, généralement par domaine d'activité stratégique, qui permet de concentrer les ressources et de gagner en efficacité. Une division devient centre de profit lorsqu'elle doit atteindre des résultats de rentabilité, et généralement la direction lui laisse une autonomie de décision dans les moyens pour y parvenir.

6. a. b. c. d. Toutes les réponses conviennent. On retrouve les avantages de la décentralisation : le MPO (ou la DPO) est une pratique de management qui rend opérationnelle la décentralisation. On pourrait dire que Sloan en a énoncé les principes et que Drucker en donne le mode d'emploi.

7. c. Le profit permet aux managers de vérifier qu'ils ont fait les bons choix de stratégie et d'organisation, qu'ils ont su conquérir des clients et rendre le travail productif au sein de l'entreprise. C'est donc un résultat qui vient tester la bonne performance du management.

CORRIGÉS DES EXERCICES

1 À quoi reconnaît-on les influences de l'école des relations humaines chez Drucker ? et celles de l'école classique ?

On reconnaît de façon immédiate les principales thèses de l'école des RH dans la mission n° 2 du management moderne (accomplissement et satisfaction du travailleur), puis dans les tâches n° 3 et 5 du manager (motiver et communiquer, former le personnel). Ces deux éléments ont remplacé dans le POCCC de Fayol :
- le « commandement » : le style autoritaire n'est plus de mise ; il faut préférer la communication et la participation ;
- la « coordination », qui se fait maintenant par la direction par objectifs (et dont l'ensemble reflète la planification stratégique).

Cela nous amène à la seconde question : Drucker conserve donc de l'école classique et du POCCC de Fayol :
- la planification (les objectifs) ;
- l'organisation (diviser le travail et répartir les responsabilités) ;
- le contrôle (édicter les normes de performance à atteindre).

Drucker rejoint encore Fayol en considérant que le management est la fonction indispensable d'une organisation. Il est plus critique envers le taylorisme et l'absence d'autonomie et de responsabilités laissées aux travailleurs. Mais il conserve l'idée d'une séparation entre ceux qui conçoivent le travail (les managers qui fixent les objectifs, organisent et contrôlent le travail) et ceux qui exécutent (les travailleurs avec une autonomie limitée aux aspects opérationnels, de terrain).

À noter que Drucker a été l'un des premiers à intégrer les dimensions écologiques et éthiques dans le management (mission n° 3 du management moderne).

CORRIGÉS

2 Le prix de l'excellence

Ce livre a été écrit par des auteurs de terrain, sur la base de leur expérience de consultants. On en déduit qu'ils ont le souci de ne pas verser de façon exagérée dans la théorie et d'être au service des managers, en visant des résultats concrets et opérationnels, c'est-à-dire pragmatiques.

L'objectif est atteint, avec des lois pour un bon management qui sont énoncées de façon simple et aisément compréhensible. La simplicité conduit parfois à des propositions qui tombent sous le sens (privilégier l'action) ou qui restent générales (structure simple et légère, souplesse dans la rigueur), voire contradictoires (innover et s'en tenir à ce que l'on sait faire).

L'étude s'est faite sur un échantillon de cas d'entreprises, en observant les bonnes pratiques. C'est donc la méthode empirique qui a été mise en œuvre. Mais la taille de l'échantillon peut difficilement refléter l'ensemble des pratiques des entreprises de tous les pays et de tous les secteurs. Il est donc difficile de généraliser les résultats. Ce qu'illustre d'ailleurs la dégradation des performances de la majorité des entreprises étudiées. La validité des résultats est donc limitée dans le temps et dans l'espace : c'est la faiblesse de la démarche empirique.

Partie II
Les théories modernes

L'école systémique

FICHE 4

NOTIONS CLÉS

- ✓ Théorie des systèmes
- ✓ Théorie de la complexité
- ✓ Causalité circulaire
- ✓ Théorie du chaos
- ✓ Systèmes auto-organisateurs

I. Théorie des systèmes, systémique, théorie de la complexité

L'école systémique est particulière car, **plus qu'une théorie**, au sens d'explication du monde, **c'est une méthode**, une démarche, une façon de penser particulière permettant de construire des théories pour expliquer le monde. Le sociologue français Edgar Morin a tenté d'en établir les principes et concepts à travers une œuvre monumentale : *La Méthode*, écrite entre 1977 et 2004.

La systémique critique la démarche traditionnelle des sciences, fondée sur la méthode analytique héritée d'Aristote et de René Descartes – pour comprendre un phénomène, il faut le décomposer en ses constituants élémentaires ultimes et les étudier individuellement pour reconstituer le tout. Cette approche ne permet pas de saisir toutes les manifestations de la complexité telles que la causalité circulaire, le désordre organisateur, le déséquilibre et la dynamique, l'incertain, l'apparition du vivant. Il a fallu rechercher une autre façon de penser et d'étudier l'Univers : c'est la **théorie des systèmes**, élaborée à la suite des travaux fondateurs du biologiste Ludwig von Bertalanffy à partir des années 1940 et, aux États-Unis dans les années 1950, des développements de la cybernétique, de la théorie de l'information, de l'intelligence artificielle.

COURS

> **Définition**
> Un **système** est un ensemble d'éléments en interaction dynamique, organisé en fonction d'un but (Joël de Rosnay).

Il s'agit de **voir les phénomènes**, de l'infiniment petit à l'infiniment grand, **comme des systèmes**, et de les décrire et expliquer avec une démarche particulière. La systémique désigne cette démarche. Elle s'appuie sur des **concepts** et sur des **outils de modélisation** (voir section II et III).

Certains systèmes ont des propriétés remarquables, auto-organisatrices, qui viennent de leur complexité. Leur étude, toujours avec la démarche systémique, prendra alors le nom de **théorie de la complexité**.

II. Les concepts de base

Les concepts de la systémique sont imbriqués les uns dans les autres.

A Système, globalité et émergence

Un système – du grec *sustêma*, qui signifie ensemble cohérent – est une représentation abstraite qui décrit des objets se caractérisant par des éléments en interaction. L'ensemble formé par les éléments reliés délimite la frontière du système. Les interactions reflètent une activité des éléments : le système fait « quelque chose », c'est-à-dire qu'il a une finalité.

Figure 4.1. Représentation simple d'un système à 4 éléments

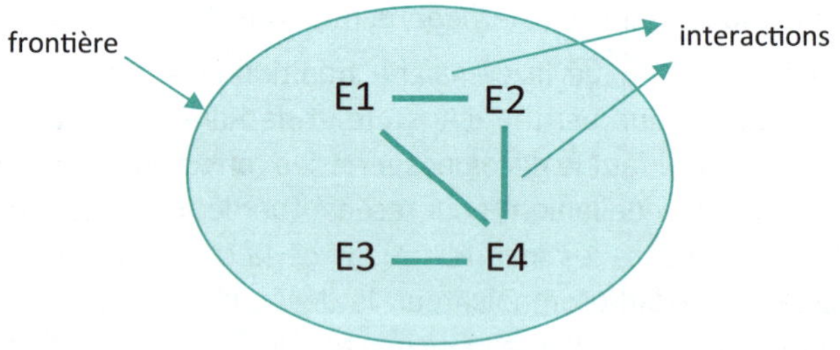

> **EXEMPLE**
> Une chaise est constituée de divers éléments reliés entre eux (assise, dossier, pieds). Elle est stable, mais l'absence d'interactions entre les éléments la rend non évolutive et non active. C'est un objet inerte qui ne sera pas défini comme système. Une

automobile, lorsqu'elle est en activité, sera en revanche le siège de nombreuses interactions entre ses différentes composantes. S'y ajoutent des interactions avec l'utilisateur, qui pilote ce « système-machine » capable aussi en partie de se réguler lui-même (réglage du débit de carburant, du débit d'air, freins antiblocage, etc.).

Si un système est par nature composé d'éléments, on ne peut le définir à partir de ceux-ci. L'ensemble ou **unité globale** qu'il forme – **le tout** – est non réductible à ses parties : un système possède des caractéristiques, des qualités qui sont inconnues et inobservables au niveau de ses éléments. Ces qualités nouvelles sont appelées **émergences**. D'où la fameuse maxime « le tout est plus que la somme des parties ».

> **EXEMPLE**
>
> La vie émerge d'une cellule formée d'un ensemble d'atomes et de molécules, l'intelligence émerge d'un ensemble de cellules, les arts émergent d'une société humaine.

B Interaction, rétroaction et causalité circulaire

Les qualités émergentes d'un système proviennent des **interactions** entre ses éléments, c'est-à-dire des actions ou influences réciproques entre deux ou plusieurs éléments avec échange de matière, d'énergie ou d'information. Ces échanges se traduisent par des changements d'état ou de comportement des éléments, qui entraînent de nouvelles interactions, d'où une dynamique : A entraîne B qui entraîne A qui entraîne à nouveau B qui entraîne à nouveau A, etc. On parle de boucle de **rétroaction** (*feedback*) pour désigner ces interactions continuelles qui peuvent être positives ou négatives.

> **EXEMPLE**
>
> Le principe du thermostat est l'exemple type d'une boucle de feedback négatif (le plus engendre le moins, le moins engendre le plus). Lorsque la chaleur augmente, le thermostat coupe l'alimentation du chauffage, puis l'enclenche à nouveau lorsque la température baisse en dessous de la valeur spécifiée. La rétroaction négative permet à un système de se maintenir, de se réguler en l'état et de poursuivre son activité.
>
> Une boucle positive (le plus engendre le plus, le moins engendre le moins) conduit au changement, à l'évolution, mais au final à l'explosion ou au blocage du système.

Les boucles de rétroaction sont à l'origine de la **causalité circulaire ou mutuelle** qui fait qu'il est impossible de comprendre un système en recourant au schéma classique de causalité linéaire : A → B → C → D...

4. L'école systémique

Figure 4.2 : Causalité circulaire

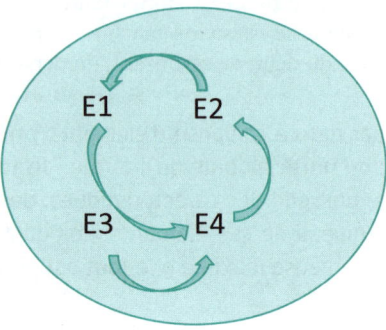

E1, E2 et E4 s'influencent mutuellement. Il n'y a pas de cause initiale.

La causalité en boucle ouvre sur la **récursivité**, processus en boucle par lequel « les effets et les produits deviennent nécessaires à la production et à la cause de ce qui les cause et de ce qui les produit » (E. Morin). Cela débouche sur une spirale d'évolution ininterrompue où les phénomènes s'autonomisent et s'autoproduisent : le produit ou l'effet d'un phénomène modifie en retour la cause productrice du phénomène ; la question de savoir quel est l'effet et quelle est la cause devient secondaire.

> **EXEMPLE**
>
> Les êtres humains sont des produits producteurs de la société : la société est produite par les interactions des individus, qui sont en même temps des produits de la société (*via* le langage, la culture, l'éducation, les règles diverses) qu'ils modifient sans cesse au fil du temps, de même que la société les modifie sans cesse en retour.

C Interrelations et organisation

Lorsque les interactions deviennent permanentes ou durables, elles sont qualifiées d'**interrelations**, et l'ensemble des interrelations est appelé organisation. Comme le résume E. Morin, **l'organisation est « la relation des relations »**.

L'organisation possède **deux caractères indissociables**. D'une part, elle est l'agencement des relations entre les composants ou individus d'un système. L'organisation est ici structure, squelette, organigramme (elle est organisée). D'autre part, elle agit, fait agir et pilote les éléments (elle est organisante) à travers des processus de production et de transformation, c'est-à-dire des programmes d'action. Au final, l'organisation stabilise et active le système.

> **EXEMPLE**
>
> L'organisation d'une entreprise peut-être vue à travers un organigramme qui relie les individus, services et départements (l'organisation-structure) et un ensemble de tâches ou de fonctions qui échangent, assemblent, transforment de la matière, de l'énergie, des services selon des processus de production définis à l'avance (l'organisation-programme).
>
>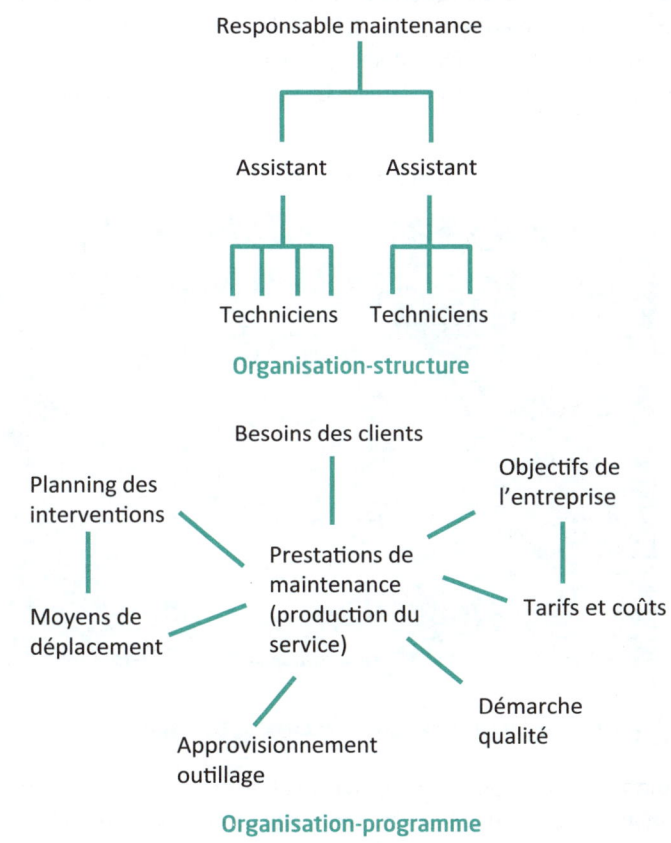

L'organisation forme le système, lui confère son existence et son identité. Le système, ce qu'il est et ce qu'il fait, ne peut se comprendre sans revenir à son organisation. C'est pourquoi **système et organisation sont souvent confondus** et pourquoi **l'organisation est le concept et l'objet central de la théorie des systèmes**.

D Fermeture et ouverture

L'organisation, dans son aspect structurel, joue le rôle de **fermeture** du système : elle relie et maintient, c'est-à-dire produit de l'ordre qui assure la stabilité du système et son existence. Elle régule donc le système à travers les boucles de rétroaction.

Pour rendre le **système actif**, l'organisation a besoin d'énergie, de matière, d'information (intrants ou *inputs*) puisées à l'extérieur. Simultanément, l'organisation « rejette » sa production à l'extérieur (extrants ou *outputs*). L'**ouverture organisationnelle sur l'environnement** est caractéristique du système. Sans ouverture, on aura un système inerte, non actif. Mais cette ouverture bénéfique est aussi une ouverture menaçante : elle soumet le système à des stimuli externes qui menacent de le désorganiser et de le détruire. Le système devra être capable de s'adapter pour survivre.

Figure 4.3. Représentation d'un système actif (ouvert)

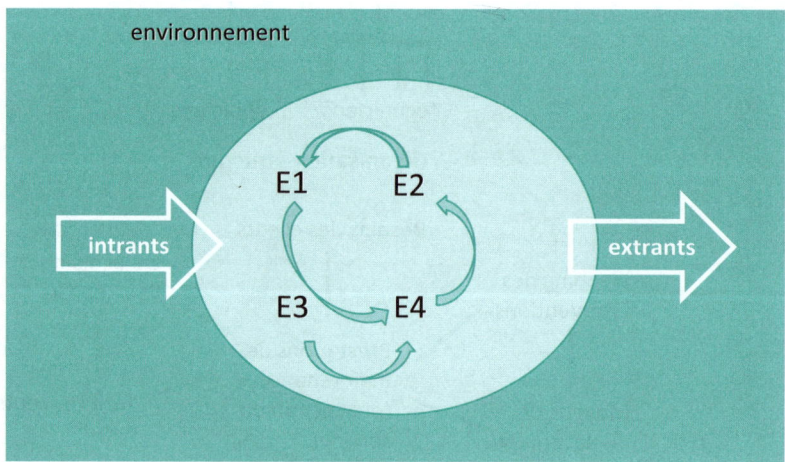

E Complexité, variété et auto-organisation

La **complexité** d'un phénomène ou d'un objet se manifeste par l'impossibilité pour un observateur de le saisir intégralement dans toutes ses propriétés et de prévoir tous ses comportements, ce qui le rend incertain et imprévisible.

> **ATTENTION** Ne pas confondre complexité et complication. Un objet complexe aura toujours une part d'incomplétude, alors qu'un objet compliqué pourra toujours être démêlé et compris intégralement.

La complexité croît avec le **nombre d'éléments** et le **nombre d'interrelations**, ainsi qu'avec le nombre de relations entre le système et son environnement. Cela détermine également le **nombre de configurations**, d'états, de comportements possibles que peut prendre un système, c'est-à-dire sa **variété**.

> **EXEMPLE**
> Soit un système à quatre éléments, qui peut prendre les trois configurations schématisées ci-dessous. La variété du système sera de trois. Ces états, avec le nombre croissant de leurs interrelations, vont, de gauche à droite, vers davantage de complexité.

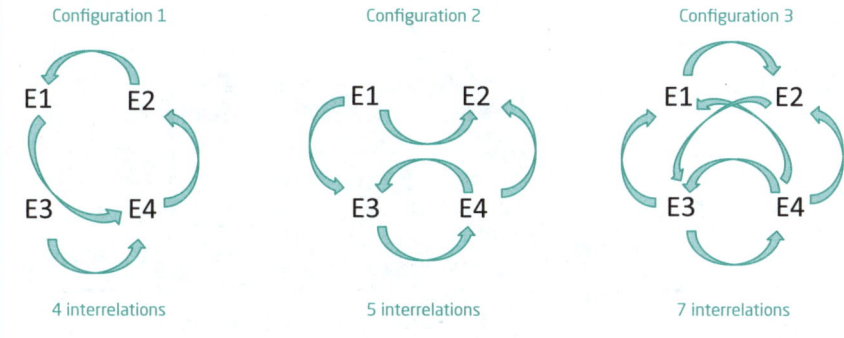

La variété s'assimile à la « richesse organisationnelle », à un réservoir de réponses possibles. Plus elle est grande, plus le système, en cas de perturbations internes ou externes qui le menacent, aura la possibilité d'y puiser une nouvelle configuration adaptée aux perturbations. Pour cela, un système doit être capable de transformer son organisation : c'est la propriété d'**auto-organisation**.

III. Modélisation d'un système complexe

La démarche systémique s'est progressivement imposée dans toutes les sciences, en particulier dans les sciences humaines : les groupes, les sociétés, les économies, les entreprises... qui se définissent comme des systèmes complexes.

A Les trois sous-systèmes fondamentaux

Pour se représenter et modéliser de tels objets, Jean-Louis Le Moigne propose de compléter la définition d'un système de la façon suivante : c'est un objet actif (il opère) et stable (il a une structure) évoluant (il se transforme) dans un environnement (il échange) par rapport à quelque finalité (il a un projet). Puis, il distingue **trois sous-systèmes fondamentaux** : le sous-système **opérant**, le sous-système d'**information** et le sous-système de **décision**.

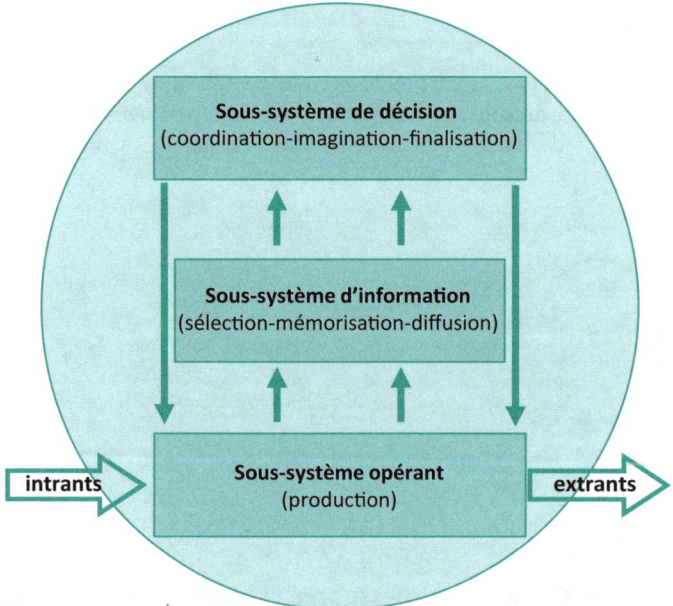

Figure 4.4. Représentation d'un système complexe

Il existe d'autres représentations de ce type, mais celle de Le Moigne pointe bien les traits essentiels des systèmes les plus complexes :
— le sous-système de décision est celui du **pilotage de l'organisation** ; il est indissociable des finalités du système : il décide en fonction des projets poursuivis ;
— au sein du sous-système d'information, un sous-système de mémorisation est aussi nécessaire, sinon la décision risque d'être aléatoire ou répétitive à l'identique, sans référence aux projets ;
— le sous-système de décision nécessite un sous-système d'imagination pour que le système produise de nouvelles décisions et invente de nouveaux comportements :

apparaît la faculté d'**auto-organisation**. Couplée à la mémorisation, l'imagination permet l'apprentissage. Émerge alors l'**intelligence** ;
- le système peut se finaliser lui-même (autofinalisation), définir lui-même ses projets, sa stratégie. Émergent alors l'**autonomie**, la **conscience de soi**, l'**intentionnalité**. On a ici le cœur des caractéristiques des systèmes humains : l'homme en tant qu'individu-système et les systèmes sociaux qu'il crée.

B Modélisation par triangulation

Cette représentation en sous-systèmes met l'accent sur l'**aspect ontologique du système**, c'est-à-dire ce qu'il est, ses composants et leur agencement et relations.

Pour compléter, Le Moigne propose d'observer également les aspects fonctionnel et génétique :
- l'étude de l'**aspect fonctionnel** consiste à déterminer ce que le système fait, ses finalités, sa fonction ou utilité ;
- l'étude de l'**aspect génétique** vise à découvrir ce que devient l'objet, à rechercher la dynamique de son évolution, c'est-à-dire à la fois son histoire et son devenir.

C'est donc au final par **triangulation systémique** que doit s'étudier le système-organisation.

IV. Le désordre organisateur

Depuis le milieu du XXe siècle et dans toutes les sciences, des chercheurs mettent en évidence une surprenante **dialectique entre l'ordre et le désordre au cœur des systèmes**, que les mathématiciens appellent la **théorie du chaos**. Citons par exemple le principe d'ordre par le bruit (Heinz von Foerster) ou d'auto-organisation par le bruit (Henri Atlan), l'autopoïèse (Humberto Maturana et Francisco H. Varela), la sensibilité aux conditions initiales ou l'effet papillon (Konrad Lorenz), la théorie des catastrophes (René Thom), les attracteurs étranges (David Ruelle), les fractales (Benoît Mandelbrot), les structures dissipatives (Ilya Prigogine).

Ces travaux convergent vers la reconnaissance que les aléas, les accidents, les erreurs, les perturbations, les agitations, les dispersions, en un mot, le désordre, sont une propriété intrinsèque des systèmes complexes. L'auto-organisation désigne cette faculté de lutter contre le désordre et de le transformer en ordre pour atteindre un comportement stabilisé. Cela signifie la capacité de ré-organiser les interrelations, c'est-à-dire de faire émerger une nouvelle organisation au sein du système. La théorisation du processus d'auto-organisation n'est pas achevée, mais les conditions sont établies : ouverture du système, redondance des fonctions, traitement de l'information (codage, mémorisation et apprentissage), variété requise.

COURS

> **EXEMPLE**
>
> Comment tirer parti du désordre (du bruit, disent les physiciens) pour mieux organiser une entreprise ou une administration ? J.-L. Le Moigne répond avec cette parabole de la cafétéria auto-organisatrice : « Au lieu de faire appel à un onéreux cabinet de conseil en organisation, ou d'augmenter les effectifs du service "organisation et méthode" chargé habituellement de pourchasser les doubles emplois cachés et les circulations d'informations non strictement utiles et nécessaires à l'absolue efficacité de l'action (en faisant de la productivité immédiate leur seul objectif), prenez le problème à l'envers ! Installez une ou plusieurs cafétérias en libre-service dans tous vos établissements et laissez-les faire : vos collaborateurs viendront en effet "perdre un temps précieux" en papotant dans cette cafétéria (on ne leur demandera pas, mais ils le feront sans doute, au moins de temps en temps !). Et en papotant, ils feront circuler beaucoup d'informations parasites ou superflues noyant peut-être quelques informations utiles, voire essentielles, du type : "Peux-tu faire un détour ce soir chez tel client qui est malade ?" ou "Sais-tu que ta commande est arrivée par erreur dans notre service" ! ou "J'ai un client qui vient de tripler sa commande habituelle…" »

La dialectique de l'ordre et du désordre invite à **étudier une organisation dans ses régularités**, stabilités, équilibres, **mais aussi dans ses instabilités**, incertitudes, déviances, perturbations, innovations… d'autant que celles-ci, même très faibles, peuvent engendrer des effets pervers ou boule de neige (l'effet papillon) et aboutir à faire « bifurquer » le système sur de nouvelles voies et lois de fonctionnement.

V. Influences de l'école systémique sur la théorie des organisations

La systémique est une problématique qui permet d'identifier ce que la démarche scientifique classique n'avait pas pu voir jusque là : **des objets complexes, c'est-à-dire dynamiques** (évolutifs, déséquilibrés) **et non linéaires** (imprévisibles, erratiques), **capables d'auto-organisation**. Les diverses organisations humaines correspondent bien à ces traits, et c'est pourquoi plusieurs écoles en théorie des organisations ont été influencées par la systémique. Toutefois, l'influence n'est pas unilatérale ; certains courants ou écoles ont été précurseurs et ont permis aussi de nourrir la théorie des systèmes.

A L'école sociotechnique

Dès 1960, Frederick E. Emery et Éric L. Trist, psychosociologues au Tavistock Institute à Londres, proposent de considérer l'entreprise comme un système ouvert et capable d'autorégulation pour répondre aux variations de l'environnement. Ils décomposent l'entreprise en deux sous-systèmes : le système technique (technologies et outils de production) et le système social (les individus et leurs relations). Le sous-système technique est l'élément déterminant de la capacité d'autorégulation, car c'est par des changements technologiques que l'entreprise répond aux changements de son environnement.

Cependant, les deux sous-systèmes sont en interaction et l'efficacité de l'organisation dépendra de leur optimisation conjointe. Si le système social, et principalement l'organisation du travail, n'est pas adapté aux caractéristiques techniques, l'organisation ne sera pas efficace.

Figure 4.5. L'entreprise système vue par l'école sociotechnique

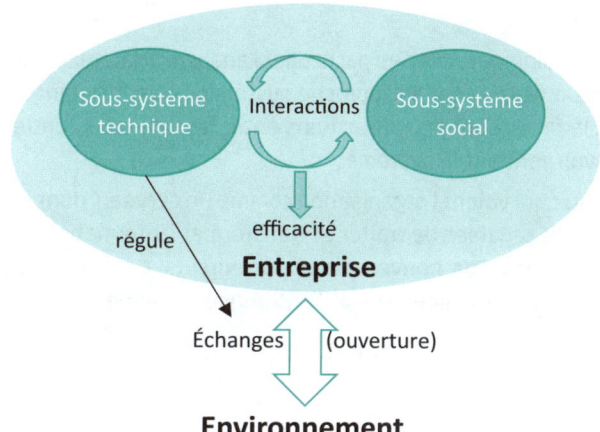

En étudiant l'impact des changements technologiques dans les mines de charbon, Emery et Trist font le constat que l'organisation du travail en **groupes semi-autonomes** est la plus efficace en termes de productivité, tout en réduisant les accidents du travail et l'absentéisme.

Les groupes semi-autonomes se caractérisent par une complète liberté de décision dans la façon de s'organiser et de travailler. Les membres sont polyvalents (rotation de poste), coresponsables et s'autocontrôlent. L'encadrement à une fonction d'assistance et non plus de prescription et de contrôle. L'autonomie des équipes est uniquement contrainte par les objectifs à atteindre et les relations avec les autres composantes de l'entreprise.

B Autres influences de la théorie des systèmes

Parmi d'autres courants et travaux en théorie des organisations qui s'inspirent de la systémique on peut mentionner :
- l'école de la contingence, avec la reconnaissance de la complexité interne et externe dans la détermination des structures organisationnelles et de l'équifinalité (il n'y a pas un seul chemin possible – pas de *one best way*) ;
- l'école décisionnelle, avec, notamment, les travaux de Herbert A. Simon, considérant l'organisation comme un lieu de traitement de l'information et de résolution de problèmes (comme un *General Problems Solver*) ou de Karl E. Weick, qui étudie comment les individus et groupes dans une organisation traitent l'information reçue de l'environnement et produisent collectivement du sens pour agir ensemble ;
- l'école sociologique, avec en particulier l'analyse stratégique des organisations, qui se réfère ouvertement à l'approche systémique en insistant sur la causalité circulaire et la façon dont les interactions entre les individus centrées sur des relations de pouvoir forment le système ;
- les travaux qui voient l'organisation comme un cerveau, dont les membres sont collectivement capables de traiter et transformer l'information, de créer de nouvelles connaissances et de nouveaux comportements, c'est-à-dire de s'auto-organiser : l'organisation « intelligente » et l'entreprise « libérée ».

ENTRAÎNEMENT

QCM

Choisissez, parmi les propositions suivantes, la ou les bonne(s) réponse(s).

1. **Pourquoi dit-on que la systémique est plus une méthode qu'une théorie ?**
   a. Elle n'arrive pas à tout expliquer.
   b. Elle est un cadre qui pose les problèmes plutôt qu'il n'apporte des réponses.
   c. Elle n'a pas suffisamment de concepts.
   d. Elle n'est pas validée par les faits.

2. **Quelles sont les limites de la démarche analytique cartésienne en science ?**
   a. On ne peut pas dénombrer tous les éléments constituant un objet.
   b. On ne voit pas la causalité circulaire.
   c. On ne peut connaître le fonctionnement de chaque élément.
   d. On ne peut pas reconstituer l'ensemble de ce que font les éléments.

3. **La complexité d'un phénomène vient :**
   a. des interrelations entre ses éléments.
   b. de l'insuffisance de nos moyens d'observation de ce phénomène.
   c. de son degré de complication.

4. **Le terme « organisation » désigne, en théorie des systèmes :**
   a. le système.
   b. la division des tâches entre éléments.
   c. l'ensemble des interrelations entre éléments.
   d. la complexité.

5. **Quels sont les deux visages de l'organisation ?**
   a. Un programme et une planification.
   b. Une finalité et un programme.
   c. Une structure et un organigramme.
   d. Une structure et un programme.

6. **La variété d'un système est :**
   a. le nombre d'organisations internes.
   b. le nombre de configuration ou d'états possibles.
   c. le nombre possible de relations avec l'environnement.

7. **Est indispensable à l'auto-organisation le sous-système :**
   a. opérant.
   b. d'information.
   c. de mémorisation.
   d. de décision.
   e. d'imagination.
   f. de finalisation.

ENTRAÎNEMENT

EXERCICES

1 **Représentation de l'entreprise par triangulation systémique**

Par quels traits principaux peut-on représenter le « système entreprise » avec la démarche par triangulation (aspect ontologique, fonctionnel, structurel de l'entreprise) ?

2 Quelles sont les conséquences de la dialectique ordre-désordre pour le management d'une entreprise ? Prolonger les conclusions de la métaphore de la cafétéria auto-organisatrice.

CORRIGÉS DES QCM

1. b. La systémique dispose de concepts, articulés de façon cohérente, qui visent à comprendre les phénomènes. En cela, elle est une théorie. Mais elle ne propose pas des lois de fonctionnement de la Nature. Son projet est d'aider à trouver ces lois en considérant un phénomène comme un système, objet artificiel conceptualisé par l'observateur systémicien qui lui permet de poser le problème. C'est pourquoi Yves Barel dit que c'est une problématique, une façon de découvrir les problèmes qui ne pourraient pas être vus autrement (c'est-à-dire les problèmes complexes).

2. b. c. On risque de ne pas repérer les interactions entre éléments, la causalité circulaire et leurs traductions en phénomènes, qui ne sont observables qu'au niveau global.

3. a. La complexité vient des interrelations qui conduisent à des propriétés globales émergentes, inconnues au niveau des éléments. Tout système est donc par nature une émergence, et donc est complexe. On dit que le tout est plus que la somme des parties. À noter que le tout peut aussi être moins que la somme des parties : il n'y a pas non plus ici de correspondance entre les propriétés au niveau global et au niveau individuel. Le degré de complexité croît avec le nombre des éléments et des interrelations au sein du système et avec l'environnement.

4. c. Strictement, cela désigne l'agencement des interrelations à un instant *t* et leurs conséquences. Ce terme est, abusivement, assimilé à système, car l'organisation définit le système. On pourrait dire que le système est la face émergée, visible (on observe des comportements du système), et l'organisation la face immergée, cachée et à découvrir (qui explique les comportements observés).

5. d. On assimile souvent le mot organisation à la structure d'une entité (agencement des parties). La systémique considère l'organisation comme structure, mais aussi comme programme du système. Au sein de la structure, les éléments interagissent, échangent, rétroagissent, selon des programmes ou des schémas établis. Autrement dit, l'action, ce que fait le système, a besoin d'une structure et d'un programme pour se dérouler. C'est ce qui permet l'action, et c'est pourquoi l'organisation

est aussi toujours aussi action. Edgar Morin propose le terme « organisation » pour souligner ce double visage.

6. b. Un système puise dans ce réservoir d'états possibles la nouvelle organisation, qui lui permettra de surmonter les menaces et perturbations de l'environnement et de survivre. La variété d'un système est une des conditions de son auto-organisation.

7. c. e. Il y a décision de nouveaux comportements et de nouvelles façons de faire grâce aux sous-systèmes de mémorisation et d'imagination.

CORRIGÉS DES EXERCICES

1 Représentation de l'entreprise par triangulation systémique

De façon synthétique, on peut mettre en avant les éléments dans le tableau ci-dessous. La triangulation conduit à mobiliser plusieurs champs disciplinaires (économie, management, droit, sociologie, etc.). Cela illustre la pluridisciplinarité nécessaire de l'approche systémique.

Aspect génétique (évolution, histoire)	- Nouveau lieu de production, récent à l'échelle humaine, qui se développe avec la révolution industrielle (l'exploitation agricole était le lieu de production traditionnel et dominant) - Combinaison nouvelle du travail et du capital, en s'appuyant sur la technologie (progrès technique) et une division poussée du travail - Nouvelles relations sociales (le salariat) - Évolution vers une diversité toujours plus forte (taille, activités, formes juridiques, etc.) - Évolution vers la production immatérielle (services)
Aspect fonctionnel (fonction, finalité, utilité)	- Finalité économique fondamentale : production de biens et services et, au final, création de richesses nouvelles (la valeur ajoutée) - Autres finalités combinées possibles : sociale, écologique, financière, domination, etc., à relier avec la propriété de l'entreprise (secteur privé/public/associatif) et sa stratégie

CORRIGÉS

Aspect ontologique (structure, agencement interne, sous-systèmes)	- Sous-système opérant : production par transformation d'intrants (biens et services) en extrants (nouveaux biens et services) - Sous-système de décision : les dirigeants, les actionnaires, l'encadrement aux décisions opérationnelles, tactiques et stratégiques (la stratégie : expression de l'autonomie de l'entreprise et des sous-systèmes imagination et finalisation) - Système d'information : collecte, traitement, mémorisation et diffusion d'informations externes (marchés, clients, concurrents, veille technologique et stratégique) et internes (comptabilité, analyse des coûts, procédures de contrôle) - Ouverture sur un environnement politique, économique, social, technologique, légal, etc. - Système soumis à du désordre interne (pannes, erreurs, conflits, etc.) et externe (crises économiques et financières, instabilité politique, sociale, technologique, etc.)

2 **Quelles sont les conséquences de la dialectique ordre-désordre pour le management d'une entreprise ? Prolonger les conclusions de la métaphore de la cafétéria auto-organisatrice.**

L'organisation met de l'ordre dans le système et assure sa stabilité. Dans une entreprise, cela se traduit, de façon plus ou moins importante, par une hiérarchie, des règles et réglementations, une division du travail, des programmes d'exécution des tâches, des procédures de surveillance et de contrôle, etc. Mais vouloir tout rationaliser, tout optimiser, tout planifier, tout contrôler, est une voie sans issue.

D'une part, il est illusoire de vouloir éliminer le désordre, l'incertitude et l'aléatoire. Ils seront toujours présents, ne serait-ce que par les perturbations provenant de l'ouverture sur l'environnement.

D'autre part, c'est limiter la capacité d'auto-organisation de l'entreprise. Il faut au contraire laisser des espaces de liberté, d'autonomie aux individus, accepter qu'ils ne soient pas tournés uniquement vers leurs tâches immédiates, favoriser la diffusion de l'information, des lieux et des moments d'échange ou de dialogue, même s'il n'y a pas de productivité ou de rentabilité immédiate.

Selon la plupart des auteurs, cela signifie un management non directif avec des structures horizontales et participatives (groupes de travail, cercles de réflexion, groupe de résolution collective de problèmes), des possibilités d'expérimenter des idées nouvelles (imagination) et donc laissant de l'autonomie aux individus (fiches 13 et 14).

L'école de la contingence : les facteurs internes

FICHE 5

NOTIONS CLÉS

✓ Structure organisationnelle
✓ Bureaucratisation
✓ Cycle de vie organisationnel
✓ Technologie de production
✓ Mise en œuvre des choix stratégiques

I. Il existe plusieurs façons de s'organiser pour être performant

A La remise en cause des principes d'organisation universels

Les premières écoles de la théorie des organisations proposaient des approches de type « *one best way* » : elles considéraient que leur théorie était la seule façon performante d'organiser le travail et la production.

Pour l'école de Taylor et ses disciples (fiche 1), il s'agit d'appliquer les principes de l'organisation scientifique du travail ; pour Mayo et les tenants de l'école des relations humaines (fiche 2), il faut se fonder sur les principes d'organisation humaine. Dans les deux cas, les principes d'organisation sont invariables quels que soient la taille, l'âge, le secteur d'activité ou la stratégie suivie par l'entreprise.

B L'école de la contingence structurelle

À partir des années 1960, l'école de la contingence structurelle a exploré l'idée que **les meilleures façons de s'organiser ne sont pas universelles**, mais dépendent de caractéristiques propres à chaque organisation qu'ils dénomment « facteurs de contingence ».

Figure 5.1. Le principe de l'influence des facteurs de contingence sur la structure organisationnelle

II. La structure organisationnelle

Les organisations diffèrent les unes des autres, en particulier par leur structure.

> **Définition**
>
> Par **structure organisationnelle**, on entend l'ensemble des paramètres qui caractérisent la division, la coordination et le contrôle de l'activité au sein d'une organisation. Ces paramètres étant relativement pérennes, ils stabilisent l'organisation à un moment donné.

La structure d'une organisation peut reposer sur des dimensions informelles, telles que les appartenances professionnelles ou les interactions interindividuelles. Les théoriciens de la contingence, et notamment les chercheurs de l'Université britannique d'Aston, dans les années 1960, se sont au contraire concentrés sur les dimensions formelles de la structure organisationnelle. Pour pouvoir les spécifier, ils se sont appuyés sur l'identification d'**éléments observables**. Ils ont ainsi mené de nombreuses observations empiriques sur les structures organisationnelles, en retenant cinq variables que l'on peut résumer ainsi : le degré de spécialisation, le degré de standardisation, le degré de formalisation, le degré de centralisation, le nombre de niveaux hiérarchiques.

Les travaux de l'école de la contingence font l'hypothèse que la structure organisationnelle, ainsi définie, dépend de **facteurs de contingence**. Certains peuvent être considérés comme internes et sont présentés dans cette fiche. D'autres facteurs sont externes et sont traités dans la fiche 6.

Comme le montre la figure 5.2, les facteurs de contingence internes sont souvent abordés à travers quatre dimensions : la taille, l'âge, la technologie et la stratégie.

Figure 5.2. Les différents facteurs de contingence internes

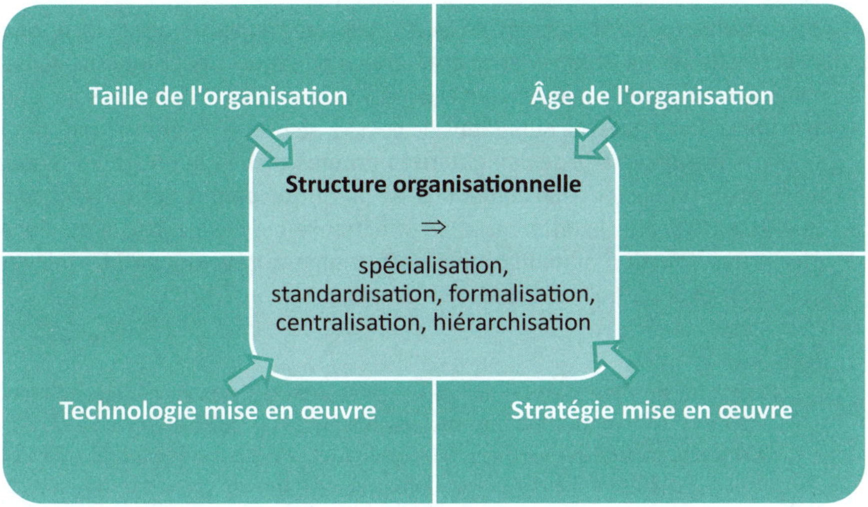

- Taille de l'organisation
- Âge de l'organisation
- Technologie mise en œuvre
- Stratégie mise en œuvre

Structure organisationnelle
⇒
spécialisation, standardisation, formalisation, centralisation, hiérarchisation

III. La taille de l'organisation et le phénomène de différenciation structurelle

A Taille et bureaucratisation

La structure d'une organisation dépend de sa taille. Dans les années 1970, le sociologue Peter Blau a développé l'idée que l'augmentation de la taille d'une organisation s'accompagne de changements structurels, tels qu'une spécialisation croissante, une multiplication des règles et un plus haut degré de décentralisation des décisions. Il y aurait donc un lien entre la taille de l'organisation et une forme de **bureaucratisation**.

> **EXEMPLE**
>
> Dans le cadre d'un regroupement territorial, deux organismes de formation professionnelle dans le secteur industriel se regroupent et fusionnent. Mécaniquement, la taille augmente instantanément, et les coordinations informelles, liées à des habitudes de fonctionnement et à des identités de site bien installées, ne sont plus efficaces. Pour assurer le fonctionnement de la nouvelle entité et homogénéiser les pratiques, il devient nécessaire de formaliser les relations et d'établir des procédures.

B Taille et différenciation structurelle

Blau observe un autre phénomène lié à la taille de l'organisation : la **différenciation structurelle**. Au fur et à mesure que sa taille augmente, l'organisation se divise en un nombre croissant de départements, d'unités, elles-mêmes divisées en sous-unités, de niveaux hiérarchiques, de définitions de postes, etc. Cette différenciation structurelle induit un **renforcement des singularités propres à chaque entité** en termes d'activité et en termes de représentations, et un **renforcement des différences entre chaque entité**. Plus la différenciation structurelle est élevée, plus il est nécessaire d'avoir **une fonction administrative suffisamment développée** pour maintenir la cohérence et le contrôle de l'ensemble de l'organisation.

> **EXEMPLE**
>
> Dans un hôpital, la différenciation structurelle est très élevée. Les métiers et les statuts y sont nombreux (praticiens hospitaliers, internes, externes, infirmiers, aides-soignants, brancardier, cadres de santé, etc.), ainsi que les lieux, les rythmes et les procédures. Le risque est donc que chacune de ces entités ainsi définies se renforce dans une façon particulière de se représenter l'activité, ses modes opératoires ou ses priorités. La structure administrative de l'hôpital doit être conçue pour compenser les effets de cette différenciation structurelle.

IV. L'âge de l'organisation et les phénomènes de cycles de vie

La structure d'une organisation est liée à son âge. Plusieurs phases structurelles peuvent ainsi être observées dans le développement d'une organisation au fur et à mesure de son existence. Les premiers temps sont des **phases de créativité et d'innovation**. La **dimension collective** se fait ensuite de plus en plus importante. Des mécanismes formalisés sont alors élaborés afin de permettre plus **de coordination et de contrôle**, pour enfin aboutir à une **phase de maturité**, caractérisée par l'élaboration d'une structure pérenne, capable à la fois de stabiliser l'organisation et de la doter de capacités d'adaptation (Robert Quinn et Kim Cameron, 1983).

Au-delà de l'idée d'une succession de phases, l'approche en termes de **cycles de vie des organisations** présente ces phases comme le résultat de crises successives : chaque étape de la vie d'une organisation comporte des limites ou des **contradictions** ; celles-ci se développent jusqu'à provoquer une crise ; cette **crise** ne peut être surmontée que par le passage à une **phase nouvelle**. La structure d'une organisation se transforme ainsi au fur et à mesure que son âge avance. Sur ce principe, Larry Greiner identifie (1972) cinq phases successives (figure 5.3).

Figure 5.3. Les phases du cycle de vie organisationnel

> **EXEMPLE**
>
> Une start-up est typique d'une structure entrepreneuriale, basée sur la créativité et l'investissement personnel de son créateur. Si l'activité se développe, celui-ci ne pourra plus faire face, seul, à tous les dossiers ou problèmes qui se présentent. De plus en plus de membres s'impliqueront dans les décisions de manière plus ou moins coordonnée, puis le dirigeant devra déléguer explicitement. Pour compenser les dérives possibles de ces délégations et assurer le contrôle de l'activité, il sera conduit à formaliser davantage la structure organisationnelle.

V. La technologie et les façons d'organiser la production

La structure d'une organisation dépend de la technologie qu'elle met en œuvre. Joan Woodward (1958, 1965) s'est appuyée sur la comparaison d'un grand nombre d'entreprises industrielles pour montrer que des niveaux de performance équivalents pouvaient être atteints avec des structures organisationnelles différentes. En revanche, **pour une technologie donnée, les structures des entreprises les plus performantes étaient comparables**.

Figure 5.4. Les liens technologie/structure

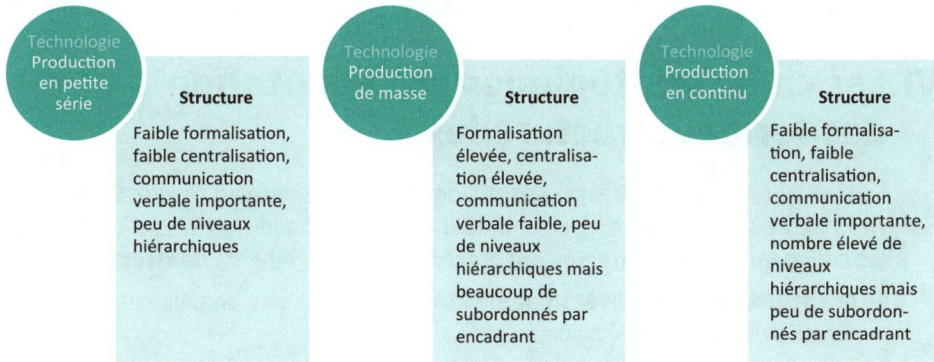

Ces observations, qui sont à replacer dans leur contexte historique, conduisent à l'hypothèse que **chaque type de technologie** implique la mise en œuvre d'une **structure organisationnelle singulière**.

> **EXEMPLE**
>
> Les usines d'assemblage dans l'automobile sont typiques de la production de masse : le travail est y très prescrit, selon des modes opératoires très formalisés. Les machines qui produisent le papier représentent des processus continus ; les pilotes de ces installations exercent une activité de régulation, qui consiste surtout à anticiper et à corriger des aléas ou des variations. Dans la mécanique de précision, les séries de pièces à fabriquer sont courtes, les opérateurs sont très autonomes dans leur travail, et on y observe peu de niveaux hiérarchiques.

Par ailleurs, il est important de bien considérer que le déterminisme technologique de Woodward ne se vérifie pas systématiquement, comme l'illustre l'exemple des centres d'appel ci-dessous.

> **EXEMPLE**
>
> Tous les centres d'appel utilisent les mêmes équipements techniques. Mais l'usage qui en est fait diffère selon qu'il s'agisse d'activités peu qualifiées (comme les appels commerciaux sortants) ou plus qualifiées (comme les appels entrants dans des compagnies d'assistance). Dans le premier cas, l'organisation du travail est souvent très spécialisée et très prescrite, alors que dans le deuxième cas, elle laisse beaucoup plus d'autonomie aux téléopérateurs. Cet exemple permet d'observer qu'à une technologie donnée peuvent correspondre des structures différentes. C'est souvent le cas dans les activités de service, dans lesquelles les technologies laissent de larges marges d'organisation. Mais on peut constater aussi que, même dans l'industrie, il y a toujours des adaptations spécifiques, qui dépendent à la fois du contexte organisationnel et des choix opérés par le management.

VI. Les choix stratégiques et l'adaptation des formes structurelles

La structure d'une organisation dépend de la stratégie mise en œuvre. En étudiant l'histoire de grandes entreprises américaines, Alfred Chandler (1972) a montré que **les changements de stratégies ont précédé des changements de structure**. Ainsi :
- des **structures centralisées** ont été mises en œuvre pour accompagner des stratégies d'expansion en volume ;

— des **processus d'intégration verticale** ont été mise en œuvre pour accompagner des stratégies de contrôle des segments amont et aval du processus de production ;
— des **structures multidivisionnelles** ont été mises en œuvre pour accompagner des stratégies de diversification.

> **EXEMPLE**
> Air France-KLM est un acteur majeur du transport aérien mondial. Pour mettre en œuvre sa stratégie de diversification, le groupe s'est structuré autour de ses principaux métiers, qui sont le transport aérien de passagers et de fret, ainsi que la maintenance aéronautique. Plusieurs marques symbolisent cette segmentation, comme Air France, KLM Royal Dutch Airlines, Hop !, Air France Industries, etc.

Ces changements de structure ne se font pas toujours de manière automatique et fluide. Ce peut être l'incapacité d'une structure donnée à faire face à une nouvelle orientation stratégique, et donc une situation d'échec, qui implique l'élaboration d'une structure nouvelle plus adaptée.

ENTRAÎNEMENT

QCM

Choisissez, parmi les propositions suivantes, la ou les bonne(s) réponse(s).

1. **Les structures organisationnelles performantes :**
   a. dépendent de l'application de principes universels.
   b. sont uniquement liées à la volonté et aux choix des dirigeants.
   c. sont liées à un état donné des facteurs de contingence internes.

2. **La bureaucratisation désigne :**
   a. un processus de formalisation de la structure organisationnelle.
   b. un frein systématique aux initiatives et au changement.
   c. l'envahissement des actes administratifs dans les entreprises.

3. **Le cycle de vie d'une organisation désigne :**
   a. l'arrivée à maturité progressive de ses technologies.
   b. une succession de phases de structuration liée à des crises internes.
   c. un processus normatif de développement de l'entreprise.

4. **Un investissement technologique implique systématiquement :**
   a. un changement de la structure organisationnelle.
   b. un accroissement du niveau de qualification des opérateurs.
   c. une vigilance quant à l'adéquation de la structure organisationnelle et la technologie choisie.

5. **La structure de l'organisation :**
   a. peut se réduire à l'organigramme hiérarchique.
   b. comporte des éléments de nature informelle.
   c. désigne le niveau de décentralisation de la décision.

6. **La stratégie :**
   a. est indépendante de la structure organisationnelle.
   b. dépend de la structure organisationnelle.
   c. conditionne la structure organisationnelle.

EXERCICES

1 Nouvelles structurations du travail et des organisations

Voici un texte adapté de Yann-Maël Larher dans *L'usine Nouvelle* de juin 2013 : « Il y a beaucoup de raisons pour lesquelles nos habitudes de travail ont changé. L'intellectualisation du travail, les nouvelles technologies, l'émergence de salariés connectés et la mondialisation sont les principaux moteurs de ce changement. Chacun de ces paramètres alimente et est alimenté par les autres. Les entreprises et les salariés doivent ainsi constamment s'adapter à de nouvelles méthodes de travail ; leur environnement est le reflet de ces évolutions. La croissance des travailleurs du savoir remonte aux années 1950. Alors qu'en 1954, on ne comptait en France que 430 000 cadres et

ENTRAÎNEMENT

professions intellectuelles supérieures, selon l'INSEE, le nombre de personnes appartenant à la catégorie "cadre" est passé à 2 millions en 1990 et à 3,5 millions en 2008. Pendant une vingtaine d'années, la croissance des ingénieurs, poussée par l'industrie lourde et l'électrification, a été spectaculaire (8 % par an). Ensuite, elle a trouvé de nouveaux relais à travers l'apparition de nouvelles professions, en restant forte, à 5 % par an, notamment grâce à l'expansion des spécialités de l'électronique et surtout de l'informatique. Dans cette révolution du travail, les outils de communication jouent un rôle important. Les ordinateurs, Internet et plus récemment les smartphones ont fait exploser les frontières de l'espace de travail. Désormais, on peut travailler partout et tout le temps, et de plus en plus d'actifs le font grâce à leurs propres outils de mobilité. Les rigidités spatiales et temporelles qui encadraient le travail depuis le début du XXe siècle, où le travail était associé à l'outil de production de l'entreprise, ont bien définitivement volé en éclats ; l'espace de travail doit devenir modulable et pensé pour la collaboration, les modes projet et le travail de groupe. Si l'espace de travail a subi des changements particulièrement importants au cours de la dernière décennie, ce n'est rien en comparaison des évolutions des structures organisationnelles que nous connaîtrons dans un proche avenir. »

a. Est-il question dans cet article d'évolution des structures organisationnelles ?

b. Dans quelle mesure retrouve-t-on ici les hypothèses des théoriciens de l'école de la contingence ?

2 Quelle est la vision du management portée par l'école de la contingence ?

CORRIGÉS DES QCM

1. c. Le point de vue de l'école de la contingence est que les structures organisationnelles efficaces sont dépendantes des facteurs de contingence. C'est pour cette raison que l'on peut estimer que l'école de la contingence reste déterministe. Si, dans l'absolu, les structures organisationnelles peuvent varier, elles sont uniques pour un état donné des facteurs de contingence.

2. a. La bureaucratisation n'est pas connotée péjorativement pour des auteurs tels que Peter Blau. Au contraire, il s'agit d'un effort de clarification et de formalisation qui permet à des structures de plus en plus complexes et diversifiées en interne de garder leur cohérence.

3. b. Selon la théorie du cycle de vie organisationnel, le changement de structure n'est pas nécessairement un choix délibéré. Il s'agit plutôt de la conséquence du fait qu'à chaque stade de sa vie, une organisation développe des contradictions qui ne peuvent être surmontées que par une évolution de ses structures.

4. c. Si l'investissement technologique opéré se situe dans la même logique que les équipements existants, il n'y a aucune raison de changer la structure organisationnelle. En revanche, il est nécessaire de s'assurer que cet investissement est bien en cohérence avec la structure existante.

CORRIGÉS

5. b. La structure organisationnelle désigne plusieurs dimensions formelles (spécialisation, standardisation, formalisation, centralisation, hiérarchisation) et également, dans un sens élargi, des éléments informels, comme les cultures professionnelles des membres de l'entreprise.

6. c. Pour Alfred Chandler, la structure organisationnelle doit permettre la mise en œuvre des choix stratégiques. Néanmoins, il s'agit là d'un point de débat important dans la littérature managériale, car pour certains auteurs, c'est plutôt la structure organisationnelle qui délimite les possibles en matière de choix stratégiques.

1 Nouvelles structurations du travail et des organisations

a. L'article développe essentiellement les évolutions des formes et des espaces de travail, ce qui ne correspond qu'à une partie seulement de la structure organisationnelle. La question de changements de structure plus complets est évoquée en fin d'article, mais n'est pas réellement traitée. En ce qui concerne les espaces et les formes de travail, l'auteur relève un travail plus intellectualisé, de nouvelles méthodes de travail liées à la connexion continue et individualisée, à la mondialisation (c'est-à-dire des possibilités d'échanges sans frontières) et à l'ouverture des cadres spatiaux et temporels traditionnels. La collaboration et les espaces de travail modulables sont devenus des tendances bien installées.

b. On retrouve effectivement l'idée que de nouvelles structurations des organisations et du travail doivent émerger pour tenir compte de l'apparition de nouveaux facteurs de contingence internes. Ainsi, les technologies numériques sont bien identifiées comme un facteur important de changement des structures organisationnelles. Cependant, les thèses de l'école de la contingence ne s'appliquent pas complètement. D'une part parce que les tendances technologiques qui sont relevées ne sont pas spécifiques à certains secteurs, mais au contraire transversales. D'autre part parce que l'on note des facteurs de contingence d'une autre nature que ceux évoqués dans les théories classiques, et en particulier l'élévation du niveau des qualifications.

2 Quelle est la vision du management portée par l'école de la contingence ?

La vision du management inspirée par l'école de la contingence consiste à faire un état des lieux des facteurs de contingence internes, puis à appliquer la structure organisationnelle considérée comme efficace pour cette configuration. Plus précisément, il faut identifier les paramètres de taille, d'âge, de technologie ou de stratégie, et de caractériser l'entreprise sur cette base. Par exemple, il peut s'agir d'une entreprise de petite taille, jeune, réalisant des pièces de petites séries dans une stratégie d'expansion de son volume d'activité, ou alors d'une entreprise de grande taille, d'âge mûr, utilisant un processus de production en continu, avec une stratégie d'internationalisation. Pour chacun des cas possibles, l'école de la contingence préconise d'appliquer la structure réputée la plus performante, en matière de spécialisation, de standardisation, de formalisation, de centralisation et de hiérarchisation. Il s'agit donc finalement d'une approche managériale assez déterministe, qui laisse peu de place aux spécificités propres à chaque organisation et aux phénomènes émergents.

L'école de la contingence : les facteurs externes

FICHE 6

NOTIONS CLÉS

✓ Complexité et instabilité de l'environnement
✓ Organisations mécanistes et organistes
✓ Différenciation et intégration dans les organisations
✓ L'organisation et l'accès aux ressources de l'environnement

I. Structurer l'organisation pour tenir compte de l'environnement

A La prise en compte de l'environnement

L'école de la contingence structurelle a développé l'idée que **les meilleures façons de s'organiser ne sont pas universelles** et que des niveaux de performance élevés peuvent être atteints à partir de structures d'organisation différentes. L'important est de concevoir les structures organisationnelles en fonction d'une série de caractéristiques identifiées appelées **facteurs de contingence**.

Ceux-ci peuvent être assimilés à des facteurs internes, tels que la taille, l'âge, la technologie ou la stratégie (fiche 5). Mais les théoriciens de l'école de la contingence se sont également beaucoup intéressés à l'environnement dans leurs travaux, en posant le principe qu'une **structure organisationnelle** doit être **adaptée aux caractéristiques de l'environnement** pour pouvoir être performante.

Figure 6.1. Environnement et caractéristiques structurelles des organisations

Cette approche est inspirée de la théorie générale des systèmes (fiche 4) qui se développe dans les années 1960 et qui postule que tout système est ouvert sur son environnement, notamment par les différents échanges (informations, matières premières, produits, personnes, flux financiers, etc.) qu'il opère avec celui-ci. Dans cette perspective, l'**adaptation à l'environnement** est une **condition de survie** pour les organisations.

B Une adaptation dynamique et continue à l'environnement

Pour l'ensemble de ces approches, l'adaptation entre la structure organisationnelle et l'environnement n'est ni statique ni binaire.

Les organisations doivent **s'adapter aux variations d'un environnement** qu'elles ne maîtrisent pas. Elles doivent ainsi être en mesure d'adopter les structures organisationnelles les plus adaptées à un environnement donné.

En conséquence, il faut s'attendre à ce que les organisations changent de structure au cours du temps. Cela ne s'opère pas par des changements instantanés, mais par des **évolutions** qui se situent sur un *continuum* reliant les différents modèles de structures organisationnelles.

D'un point de vue managérial, ces principes entraînent trois conséquences.

- Les types de structures organisationnelles ne sont pas intrinsèquement plus ou moins performants. Il ne faut donc pas chercher à appliquer un modèle universel, mais veiller à **s'inspirer du modèle le plus indiqué pour un environnement spécifique** donné.

- Le **changement** n'est pas exclusivement choisi ; il est **en grande partie induit** par des variations de l'environnement auxquelles l'organisation doit s'adapter. Le changement organisationnel est donc une constante, la capacité à le gérer un élément capital de la performance managériale.

- Le changement organisationnel consiste à évoluer sur un continuum entre les différents modèles de structure, il est donc logique d'observer la **coexistence** à un moment donné d'un très grand nombre de **configurations organisationnelles différentes**, et non uniquement les modèles « purs » décrits par les théories.

II. Des organisations mécanistes ou organiques en environnements plus ou moins stables

Pour analyser les relations entre l'environnement et le fonctionnement organisationnel, Tom Burns et Georges Stalker (1961, 1966) ont étudié une vingtaine d'entreprises en Grande-Bretagne au début des années 1960.

Ils ont observé que les environnements de ces entreprises **variaient en fonction des rythmes des changements techniques et des changements commerciaux**. Les environnements peuvent ainsi être plutôt stables, et ne nécessiter que des adaptations mineures, ou au contraire être caractérisés par un très fort degré d'incertitude. Ils peuvent être marqués par des changements concernant soit les technologies, soit les marchés, soit les deux simultanément. Sur ces critères, on établit que les environnements représentent des **contextes plutôt stables** ou au contraire des **contextes changeants** présentant constamment de nouveaux problèmes.

Pour Burns et Stalker, un système de gestion **mécaniste** est approprié à un contexte stable, alors qu'un système de gestion **organique** convient à des contextes changeants. La figure 6.2 représente les caractéristiques principales de ces deux systèmes de gestion, et montre en quoi ils préfigurent des **structures organisationnelles très différentes**. La forme mécaniste est efficace dans un contexte stable, car elle rationalise au mieux ses processus ; la forme organique permet au contraire une adaptation permanente à des contextes changeants, grâce à sa capacité à mobiliser tous ses membres dans la recherche et la diffusion de nouvelles solutions.

Figure 6.2. Principales caractéristiques des formes mécaniste et organique

Contextes stables — forme mécaniste	Contextes changeants — forme organique
La spécialisation des tâches est poussée.	Les tâches sont redéfinies constamment par le biais des interactions entre individus.
L'amélioration des moyens techniques est une fin en soi.	C'est l'activité de l'entreprise dans sa globalité qui est améliorée en priorité.
Les droits, les obligations et les méthodes sont définis précisément.	Les individus se sentent responsables, au-delà de leurs obligations formelles et de l'application stricte des méthodes.
La communication est plutôt de nature verticale.	Les communications latérales prennent une place importante.
La loyauté à l'entreprise et l'obéissance au supérieur hiérarchique sont des valeurs mises en avant.	L'engagement à l'égard de l'activité est une valeur plus importante que la loyauté et l'obéissance.
L'autorité, la communication et le contrôle obéissent à une logique hiérarchique.	L'autorité, la communication et le contrôle découlent d'une communauté présumée d'intérêts entre les membres de l'organisation.

Les auteurs insistent cependant sur le fait que **ces deux systèmes ne représentent pas une dichotomie**, mais les deux pôles extrêmes entre lesquels prennent place les formes intermédiaires et variées des organisations concrètes. Celles-ci peuvent en effet inclure simultanément, à un instant précis, des éléments relatifs aux deux systèmes de gestion.

III. Différenciation et intégration, des principes d'adaptation à l'environnement

A Différenciation et intégration organisationnelles

Paul Lawrence et Jay Lorsch (1967) ont également abordé la question de savoir quels sont les types d'organisation qui se révèlent les plus efficaces selon les contraintes de l'environnement. Ils se sont distingués en préférant mettre en avant des **principes d'adaptation** plutôt que des « idéaux types » de structure organisationnelle.

Les deux principes d'adaptation mis en évidence par les auteurs sont :
- la **différenciation** : il s'agit de la façon dont une organisation, par le biais de la division du travail, se subdivise en interne en unités, en métiers, en groupes de travail, en sites ou encore en individus qui poursuivent des objectifs divers ;
- l'**intégration** : il s'agit de l'ensemble des mécanismes mis en place par l'organisation pour gérer la diversité générée par la différenciation, que ce soit en termes de coordination des activités ou bien en termes de régulation des conflits internes.

B Influence de l'environnement sur la différenciation

L'environnement d'une organisation peut être considéré comme plus ou moins stable selon le degré d'incertitude concernant les marchés, les technologies et le progrès scientifique. À la suite d'observations de terrain réalisées dans des industries variées, Lawrence et Lorsch ont montré que les organisations répondent à un **degré élevé d'instabilité de l'environnement** en accentuant le **niveau de différenciation**. La raison principale en est qu'un environnement instable génère une multitude de problèmes à régler et une large palette de types de solution. Pour faire face à cette complexité, l'activité de l'organisation est divisée et répartie auprès d'un plus grand nombre d'unités ou d'individus spécialisés.

Plus le niveau de **différenciation** est **élevé**, plus l'organisation se trouve potentiellement confrontée à des **problèmes** de **conflictualité** et de **coordination internes**.

> **EXEMPLE**
>
> Dans un secteur de haute technologie, la complexité est telle que les activités de recherche fondamentale, de développement, de production et de commercialisation sont divisées en départements différents. Le chercheur inscrira sa réflexion dans le long terme, et sera guidé par les avancées en termes de connaissance ; le responsable de production sera concentré sur les questions de mise en œuvre technique, de coût de production, ou de disponibilité de compétences ; les responsables commerciaux chercheront à détecter et à influencer les besoins des clients avec un objectif de maximisation des ventes à court terme. Les objectifs, les priorités, les modes de raisonnement, les références professionnelles et les temporalités seront différents pour chacun d'entre eux.

C Les stratégies d'intégration

Toutes les organisations, quel que soit leur degré de différenciation, sont confrontées à la nécessité de l'intégration. Mais **l'intégration est d'autant plus complexe à réaliser que le niveau de différenciation est élevé**.

Figure 6.3. Exemples de moyens d'intégration selon le niveau de différenciation

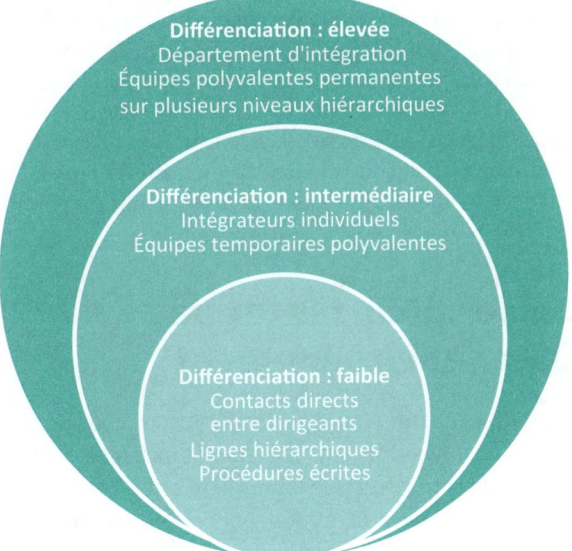

Dans leurs travaux originels, Lawrence et Lorsch ont ainsi montré que lorsque la différenciation est faible, les procédures écrites, la ligne hiérarchique ou les échanges directs entre responsables d'unité peuvent suffire. Par contre, lorsque la différenciation est élevée, ils ont pu observer l'existence de départements dont la mission première était de réaliser l'intégration de l'organisation, et la constitution, à plusieurs échelons hiérarchiques, d'équipes transversales (c'est-à-dire incluant les représentants de plusieurs unités).

Dans les entreprises contemporaines, le processus de différenciation ne s'est pas ralenti. Pour y faire face, **plusieurs leviers d'intégration peuvent être mobilisés**, traditionnels ou plus récents, comme :

— les groupes projets, qui réunissent autour d'un même objectif les représentants des différentes fonctions ;
— les systèmes d'information, qui permettent un accès en temps réel à la plupart des paramètres d'activité ;
— les démarches qualité, qui formalisent et rendent visibles des processus d'activité transversaux ;
— des politiques de mobilité du personnel, qui permettent de diffuser une vision partagée de l'activité.

> **EXEMPLE**
>
> La définition suivante de la mission de chef de projet, inspirée d'une offre d'emploi réelle, illustre bien son rôle intégrateur : « Vous aurez la responsabilité de la gestion d'un projet de développement et d'industrialisation d'un produit intégré dans les véhicules en série, vous devrez être garant de la bonne atteinte des objectifs, en accord avec les bonnes pratiques de notre client et du constructeur automobile concerné, vous supervisez les différents acteurs (pilotes études, pilotes qualité, achats projet, etc.) et contrôlez le déroulement du projet, l'exécution du planning et le respect du budget. Vous assurez le reporting auprès de la direction. »

IV. S'organiser pour tenter de contrôler l'environnement

Dans les points précédents, les organisations sont considérées comme des entités qui s'adaptent à un environnement qui leur est extérieur. Il est possible de renverser la perspective et de considérer que la frontière entre l'organisation et son environnement est relativement poreuse, et que, par conséquent, l'organisation peut aussi **se structurer pour mieux contrôler** ses relations avec l'environnement.

C'est en particulier le point de vue défendu dans les années 1970 par Jeffrey Pfeffer et Gerald Salancik à travers la **théorie de la dépendance des ressources stratégiques**. Pour ces deux auteurs, l'environnement joue un rôle fondamental, puisque c'est là que l'organisation va puiser les ressources dont elle a besoin pour fonctionner : énergie, matières premières, infrastructures de transport, main-d'œuvre qualifiée, réseaux de distribution, etc.

Cependant, l'impératif de l'accès aux ressources génère une **interdépendance très forte entre l'organisation et d'autres acteurs de l'environnement**, intéressés par ces mêmes ressources. Pour contrôler l'accès à ces ressources en dépit des pressions exercées par les autres groupes d'intérêt, l'organisation peut développer des **liens structurés** avec son environnement : mettre en place des partenariats, créer des filiales communes, organiser des réseaux de sous-traitance. Un autre levier d'action peut être celui de l'implication dans la vie politique et l'exercice d'activités de lobbying.

Il apparaît alors que l'environnement n'est plus seulement une donnée à laquelle il faut s'adapter, mais un domaine duquel on doit chercher à réduire sa dépendance. Le **rôle du manager** consiste alors à **structurer les relations** entre son organisation et les autres acteurs de l'environnement, pour sécuriser et optimiser l'accès à ses ressources les plus stratégiques.

> **EXEMPLE**
>
> Le 1er mars 2017, Petrobras et Total annoncent avoir signé les accords qui scellent l'alliance stratégique des deux entreprises. Ces contrats prévoient notamment des transferts de technologie de Total vers Petrobras et des accès à des champs pétrolifères brésiliens pour Total. En se structurant ainsi, les deux entreprises ne se sont pas seulement adaptées à leur environnement : elles en ont modifié la structure concurrentielle à leur avantage et ont sécurisé leur accès aux ressources stratégiques (technologie et réserves pétrolières).

ENTRAÎNEMENT

QCM

Choisissez, parmi les propositions suivantes, la ou les bonne(s) réponse(s).

1. **Dans les approches de la contingence structurelle, l'environnement représente :**
   a. un territoire national.
   b. un marché de produits.
   c. une niche écologique.
   d. ce qui est extérieur à l'organisation.

2. **Pour une organisation, l'adaptation à l'environnement relève :**
   a. de sa politique managériale.
   b. d'une option facultative.
   c. d'une fatalité univoque et impérieuse.

3. **Les théories de la contingence structurelle conduisent à :**
   a. identifier des modèles d'organisation à appliquer.
   b. proposer des principes d'adaptation à l'environnement.
   c. renoncer à adapter l'organisation à l'environnement, car c'est inutile.

4. **Selon Lawrence et Lorsch, la différenciation est :**
   a. une stratégie commerciale visant à se distinguer des concurrents.
   b. le fait de bien différencier la rémunération des personnels en fonction des efforts accomplis.
   c. un processus de subdivision interne de l'organisation en unités et sous-unités.

5. **Que peut-on dire des relations entre environnement, différenciation et intégration ?**
   a. Plus l'environnement est instable, plus la différenciation est faible.
   b. Plus l'environnement est stable, plus la différenciation est faible.
   c. Si la différenciation est faible, il n'y a pas besoin d'intégration.
   d. Le degré de différenciation n'influence pas l'intégration.

6. **La différenciation soulève :**
   a. un problème d'organigramme.
   b. des problèmes de gestion de conflits.
   c. des problèmes cognitifs.

7. **Dans la théorie de la dépendance des ressources, l'organisation doit :**
   a. acheter d'avance les ressources dont elle a besoin.
   b. produire en interne les ressources dont elle a besoin pour ne plus dépendre de l'environnement.
   c. travailler ses relations avec l'environnement sous de multiples formes pour réduire sa dépendance aux ressources.
   d. contrôler fermement ses fournisseurs de ressources.

ENTRAÎNEMENT

EXERCICES

1 « Une intelligence collective émerge chez Google »

Voici un extrait des propos de Dorothée Burkel, responsable RH chez Google, dans un entretien paru sur le site Les Échos le 28 août 2013 : « Google a posé d'emblée qu'à partir du moment où l'entreprise recrutait des collaborateurs de très grande qualité, il n'y avait aucune raison de ne pas les écouter. L'entreprise s'est ainsi construite sur une logique de forum ouvert où les seuls outils de régulation sont le plus souvent réclamés par les utilisateurs eux-mêmes de façon à éviter le chaos d'informations. Mais les listes ne sont pas modérées *a priori*... et finalement, le meilleur outil de modération s'avère être la communauté elle-même. Ces flux vivants ont une autre fonction essentielle : ils entretiennent et font vivre la communauté des collaborateurs en renforçant le lien social au travers d'un échange productif, de la création de sous-réseaux d'affinités, et en rappelant à tout le monde qu'une entreprise est un corps social vivant animé au niveau de chacune de ses parties dans un tout bien supérieur à sa somme. Google est la somme de ses collaborateurs et celle de leurs communautés d'intérêts qui vivent au travers d'échanges de savoir, de compétences, de réseaux étendus. Ils communiquent en direct indépendamment de toute relation hiérarchique, géographique, générationnelle ou fonctionnelle. Ces réseaux n'ont besoin que de peu de choses pour exister : la spontanéité et la confiance qui génèrent la responsabilité. En faisant le pari de l'intelligence collective, l'entreprise a mis en place une culture d'entreprise qui est aujourd'hui l'un de ses avantages compétitifs les plus originaux. »

a. En quoi ce cas est-il l'illustration d'une organisation de type organique ?
b. En quoi ce type d'organisation est-il adapté à l'environnement de Google ?
c. Dans cet article, quels sont les éléments qui jouent le jeu de processus intégrateurs ?

2 Lawrence et Lorsch parlent d'une « théorie relativiste » des organisations. À la lecture de cette fiche, comment cela peut-il se comprendre ?

CORRIGÉS DES QCM

1. c. L'environnement représente tout ce qui est extérieur à l'organisation. Il comporte de multiples dimensions (économiques, institutionnelles, culturelles, technologiques, etc.), mais il est caractérisé essentiellement par son degré de stabilité ou d'instabilité.

2. a. L'adaptation à l'environnement n'est pas une option facultative, car elle conditionne la survie de l'organisation. Ce n'est pas non plus une fatalité impérieuse, car l'adaptation ne résulte pas de l'application de recettes uniques et déterministes. Elle est affaire d'anticipation et de négociation, notamment en ce qui concerne l'interprétation des changements environnementaux. Elle demande aussi la compréhension

CORRIGÉS

des leviers organisationnels d'adaptation, tels que les logiques mécanistes ou organiques, les principes d'intégration et de différenciation, ou les possibilités de contrôle de l'environnement. C'est donc bien la politique managériale et sa mise en œuvre qui sont déterminantes dans l'adaptation plus ou moins efficace à l'environnement.

3. b. Il ne s'agit pas d'appliquer des modèles, même différenciés, mais de s'inspirer d'idéaux types (organique/mécaniste) ou de principes (différenciation/intégration) pour aider les managers à réfléchir à la cohérence entre l'organisation et l'état de l'environnement à un moment donné.

4. c. C'est bien de différenciation interne qu'il s'agit ici, ce qui est souvent à l'origine de contresens, avec l'idée de différenciation des produits, par exemple, que l'on peut retrouver en marketing.

5. b. Il s'agit de la seule proposition correcte. L'intégration est toujours nécessaire, dès lors qu'il y a un début de division du travail. La nature et la qualité de l'intégration évoluent en fonction du degré de différenciation.

6. b. c. La différenciation soulève à la fois des problèmes de conflits et de compréhension. Les intérêts des différentes unités ou sous-unités ne sont pas les mêmes (finalité, temporalité, priorités, etc.), mais les références professionnelles, culturelles et parfois langagières créent également de réelles barrières pour la compréhension, alors même que les personnes concernées peuvent être d'accord sur le fond. Dans une entreprise par exemple, un directeur des ressources humaines, un directeur de production, un directeur administratif et financier et un directeur du service juridique peuvent très bien être d'accord sur un projet commun, mais connaître les pires difficultés à se comprendre mutuellement. Un chef de projet (ou, en l'occurrence, un directeur général) peut alors être nécessaire pour intégrer les différentes logiques et les différents modes d'expression.

7. c. Les réponses a, b et d sont illusoires, sauf cas improbable. La plupart du temps, la situation est asymétrique, et l'organisation est condamnée à dépendre de son environnement pour l'accès aux ressources qui lui sont stratégiques. Elle doit, par l'intermédiaire de ses dirigeants, explorer tous les moyens possibles lui permettant de desserrer cette dépendance, notamment en structurant et en stabilisant les relations qu'elle entretient avec les autres groupes d'intérêt. Par exemple, plusieurs écoles de commerce organisant un concours d'entrée commun structurent leur environnement en essayant de mieux contrôler l'accès aux futurs étudiants (et clients).

CORRIGÉS DES EXERCICES

1 « Une intelligence collective émerge chez Google »

a. Cet entretien accordé par une responsable RH de Google met en évidence plusieurs caractéristiques typiques des formes d'organisation organiques. Les communications ne suivent pas une logique hiérarchique, mais se font spontanément par

le biais de forums sur des listes non modérées *a priori*. Le haut niveau des collaborateurs implique que la connaissance est présente à tous les niveaux de l'organisation, et pas seulement auprès des décideurs centraux. Le conscience d'un but global de l'organisation est très présente, et semble supplanter l'optimisation de segments d'activité isolés. La culture d'entreprise et le réseau des collaborateurs constituent des modalités de contrôle de fait.

b. L'environnement de Google est fait d'un monde technologique, économique et politique en évolution extrêmement rapide, dont personne ne peut prévoir le devenir. Google est évidemment un acteur de cette transformation, en proposant des prestations et des applications qui impactent considérablement la vie des utilisateurs et des sociétés. S'adapter à cet environnement échappe à toute logique de planification. Il faut donc s'appuyer sur une organisation qui est elle-même capable de créativité et d'innovation, et aussi de mettre à contribution l'intelligence de ses collaborateurs et de s'en nourrir en permanence.

c. Les processus intégrateurs mentionnés reposent sur le sentiment de communauté, sur l'idée de « corps social », sur la mise en avant d'un intérêt collectif supérieur à la somme des intérêts particuliers. Ils reposent également sur des réseaux sociaux internes très développés. Bien que cela ne soit pas explicité dans cet extrait, il faut également souligner le rôle intégrateur joué par les fondateurs charismatiques Larry Page et Sergueï Brin, ainsi que par une gouvernance très maîtrisée.

2 **Lawrence et Lorsch parlent d'une « théorie relativiste » des organisations. À la lecture de cette fiche, comment cela peut-il se comprendre ?**

Les deux auteurs utilisent cette expression pour exprimer le fait que les dirigeants n'ont pas à leur disposition les recettes d'une seule bonne façon de s'organiser. Ils doivent structurer leurs organisations en fonction des buts qu'ils souhaitent atteindre et en fonction des environnements dans lesquels ils évoluent. Les théories sont alors des outils qui permettent d'analyser et de mieux comprendre l'environnement de l'organisation, et de concevoir des structures cohérentes avec cet environnement.

Les processus décisionnels dans les organisations

FICHE 7

NOTIONS CLÉS

- ✓ Prise de décision
- ✓ Rationalité substantive
- ✓ Rationalité procédurale
- ✓ Le modèle de la poubelle
- ✓ Décision et pouvoir

I. La décision comme processus d'optimisation

Décider revient à choisir une option parmi un ensemble de possibilités. C'est la situation à laquelle sont confrontés les managers en général, pour les grandes décisions, c'est-à-dire celles qui ont un caractère unique, ou pour les petites décisions, c'est-à-dire celles qui ont un caractère répétitif. Les managers ne sont pas les seuls concernés par la prise de décision : selon le niveau de centralisation ou de décentralisation, des choix peuvent être faits à tous les niveaux de la hiérarchie organisationnelle. L'enjeu est donc de savoir comment se prennent les décisions, à la fois à l'échelle individuelle et dans le contexte organisationnel.

A La décision et l'optimisation

La vision traditionnelle de la prise de décision se réfère à une logique de rationalité. Elle est héritée de l'approche économique néoclassique standard, dans laquelle l'individu représentatif est un « *homo economicus* », capable de prendre la décision qui maximise son intérêt pour un ensemble de contraintes donné.

Face à une situation de choix, l'individu rationnel identifie toutes les alternatives possibles, en évalue les conséquences, et choisit l'option qui optimise l'objectif qu'il cherche à atteindre.

> **EXEMPLE**
>
> Si une machine est vieillissante dans un atelier et que l'on cherche à la changer, la démarche rationnelle consiste : 1) à définir précisément l'objectif que doit remplir cette machine, en termes de rendement, de fonctionnalité et d'insertion dans le processus de production ; 2) à recueillir et à analyser l'information sur tous les équipements possibles chez tous les fournisseurs possibles ; 3) à classer toutes ces solutions en fonction de leur adéquation aux critères de performances recherchés et à sélectionner la meilleure. Comme ce processus est supposé rationnel, il peut être rejoué plusieurs fois par des acteurs différents, il aboutira systématiquement au même choix.

Cette forme de prise de décision conduit à un **résultat unique**, car seule l'option qui optimise l'objectif à atteindre est retenue. C'est pour cette raison que l'on parle à son sujet de **rationalité « substantive »**, c'est-à-dire d'une rationalité qui conduit au résultat optimal, unique.

B Optimisation et incertitude

Prendre des décisions de manière rationnelle ne signifie pas que tous les états du monde possibles sont connus de manière certaine à l'avance. Trois grands cas de figure existent, chacun appelant des règles de décision particulières :

— **certitude** : lorsque le décideur connaît parfaitement les conséquences de chaque choix ; dans ce cas, il est a priori aisé de déterminer la solution optimale ;

— **risque** : lorsqu'un choix peut entraîner plusieurs conséquences, mais que le décideur connaît la probabilité de chacune de ces conséquences ; dans ce cas, la règle de décision consiste à choisir l'option qui a la plus grande probabilité de se rapprocher de l'objectif visé ;

— **incertitude** : lorsque les décideurs ne connaissent pas les probabilités de réalisation de chacune des conséquences ; dans ce cas, la règle de décision consiste en général à déterminer pour chaque option ce qu'il pourrait advenir de pire et à retenir, au final, l'option qui a les conséquences les moins négatives lorsque le pire se produit. On parle ici d'une règle de type « minimax ».

II. La prise en compte de la rationalité limitée dans la prise de décision

Herbert Simon est à l'origine d'un ensemble considérable de travaux qui prend comme point de départ le fait que, dans les organisations, les conditions sont rarement celles qui sont requises pour que s'exerce une rationalité absolue. Selon lui, le milieu organisationnel et social doit être pris en considération, et il est nécessaire de pouvoir intégrer des dimensions subjectives et relatives dans la prise de décision.

A L'impossible exercice de la rationalité absolue dans les organisations

Pour que la rationalité absolue puisse s'exercer, il doit y avoir un seul décideur, ou alors plusieurs décideurs qui partagent exactement le même objectif et le même système de préférences. Le décideur doit être en mesure de connaître toutes les alternatives d'un choix et d'en évaluer toutes les conséquences. Enfin, il doit exister des critères de choix qui permettent sans aucune ambiguïté de dire quelle est la meilleure alternative. Dans une organisation, ces conditions ne sont pas réunies, car :
— il n'existe pas un objectif unique, parfaitement partagé par l'ensemble des membres, qui servirait de guide aux décisions ;
— le temps disponible ne permet pas d'explorer toutes les alternatives ;
— les conséquences d'une décision ne sont pas connues à l'avance, et c'est souvent sur la base des expériences passées qu'elles vont être évaluées ;
— l'impact d'une décision dépend en grande partie des décisions qui seront prises par les autres acteurs.

EXEMPLE (SUITE)

Dans les faits, une machine vieillissante est souvent remplacée par la première machine qui, au cours du processus d'exploration, remplit de manière satisfaisante les critères de choix. Cela peut être celle présentée par le fournisseur habituel, ou bien celle qui a la préférence du chef d'atelier. Peut-être aussi reproduira-t-on de manière automatique des choix antérieurs : dans ce cas, il n'est pas sûr que le choix soit réellement optimal, mais il aura été plus rapide et donnera sans doute satisfaction. On comprend aisément que selon l'ordre dans lequel se déroule la séquence de décision ou selon les acteurs à qui l'on s'adresse, d'autres solutions auraient pu être trouvées.

B De la rationalité substantive à la rationalité procédurale

Dans ces conditions, la rationalité absolue ne peut pas s'exercer pleinement dans les organisations : on parle alors de **rationalité limitée**. À la rationalité de l'« homme économique » décrite précédemment, Hebert Simon substitue celle de l'« homme administratif ». Il ne s'agit pas de rejeter le principe de la rationalité, mais d'aboutir à une description plus réaliste de la façon dont elle se manifeste dans les organisations.

Au lieu de mettre en œuvre un comportement absolument maximisateur, les décideurs dans les organisations vont, dans les faits, arrêter leur processus de recherche lorsqu'ils auront trouvé une **solution satisfaisante**, c'est-à-dire une solution qui remplit les critères recherchés, compte tenu de l'information incomplète, de la pluralité d'objectifs, de l'incertitude et des limites cognitives des décideurs. De manière imagée, cela revient à s'arrêter de chercher une aiguille dans une meule de foin une fois que l'on a trouvé une aiguille suffisamment fine pour coudre, et non lorsque l'on sera certain d'avoir trouvé l'aiguille la plus fine.

On parle alors de **rationalité procédurale**, pour décrire le fait que le jugement de rationalité se porte sur le processus qui conduit à la prise de décision. Ce type de rationalité ne se concentre donc pas sur la solution à un problème, mais sur la méthode qui conduit à trouver cette solution. Il découle de la prise en compte de la rationalité procédurale deux conséquences majeures pour la compréhension des organisations :
- il est nécessaire d'accorder de l'importance aux processus de décision pour eux-mêmes et de ne pas considérer qu'ils aboutissent obligatoirement aux résultats optimaux ;
- les solutions rationnelles ne sont plus uniques, car il existe une pluralité de réponses qui permettent d'apporter une solution satisfaisante à un problème donné.

III. Coexistence de plusieurs types de processus décisionnels dans les organisations

James Thomson a montré en 1967 que plusieurs types de processus décisionnels peuvent coexister dans les organisations, et qu'il est donc nécessaire de prendre en considération plusieurs cas de figure. Les protagonistes d'une organisation peuvent être d'accord ou non en ce qui concerne les **buts à atteindre** et les préférences associées. Ils peuvent aussi diverger ou non sur les relations de cause à effet, c'est-à-dire sur l'interprétation des situations et sur les **façons de résoudre les problèmes rencontrés**. Ces deux dimensions peuvent être croisées, pour donner lieu à quatre situations différentes en matière de processus décisionnel.
- Lorsqu'à la fois les objectifs et les façons de résoudre les problèmes sont clairs et partagés, le contexte de la prise de décision est celui qui est le plus compatible avec une **approche rationnelle**, permettant des calculs et des optimisations au sens traditionnel du terme.
- Lorsque les objectifs sont clairs et partagés, mais qu'il y a des divergences ou des incertitudes sur les meilleures façons de résoudre les problèmes, l'approche

rationnelle et calculatoire cède du terrain à une **approche plus intuitive**, faite de jugements éclairés, de processus essai-erreur, basés essentiellement sur les expériences antérieures.
- Lorsqu'à l'inverse, ce sont les objectifs qui sont divergents et incertains, alors, même en présence d'un accord relatif sur les méthodes, le processus décisionnel sera **de nature plus politique** et résultera de compromis entre les différents groupes, de coalitions d'intérêts, de négociations et de marchandages.
- Enfin, lorsque ni les objectifs ni les façons de résoudre les problèmes sont clairs et partagés, Thomson estime qu'il faut **s'en remettre à l'inspiration d'un leader** qui pourra intervenir et trouver une issue à cette situation.

IV. Le modèle de « la poubelle » dans les anarchies organisées

Dans certaines organisations, ou bien à certains moments de la vie de toute organisation, il arrive que l'imprécision règne sur les préférences, l'engagement des individus ou les règles à suivre. C'est ce que Michael D. Cohen, James G. March et Johan P. Olsen désignent en 1972 sous le terme d'**anarchies organisées**, caractérisées par :
— des préférences incertaines : les acteurs de l'organisation manifestent une grande variété de préférences, peu cohérentes entre elles ;
— une technologie floue : les procédures internes ne sont pas bien stables ni bien comprises par les membres de l'organisation, qui agissent « au mieux », de manière pragmatique et en s'appuyant sur les expériences passées ;
— une participation fluctuante : le niveau d'adhésion et d'engagement des membres de l'organisation est incertain et fluctuant, on ne sait pas exactement qui participe à la décision ou à l'action ni avec quelle influence.

Dans ces organisations, les conditions préalables aux choix rationnels ne sont pas remplies. La prise de décision est alors décrite, de manière métaphorique, comme une « corbeille à papier » (ou « garbage can ») dans laquelle sont jetés par les différents « **participants** » à la fois des « **problèmes** » et des « **solutions** ». Lorsqu'une « **occasion de choix** » se produit, c'est-à-dire un moment où une décision doit être prise (un recrutement, un licenciement, une promotion, une dépense, une récompense, etc.), celle-ci sera le résultat d'une interaction entre les problèmes, les solutions et les participants.

> **EXEMPLE**
>
> Une dépense de formation peut faire suite à plusieurs types de besoins : amélioration des compétences, meilleure connaissance des consignes de sécurité, développement de l'employabilité, aide au transfert de savoir-faire entre générations, etc. De même, plusieurs solutions possibles coexistent pour satisfaire ces besoins : stages internes ou externes, tutorats, autoformation ou recrutement de nouveaux collaborateurs. Les participants sont multiples, de la direction des ressources humaines aux salariés, et leur implication est variable dans le temps. Le « modèle de la poubelle » indique que c'est une « occasion de choix », par exemple la finalisation du plan de formation, qui provoquera la prise d'une décision, qui consistera en une combinaison particulière de solutions et de problèmes, à laquelle n'aurait pas abouti un processus de décision « rationnel ».

Les situations d'anarchies organisées ont été observées par les auteurs au sein des universités. Mais elles peuvent se rencontrer fréquemment, dans des organisations en forte croissance, dans des secteurs émergents, ou dans situations de fortes mutations organisationnelles. Dans ces circonstances, le modèle décisionnel de la poubelle peut être porteur d'une certaine efficacité, dans la mesure précisément où il peut être porteur de solutions innovantes ou révélateur de problèmes non envisagés jusque-là. Il revient alors aux décideurs et aux managers d'en comprendre le fonctionnement et de l'utiliser comme une source possible d'apprentissage pour l'organisation.

V. La prise en compte du pouvoir dans les processus décisionnels

La prise de décision ne relève pas uniquement de logique cognitive, dans le sens où une décision peut être imposée ou choisie en fonction de l'influence exercée par ceux qui y sont favorables.

Il n'y a pas de définition unique de ce qu'est le pouvoir dans une organisation, et différentes formulations peuvent être utilisées. Le pouvoir peut par exemple être vu comme :

— la capacité d'une personne à influencer une ou plusieurs autres personnes ;
— la capacité d'une personne à obtenir d'autres personnes qu'elles exécutent ses ordres ;
— la capacité d'une personne à continuer à agir selon ses propres préférences, en dépit des ordres qu'elle reçoit ;
— la capacité d'une personne à faire en sorte que d'autres personnes agissent d'elles-mêmes dans le sens qu'elle recherche,

– la capacité à faire ou défaire des coalitions ;
– la capacité à imposer des choix qui ont des conséquences importantes.

La prise en compte des jeux de pouvoir conduit à donner une dimension politique au processus décisionnel. L'enjeu est, dans cette perspective, d'identifier qui sont les détenteurs d'influence dans une organisation, quels sont leurs objectifs et quels sont les besoins qu'ils cherchent à satisfaire, quels types d'alliances ils peuvent nouer, et enfin quels sont les moyens par lesquels ils peuvent exercer leur influence.

Dans un ouvrage publié en 1983, Henri Mintzberg décrit cinq fondements possibles du pouvoir que peut détenir tout individu dans une organisation :
– le contrôle d'une ressource ;
– le contrôle d'un savoir-faire technique ;
– le contrôle d'un ensemble de connaissances crucial pour l'entreprise ;
– la détention de prérogatives légales ;
– la capacité à être proche de ceux qui disposent d'un pouvoir reposant sur l'une des quatre formes précédentes.

Michel Crozier considère qu'à partir du moment où tous les individus détiennent un certain pouvoir au sein d'une organisation, ce sont des acteurs du système. Chaque membre d'une organisation est aussi un acteur qui a ses propres intérêts, des marges d'action liées au pouvoir qu'il détient, et qui s'insère dans un « jeu », qu'il subit et qu'il influence.

La dynamique organisationnelle est alors le fruit des innombrables ajustements et arrangements interindividuels qui se déroulent au sein du système organisationnel. Elle est marquée par l'incertitude, et ne peut donc pas être assimilée à un cheminement rationnel et planifié *ex ante*.

ENTRAÎNEMENT

QCM

Choisissez, parmi les propositions suivantes, la ou les bonne(s) réponse(s).

1. **Un processus d'optimisation est un processus qui :**
   a. maximise un résultat de manière absolue.
   b. maximise un résultat, compte tenu de contraintes données.
   c. produit des résultats moyens en toute circonstance.

2. **L'individu rationnel est un individu qui :**
   a. connaît parfaitement l'avenir.
   b. a des capacités de calcul sans limite.
   c. a accès à Internet.

3. **L'exercice de la rationalité absolue :**
   a. est plus facile lorsqu'un chef impose ses buts et ses décisions.
   b. est possible lorsque les personnes qui participent à la décision ont les mêmes objectifs.
   c. dépend d'un ensemble de conditions qu'il est improbable de réunir dans un contexte réel.

4. **Lorsque l'on dit d'une solution qu'elle est satisfaisante, cela signifie :**
   a. que c'est la première solution qui répond aux critères de choix retenus.
   b. que c'est la première solution venue.
   c. que c'est une solution qui fait plaisir aux salariés.

5. **Parler de rationalité limitée :**
   a. signifie qu'il est impossible d'être rationnel, et que c'est peine perdue que d'essayer de l'être.
   b. c'est rechercher une rationalité procédurale plutôt qu'une rationalité substantive.
   c. signifie que le niveau de qualification moyen des membres d'une organisation est insuffisant.

6. **La décision organisationnelle est un processus :**
   a. de nature purement cognitive.
   b. qui dépend des interactions entre l'ensemble des détenteurs d'influence.
   c. qui dépend uniquement des détenteurs de pouvoir hiérarchique.

7. **Le modèle de la poubelle :**
   a. est une situation qu'il faut absolument éviter.
   b. est la preuve de la défaillance manifeste du manager.
   c. est le résultat de certaines caractéristiques organisationnelles qu'il est parfois illusoire d'essayer d'éviter.

ENTRAÎNEMENT

EXERCICES

1. L'entreprise pyramidale n'est plus, vive l'entreprise collaborative

Voici un article adapté du journal Les Échos du 8 août 2011.

« La mutation des méthodes de management s'explique par la nécessité pour les entreprises de s'adapter tant à l'évolution récurrente des rapports avec les clients qu'à l'évolution des profils des salariés. Certaines d'entre elles prennent leurs distances avec le modèle pyramidal et font le pari de l'intelligence organisationnelle. Le management pyramidal et technocratique est fondé sur la centralisation des structures. Celle-ci implique une codification poussée des rapports au sein de l'entreprise, avec la mise en place d'une hiérarchie rigide et cloisonnée. Le mode décisionnel, de type *top-down*, qu'induit ce modèle avait été conçu pour s'appliquer à des entreprises liées à la révolution industrielle... de la fin du XIXe siècle ! Il s'agit d'un mode de management considéré comme autoritaire, qui présente l'inconvénient d'amener certains subordonnés à réagir en adoptant des attitudes soumises ou en déformant les directives des managers. L'impératif d'adaptation, en vue de maintenir l'efficacité organisationnelle et le niveau de réactivité de l'entreprise, a constitué pour certains groupes français une condition de leur survie dans le paysage économique à la fin des années 1990. Ce fut le cas du groupe Alstom qui, depuis cette date, s'applique à se réadapter en permanence à son environnement stratégique, à simplifier ses procédures décisionnelles pour garantir plus de rapidité dans la prise des décisions majeures et permettre une meilleure réactivité. D'autres ont impulsé des "modes projet" et instauré des modèles décisionnels décentralisés dans lesquels l'autonomie de chaque collaborateur est perçue comme un levier de la satisfaction du client. Le passage du management pyramidal au management collaboratif a longtemps été l'apanage des sociétés d'ingénierie informatique qui misent sur le développement en réseaux, comme Facebook, ou encore des sociétés de consulting. Mais ce phénomène, on le voit bien, s'observe de plus en plus au sein des groupes industriels, particulièrement dans leurs relations *B to B*. Ce mode de fonctionnement entraîne un décloisonnement des services, qui interagissent et partagent en même temps l'ensemble de leur expertise. Il en découle une organisation décentralisée qui permet une autonomie décisionnelle et donc une réactivité accrue auprès des clients, ainsi qu'une valorisation du travail des équipes sur le terrain. Siemens aussi cherche à réinventer le management en appliquant la transversalité aux différents métiers représentés au sein du groupe. »

a. Que signifie le modèle pyramidal et qu'implique-t-il en matière de processus décisionnel ?

b. Quels sont les avantages des processus de décision décentralisés ?

2. Faut-il rejeter l'idée de planification, compte tenu de la difficulté à faire des choix rationnels dans les organisations ?

CORRIGÉS

CORRIGÉS DES QCM

1. b. Un processus d'optimisation est un processus qui conduit à la meilleure solution possible compte tenu de contraintes données. Dans la gestion des organisations, ces contraintes sont par exemple liées à la quantité de ressources disponibles (ressources financières et humaines), et l'efficience consiste précisément à obtenir le meilleur résultat possible avec ces ressources. Les contraintes sont également liées à un état de l'environnement, du point de vue concurrentiel ou technologique, par exemple. Dans le long terme, l'enjeu du management est de parvenir à faire évoluer ces contraintes dans un sens favorable.

2. b. L'individu rationnel est celui qui est capable d'intégrer toutes les données d'un problème, toutes les solutions alternatives et leurs conséquences, et de déterminer, par calcul, quelle est la solution qui s'approche le plus d'un objectif explicité initialement. Il peut intégrer dans son calcul des niveaux de risques associés à différents futurs possibles, et il peut donc prendre une décision rationnelle sans connaître l'avenir. Internet n'est une condition ni nécessaire ni suffisante pour qualifier de rationnel le comportement d'un individu.

3. c. Un chef peut donner des ordres clairs, ce n'est pas pour autant qu'il a un comportement rationnel. Si plusieurs personnes ont exactement le même système de préférences, il n'est pas impossible qu'un processus de décision conduise à une décision rationnelle au sens absolu du terme. Mais c'est une condition très peu probable, et, par ailleurs, la rationalité dépendra aussi d'autres conditions (accès à l'information, capacités cognitives, temps disponible, etc.). C'est pour cela que l'on parle en général de rationalité limitée.

4. a. Il n'est pas exclu qu'une solution satisfaisante fasse plaisir aux salariés, mais ce n'est pas ce qui la caractérise en premier lieu. Il n'est pas exclu non plus que ce soit la première solution venue, mais encore faut-il qu'elle réponde aux critères tels qu'ils ont été définis par ceux qui détiennent le pouvoir de décision.

5. b. Parler de rationalité limitée, c'est prendre acte qu'il n'est pas possible ni souhaitable de gérer une organisation en déterminant par avance et de manière précise le résultat auquel on doit aboutir. Le jugement de rationalité se porte plutôt sur les méthodes et les procédures, qui permettent d'assurer la qualité et la pertinence des réflexions et des délibérations préalables à la décision.

6. b. Selon l'analyse du pouvoir proposée par Crozier, la décision organisationnelle s'inscrit dans un système d'interactions entre les acteurs de l'organisation, qui dépend des marges de manœuvre plus ou moins importantes qu'ils détiennent.

7. c. Le modèle de la poubelle est celui qui prévaut dans les anarchies organisées, c'est-à-dire les situations dans lesquelles les objectifs sont incertains, les procédures non stabilisées, et les rôles et les niveaux d'engagement des participants fluctuants. Cela correspond finalement à de nombreuses situations concrètes, notamment dans un environnement qui s'accélère, se complexifie, et lorsque les frontières des

organisations sont de plus en plus floues. Le manager peut s'appuyer sur le modèle dit de la poubelle lorsqu'il rencontre les limites de sa propre rationalité et qu'il n'a pas forcément la possibilité de proposer des solutions pertinentes. La mission du management consiste alors à canaliser des processus de décision de ce type.

CORRIGÉS DES EXERCICES

1 L'entreprise pyramidale n'est plus, vive l'entreprise collaborative

a. Une organisation pyramidale est une organisation dans laquelle la décision est centralisée. Les décisions sont prises aux niveaux hiérarchiques les plus élevés, puis elles doivent être appliquées successivement par les échelons inférieurs. Le modèle est dit « *top-down* », car les décisions sont prises en haut de la pyramide organisationnelle et s'imposent aux échelons inférieurs. Ce type de structure décisionnelle s'appuie sur le postulat que seuls les niveaux supérieurs sont capables des comportements rationnels qui conduisent aux « meilleures » décisions pour l'organisation dans son ensemble.

b. Les processus de décision décentralisés permettent que soient prises des décisions à des échelons qui se situent plus près de l'activité et plus près des clients. Ces échelons ont accès plus rapidement à une information pertinente, et sont capables de la traiter de manière plus réactive, en s'appuyant sur leur expérience et leurs propres schémas décisionnels. Ils peuvent aussi intégrer davantage d'acteurs dans la décision, grâce à la proximité que permet l'accès au « terrain ». La difficulté et le risque résident alors dans la capacité à maintenir la cohérence de l'organisation et à intégrer les objectifs définis par le sommet stratégique dans les décisions décentralisées.

2 Faut-il rejeter l'idée de planification, compte tenu de la difficulté à faire des choix rationnels dans les organisations ?

La planification suppose de pouvoir définir des objectifs précis, de les décomposer en résultats intermédiaires et d'y associer des méthodes et des moyens. Elle s'appuie donc sur l'hypothèse d'une rationalité qui permet de prédire quels sont les résultats à obtenir et les meilleurs moyens à mettre en œuvre pour les atteindre. Les travaux sur la rationalité limitée montrent à quel point une telle démarche, comprise au sens strict, est illusoire. Néanmoins, elle reste souvent indispensable pour donner un cadre à l'action, la coordonner et indiquer une direction. Elle doit cependant prendre en compte les phénomènes et réactions qui se produisent dès le départ et au fur et à mesure du processus. L'approche en termes de rationalité procédurale peut se comprendre comme une incitation managériale à inclure de la manière la plus efficace possible les résultats, les connaissances, les formes de résolution de problèmes ou les points de vue qui émergent et ne pouvaient être inclus originellement dans les raisonnements.

L'école sociologique

FICHE 8

NOTIONS CLÉS

✓ Construit social
✓ Jeux de pouvoir
✓ Régulation conjointe
✓ Culture organisationnelle

I. L'analyse stratégique des organisations

En tant que science qui étudie les groupes humains et leurs interactions, la sociologie s'est nécessairement intéressée au fonctionnement des organisations. Les apports sont nombreux ; on se limitera ici à la présentation de trois courants fondamentaux : l'analyse stratégique, la régulation sociale, l'analyse culturelle[1].

L'analyse stratégique des organisations (ASO) a été initialement proposée par Michel Crozier et Erhard Friedberg dans leur ouvrage *L'acteur et le système* (1977).

A Expliquer et agir sur l'organisation

L'ASO a pour objectifs de comprendre et d'agir sur le fonctionnement des organisations. Cette approche considère une organisation comme un ensemble d'acteurs, un acteur étant un individu ou un groupe d'individus capables d'action.

À RETENIR

Considérer que les individus sont le moteur de l'activité sociale et produisent les structures sociales est une démarche en sciences sociales appelée **individualisme méthodologique**. Cette démarche postule que les individus disposent toujours d'une liberté d'action et agissent pour satisfaire leur intérêt propre.

---

1. On notera la place importante des auteurs français au sein de la sociologie des organisations.

COURS

Chaque acteur poursuit ses propres objectifs et met en œuvre des stratégies (des actions planifiées). Les stratégies ne sont pas nécessairement rationnelles vues de l'extérieur, car les individus sont empreints de rationalité limitée (fiche 7). Les acteurs et leurs stratégies vont se rencontrer et entrer en interaction ou en conflit. Le résultat de ces interactions explique le fonctionnement de l'organisation et, en même temps, redéfinit les relations entre les acteurs. C'est un processus dynamique.

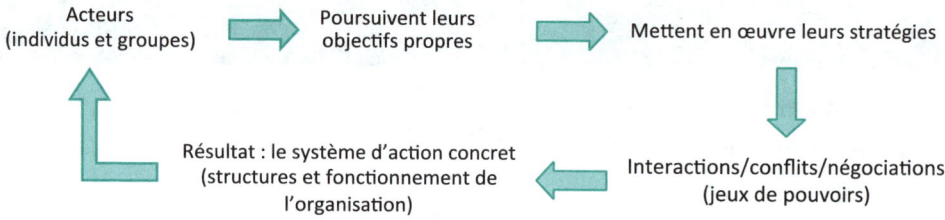

Figure 8.1. L'analyse stratégique des organisations

> **ATTENTION**
> Ne pas confondre l'analyse stratégique des organisations avec l'analyse stratégique d'une organisation, qui consiste à faire le diagnostic interne et externe (forces/faiblesses, opportunités/menaces) et à formuler une stratégie de développement (choix des domaines d'activités stratégiques, positionnement concurrentiel).

B Une approche systémique

Le **système d'action concret est l'ensemble des relations existantes entre les acteurs** et des règles qu'ils se donnent et qui stabilisent pour un temps l'organisation. C'est le système d'action concret qui explique la **structure et le fonctionnement quotidien** de l'organisation, et non pas l'organigramme officiel et les règles et procédures affichées. Il en ressort donc que toute organisation est le produit des stratégies des acteurs. En un mot : **les acteurs créent l'organisation (ou le système)**.

Pour agir sur l'organisation, pour gérer le changement, il faut donc repérer et comprendre les stratégies des acteurs et observer comment, à un moment donné, se régule le système d'action concret. Crozier et Friedberg adoptent clairement le cadre de la **théorie des systèmes** (fiche 4) en soulignant l'importance de comprendre les relations entre les acteurs et en retenant des schémas de causalité en boucle. Au cœur de l'approche systémique, on trouvera l'étude des relations de pouvoir.

C Le pouvoir est le fondement de l'action organisée

Comment se dénouent les interactions entre les stratégies ? Tout est lié à des jeux de pouvoir. Ce qui fait dire à Crozier et Friedberg qu'au fond, « le pouvoir est le fondement de l'action organisée »[2]. Ils s'inspirent du politologue Robert A. Dahl et s'écartent de la vision traditionnelle du pouvoir : ce n'est pas un attribut qui vient d'un statut ou d'une qualité que l'on possède, mais c'est une **relation d'échange** qui est **déséquilibrée**. Agir sur quelqu'un, c'est entrer en relation et négocier avec lui. L'objet de l'échange est la **stabilité** et la **certitude**, qui offrent les conditions nécessaires à la réalisation des objectifs des différents acteurs. L'ASO considère que le pouvoir est **échangé contre de la stabilité** : « Je te donne du pouvoir et j'agirai comme tu le souhaites, mais en contrepartie, j'attends aussi de toi un comportement stable et prévisible, qui me permettra de réaliser mes propres objectifs. » Autrement dit, les relations de pouvoir sont vues comme le moyen de stabiliser les comportements humains dans une organisation.

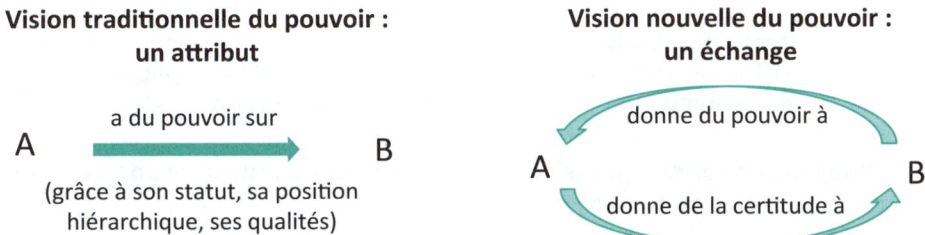

Figure 8.2. Les visions du pouvoir

D Les sources du pouvoir dans l'organisation

Le degré de pouvoir d'un acteur est d'autant plus fort qu'il est perçu comme imprévisible et incertain, c'est-à-dire comme susceptible de perturber les stratégies des autres. **Maîtriser l'incertitude** est donc la **source du pouvoir**. Dans toute situation organisationnelle, les règles et les procédures ne peuvent jamais tout prescrire, prévoir et anticiper. Il existe toujours une part d'indétermination dans les modalités concrètes de fonctionnement, donc une marge de liberté d'action pour les individus. C'est ce que Crozier et Friedberg appellent une **zone d'incertitude**, que les acteurs vont chercher à contrôler. Si, à l'instant t, une zone d'incertitude contrôlée par un acteur est pertinente, c'est-à-dire est indispensable à d'autres, cet acteur recevra du pouvoir. Crozier et Friedberg identifient **quatre zones d'incertitude** et donc **quatre sources du pouvoir** :

---

2. Titre d'un des chapitres de leur ouvrage.

1. la maîtrise d'un savoir ou d'une compétence particulière ;
2. la maîtrise de l'information et de la communication ;
3. la maîtrise des règles organisationnelles ;
4. la maîtrise des relations entre l'organisation et son environnement.

> **EXEMPLE**
>
> Chacun des exemples suivants illustre un des points précédents.
> 1. Un service de maintenance maîtrise seul les compétences pour réparer les pannes d'une machine ou du réseau informatique. C'est le pouvoir de l'expert.
> 2. Un responsable dépend de l'information collectée par un de ses subordonnés pour justifier de la bonne performance de son service auprès de sa hiérarchie. Le pouvoir du subordonné vient ici de la capacité à faire de la rétention, du filtrage d'informations, voire de les manipuler.
> 3. Un supérieur impose un nouveau règlement, mais ses subordonnés décident la grève du zèle, qui consiste à appliquer scrupuleusement ce règlement. Cela conduit à ralentir le travail et à faire baisser la productivité.
> 4. Un actionnaire minoritaire peut favoriser ou freiner le rapprochement envisagé par la direction avec une autre entreprise dont il est également actionnaire minoritaire. Le pouvoir vient ici de la capacité à détenir un capital de relations extérieures, à mobiliser des réseaux d'influence.

Cette vision du pouvoir permet de mieux comprendre les situations complexes des relations de pouvoir dans une organisation :

— le pouvoir est **relatif au contexte et aux personnes impliquées** : une situation jugée stable et prévisible par les participants ne donnera pas lieu à des jeux de pouvoir ;

— le pouvoir est **subjectif** : le pouvoir d'un acteur dépend de la perception qu'ont les autres acteurs de son comportement (par exemple, un individu peut obtenir du pouvoir parce qu'il a été perçu à tort par d'autres comme un obstacle possible à la réalisation de leurs stratégies) ;

— le pouvoir est **intransitif** : si A a du pouvoir sur B et que B a du pouvoir sur C, rien ne dit que A aura du pouvoir sur C, l'inverse pouvant même se constater.

L'ASO conduit à voir l'organisation comme une **arène politique** où se jouent en permanence des relations de pouvoir. C'est sans doute réducteur de la nature des relations entre individus. Ceux-ci, comme le soutiennent les tenants de la régulation conjointe et de l'analyse culturelle, peuvent être animés par une volonté commune de coopérer.

II. La théorie de la régulation conjointe

La théorie de la régulation conjointe a été proposée par le sociologue français Jean-Daniel Reynaud (*Les règles du jeu*, 1989) à partir de ses travaux sur les relations professionnelles.

A Démarche et postulats

La démarche et certains postulats sont proches de ceux de l'analyse stratégique : les **acteurs** dans l'organisation disposent d'une **marge de liberté et d'action** (ils sont autonomes), et leurs interactions **produisent l'organisation** (elle est un construit social). Reynaud s'écarte toutefois de Crozier et Friedberg en refusant la vision d'acteurs mus uniquement par la recherche de leur intérêt personnel et interagissant autour de relations de pouvoir. Les acteurs sont aussi prêts à **négocier** et à **coopérer** autour d'un projet commun, et leurs interactions débouchent sur la **production de règles**, ce qui suppose négociations et compromis, sans exclure les conflits.

> *Définition*
> Reynaud explique que : « La **règle** est un principe organisateur. Elle peut prendre la forme d'une injonction ou d'une interdiction visant à déterminer strictement un comportement. Mais elle est plus souvent un guide d'action, un étalon qui permet de porter un jugement, un modèle qui oriente l'action. »

B Deux types de règles

Les règles produites par les acteurs et qui contraignent et/ou guident leurs comportements sont diverses et multiples. Reynaud les classe en deux catégories :
— les **règles de contrôle** produites par la direction et la hiérarchie ; elles visent à ordonner l'organisation, à prescrire les comportements, à limiter les zones de liberté et d'autonomie des individus ou d'un groupe d'individus ;
— les **règles autonomes** produites par les exécutants ou subordonnés, qui leur permettent, en réaction aux règles de contrôle, de s'en protéger et de retrouver de l'autonomie et du pouvoir.

> **EXEMPLE**
> Le responsable production interdit aux ouvriers de modifier les réglages des machines sur lesquelles ils travaillent, notamment en cas de dysfonctionnement ou de panne, considérant qu'il sera plus efficace que les régleurs du service de maintenance s'en chargent (règle de contrôle visant davantage de performance).

> Les ouvriers et les régleurs s'entendent (et les seconds forment les premiers) pour que certains réglages soient néanmoins réalisés directement par les ouvriers, ce qui fait gagner du temps et facilite le travail de tous (règle autonome visant également la performance). Un nouvel embauché devra d'ailleurs se conformer à cette règle sous peine de s'exclure du groupe.

On a donc la coexistence de deux régulations qui s'opposent et qui reflètent un jeu des acteurs entre contrôle et autonomie. Le fonctionnement d'une organisation ne sera compréhensible qu'à l'aune de ces régulations, entendues ici au sens de l'activité de production de règles par les acteurs. À noter que Reynaud considère que les règles sont le fait social majeur ; autrement dit, tout individu, dès qu'il s'engage dans une activité sociale, est confronté à la régulation. D'où le fait que la théorie de la régulation conjointe (TRC) est également appelée **théorie de la régulation sociale** (TRS).

> **ATTENTION**
> Le terme régulation désigne ici non pas le processus de maintien de l'équilibre ou la reproduction d'un système, mais le processus de création, maintien ou transformation des règles.

C La régulation conjointe

Les acteurs ou groupes produisent et rediscutent des règles dans leur intérêt, mais aussi pour se coordonner dans la réalisation du projet commun qui fonde l'organisation. Un **compromis** peut intervenir, ce qui implique une négociation, pour qu'une nouvelle règle émerge acceptée par chacune des parties. C'est une **troisième régulation** qui apparaît : la **régulation conjointe**. Elle n'est pas automatique ; elle peut échouer, et dans ce cas, chacun campera sur ses positions, avec des situations d'évitement, de blocage ou de conflit.

> **EXEMPLE (SUITE)**
> Cas 1. Le responsable de production, les ouvriers et le service de maintenance s'accordent pour convenir des conditions qui autoriseront les ouvriers à agir à la place des régleurs : délais d'attente, types de réglages autorisés, ouvriers habilités… On obtient ici une régulation conjointe.
>
> Cas 2. Les parties ne s'accordent pas et des ouvriers ou des régleurs sont sanctionnés, les représentants syndicaux s'opposent aux sanctions, la productivité diminue, les primes d'intéressement également… Situation bloquée et conflictuelle qui provoquera peut-être ultérieurement une nouvelle tentative de régulation conjointe.

Cas 3. Les parties n'entrent pas en négociation ou en conflit parce que le chef d'équipe ferme les yeux sur les pratiques de ses ouvriers (la productivité est bonne) et ne remonte pas à la hiérarchie les pratiques déviantes par rapport aux règles de contrôle (situation d'évitement).

Figure 8.3. L'émergence de la régulation conjointe

Direction et encadrement — Prescrire et contrôler → Exécutants et subordonnés
En réaction

- Règles et régulation de contrôle
- renégociation conflit
- Règles et régulation d'autonomie

si compromis

- Règles et régulation conjointe(s)

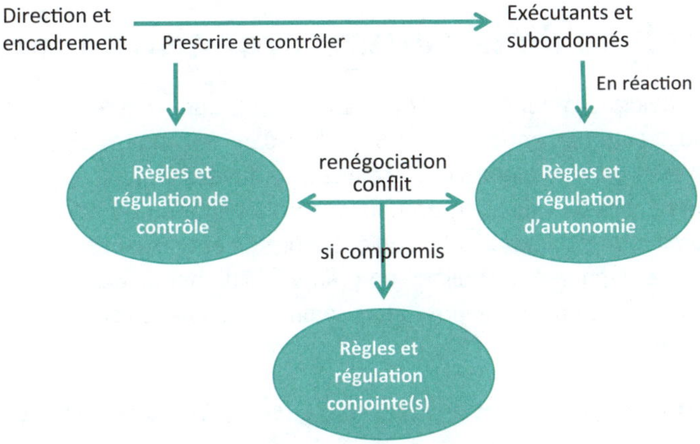

La théorie de la régulation conjointe (TRC) s'applique bien aux **relations sociales dans l'entreprise**, avec la production de conventions collectives, de grilles de qualifications et de salaires, qui sont autant de résultats de régulations conjointes. De façon plus large, elle permet d'**éclairer la dynamique des organisations** sous un angle nouveau. Les **conflits sont normaux** et même souhaitables, car ils reflètent l'existence d'une communauté qui cherche de nouvelles règles du jeu, donc prête à poursuivre l'action collective. La **négociation** permet de **mettre de l'ordre** et d'aboutir à de nouvelles règles, ou de réinterpréter les règles existantes.

> **EXEMPLE**
>
> Dans une démarche participative, un chef d'équipe peut se voir attribuer le rôle d'animateur et de pédagogue pour faire naître de nouvelles idées et de nouvelles pratiques, tout en conservant son rôle de contrôleur de l'activité productive individuelle des membres de son équipe.

Un des inconvénients de la TRC est qu'elle met en avant l'activité permanente de création et transformation des règles par des acteurs divers, à des moments et dans contextes différents, ce qui s'apparente à un « **bricolage** ». Cela rend l'organisation **peu lisible** et ses régulations **peu cohérentes**, voire contradictoires.

COURS

> **À RETENIR**
>
> Un manager ne peut se contenter d'appliquer des solutions prédéfinies, mais doit resituer son action dans la compréhension des acteurs et des règles, et se dire qu'il n'aura pas de garantie sur le résultat final de son action.

III. L'analyse de la culture organisationnelle

Le psychologue canadien Elliott Jaques est considéré comme le précurseur de l'analyse de la culture d'entreprise (1951). C'est dans les années 1980 qu'elle suscite un fort intérêt dans le monde des affaires, à la faveur de la conjonction de différents facteurs : contexte de crise économique, réhabilitation du rôle de l'entreprise, perçue comme un des derniers lieux d'épanouissement social des individus, succès des entreprises japonaises, expliqué en grande partie par des comportements culturels. La culture d'entreprise s'impose alors comme la nouvelle variable déterminante de la performance.

A La vision intégratrice de la culture organisationnelle

La culture met l'accent sur ce qui est partagé par différents individus, sur ce qui fonde le collectif, l'unité et la spécificité d'une organisation : en fin de compte, sur ce qui favorise l'action collective.

> **Définition**
>
> Selon les auteurs, la **culture organisationnelle** est :
> — un mode de pensée et d'action habituel et traditionnel partagé par les membres (E. Jacques, 1951) ;
> — une programmation mentale collective, qui permet de distinguer les membres d'un groupe d'un autre ; en ce sens la culture est un système de valeurs détenues collectivement (G. Hofstede, 1987) ;
> — un ensemble de croyances et d'hypothèses fondamentales partagées par les membres d'une organisation, considérées comme des évidences ; ce sont des connaissances de base pour comprendre, agir et décider ; ce sont des réponses aux problèmes apprises au cours du temps (E. Schein, 1985).

Les définitions sont diverses mais insistent toutes sur des **valeurs, représentations ou croyances collectivement partagées** et qui norment le comportement des individus. C'est la vision intégratrice de la culture qui est mise en avant : du partage des valeurs découlent la **cohésion du groupe** et l'engagement des membres, ce qui favorise l'action collective et, au final, la performance collective.

Figure 8.4. La culture comme facteur de performance organisationnelle

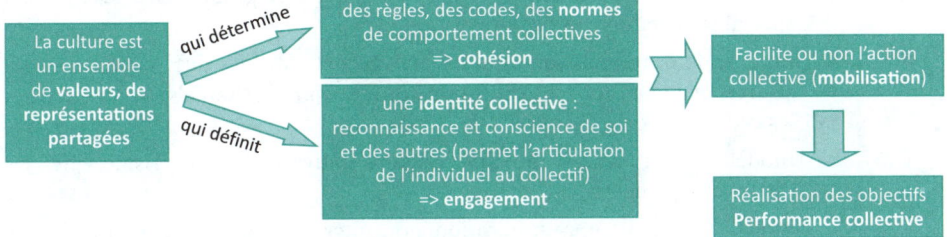

Cette **vision intégratrice** a séduit nombre d'entreprises dans les **années 1980** et s'est traduite par un véritable **effet de mode** pour des pratiques de *team building* (construction d'équipe) destinées à assurer la diffusion d'une « bonne » culture dans l'entreprise.

> **EXEMPLE**
>
> Saut à l'élastique ou en parachute, rafting, escalade, stage de survie et autres activités hors limites ont connu un fort engouement comme outils de diffusion des valeurs de dépassement de soi, de prise de risque, de solidarité, d'esprit d'équipe et de performance au sein des équipes de travail.

B La vision différenciée et fragmentée de la culture d'entreprise

À cette vision idéalisée aux risques manipulatoires, d'autres auteurs opposent une vision **plus différenciée et fragmentée** de la culture organisationnelle. La culture n'existe pas *ex nihilo*, elle est produite par les membres de l'organisation au cours de leurs multiples interactions et sur longue période (elle résulte d'une histoire). Rien ne garantit qu'une culture unique et stable émerge. Au contraire, on constatera des **sous-cultures** ou des **microcultures**, qui ne seront pas nécessairement cohérentes et qui peuvent s'opposer. Un individu peut même adhérer à des sous-cultures différentes et paraître ambigu dans son comportement.

Cette vision hétérogène de la culture permet de rendre compte de la diversité culturelle comme facteur explicatif de la **dynamique** d'une organisation (conflits ou contradiction entre sous-cultures, émergence de nouvelles cultures, etc.).

> **EXEMPLE**
>
> Le Français Renaud Sainsaulieu a été un des précurseurs de l'analyse de la culture d'entreprise et a mis en évidence quatre modèles culturels, en lien avec les rapports de pouvoir, dans son ouvrage *L'identité au travail* (1977) :
> - modèle de fusion : solidarité, camaraderie, unité de groupe, chez les ouvriers spécialisés et employés de bureau ;
> - modèle de la négociation : autonomie, acceptation des différences, chez les salariés avec une forte qualification (ouvriers professionnels, techniciens) et les cadres ;
> - modèles des affinités : mobilité, réussite individuelle, carriérisme, chez les cadres et ingénieurs ;
> - modèle du retrait : non-implication, non-intégration dans l'entreprise typique des jeunes, des femmes ou des travailleurs immigrés, privilégiant leur vie « au dehors » (famille, loisirs).

> **EXEMPLE**
>
> Il est beaucoup question actuellement de la génération Y (née depuis 1980) et Z (née depuis 1995), qui se caractériseraient par des valeurs incompatibles avec la culture d'entreprise de leurs aînés (les X) : refus des horaires, refus de l'autorité, refus des règles en général, non-implication dans l'entreprise, besoin de changement perpétuel, impatience, voire effronterie, etc. Au point que des cabinets-conseils proposent des séminaires pour réussir à manager ces générations.

C L'influence de la culture nationale

La culture d'une organisation ne peut se comprendre sans tenir compte de l'influence fondamentale de la culture nationale, appelée macroculture. Or, la mondialisation des activités économiques et les multiples fusions ou alliances d'entreprises conduisent à la constitution d'équipes de travail de nationalités différentes, et donc de cultures différentes. Suite aux travaux du psychologue néerlandais Gerrt Hofstede, le **management interculturel ou multiculturel** vise à comprendre les grands déterminants culturels des comportements des individus au travail et à proposer des pratiques et des styles de management appropriés aux différents contextes culturels.

> **EXEMPLE**
>
> Pour Philippe d'Iribarne (1989), sociologue français, la société française est imprégnée de logique de l'honneur, héritée du système féodal. Le poids de la coutume est important et chacun, selon son rang, doit respecter un ensemble de droits et de devoirs pour être « digne d'honneur ». Autrement dit, bien faire son travail revient

à accomplir les devoirs fixés par la coutume, plus que par la règle, en fonction de la catégorie professionnelle à laquelle on appartient. Il s'ensuit par exemple que les méthodes américaines de management, fondées sur un contrat d'objectifs fixés par le supérieur hiérarchique, ne sont pas adaptées au contexte français.

L'importance des cultures nationales a été notamment mise en évidence dans les opérations de fusions d'entreprise. Plusieurs travaux ont montré que les différences de cultures nationales en constituaient l'écueil majeur.

EXEMPLE

Suite à l'échec de son projet de fusion avec Volvo, attribué à un trop grand écart entre les cultures nationales, la direction de Renault a opté pour une stratégie progressive de rapprochement avec Nissan (initiée en 1999). La fusion pure et simple a été rejetée au profit de la création d'une société commune, détenue à parité par les deux constructeurs, où se prennent les décisions stratégiques (directoire). Le rapprochement a été présenté comme complémentaire, d'égal à égal, et préservant les structures organisationnelles de chaque constructeur. D'où le choix symbolique de l'appellation du rapprochement : « alliance Renault-Nissan ».

D Peut-on manager la culture organisationnelle ?

L'analyse culturelle montre l'importance des valeurs, des croyances, des symboles dans la réussite ou l'échec de l'action collective. Elle nous éloigne d'une vision mécaniste et déshumanisée de l'organisation mue par des décisions purement techniques, économiques et financières. C'est aussi une **autre théorie de la motivation** (fiche 2), fondée cette fois sur la dimension collective et non plus individuelle. L'analyse culturelle ne considère pas l'organisation comme un lieu nécessairement conflictuel, mais pouvant conduire à une **communauté** productrice d'un **sens commun**.

De multiples travaux utiles au management ont été produits : culture et cohésion d'équipe, gestion des entreprises multiculturelles, culture et gestion du changement, culture et recrutement, gestion culturelle des fusions, etc. Il reste que manager la culture ou par la culture n'est pas si simple, comme le montre le **modèle de la culture organisationnelle** d'Edgar Schein (1985), un des principaux fondateurs de l'analyse culturelle. Il distingue **trois niveaux de la culture** organisationnelle, reliés entre eux et devant être en cohérence :

— les croyances fondamentales ou hypothèses de base, qui déterminent ce que pensent et ressentent les individus ;
— les valeurs et normes, qui découlent des croyances fondamentales et qui vont guider les comportements ;

— les artefacts, qui sont les manifestations concrètes et visibles des valeurs et des normes : rites, cérémonies, codes de langage ou vestimentaires, logos, architecture et design des locaux, aménagement de l'espace, récits mythiques et historiques sur le fondateur, etc.

Figure 8.5. Les trois niveaux de la culture organisationnelle de Schein

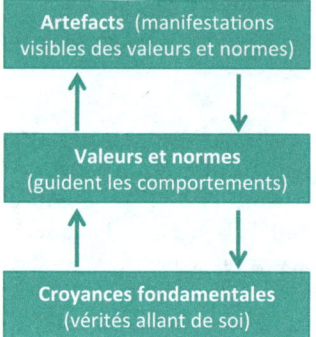

Schein souligne la **difficulté d'analyse et d'identification des croyances et hypothèses de base** qui orientent l'ensemble de la culture organisationnelle. Ce sont des vérités partagées par les individus, issues de l'histoire et d'expériences communes, considérées comme allant de soi et difficiles à remettre en cause. Elles sont en outre généralement inconscientes, difficiles à exprimer par les individus et à repérer par un observateur. La culture est donc **difficilement gérable, sauf « en surface »**, au niveau des artefacts, mais rien ne garantit qu'une intervention à ce niveau provoque un changement culturel en profondeur et dans le sens attendu. De plus, l'existence de sous-cultures renforce la **complexité** d'un management de la culture.

ENTRAÎNEMENT

QCM

Choisissez, parmi les propositions suivantes, la ou les bonne(s) réponse(s).

1. **Selon l'analyse stratégique des organisations (ASO), le pouvoir d'un individu provient :**
   a. de son rang hiérarchique.
   b. de ses qualités naturelles de leadership.
   c. d'une relation d'échange.
   d. de sa force de persuasion.

2. **D'après Crozier et Friedberg, on échange contre du pouvoir :**
   a. des gratifications.
   b. de l'autorité.
   c. de l'incertitude.
   d. de la certitude.

3. **La théorie de la régulation conjointe (TRC) ou sociale (TRS) définit plusieurs régulations. Quelles sont-elles ?**
   a. La régulation conjointe.
   b. La régulation de la règle.
   c. La régulation de contrôle.
   d. La régulation autonome.
   e. La régulation conflictuelle.

4. **Quels sont les points communs entre l'ASO et la TRS ?**
   a. Les acteurs créent l'organisation par leurs interactions.
   b. Les acteurs agissent en étant contraints par les structures de l'organisation.
   c. Les acteurs ont une marge de liberté et sont capables d'action.
   d. Les acteurs agissent en étant influencés par la culture.

5. **La TRS voit l'organisation comme un ensemble ordonné et cohérent grâce aux règles qui s'imposent aux individus.**
   a. Vrai.
   b. Faux.

6. **La TRS suppose des acteurs :**
   a. qu'ils recherchent le conflit.
   b. qu'ils souhaitent coopérer.
   c. qu'ils poursuivent leur intérêt propre.
   d. qu'ils ne s'impliquent pas dans l'organisation.

7. **La culture organisationnelle provient :**
   a. des rites et des codes vestimentaires ou de langage.
   b. des relations de pouvoir.
   c. du style de management.
   d. d'expériences collectives.

8. L'école sociologique

ENTRAÎNEMENT

8. La culture organisationnelle permet-elle d'améliorer la performance ?
   a. Oui, car elle rassemble les individus sur des valeurs communes et permet d'agir ensemble plus efficacement.
   b. Non, car elle est en fait hétérogène et des conflits de culture peuvent déstabiliser l'organisation.

EXERCICES

1 Le pouvoir du service informatique

Vous êtes responsable d'un service et votre équipe est gênée par le service de maintenance informatique, qui impose ses rythmes et ses modes d'intervention. Ce service est le seul à savoir comment réparer les nombreux dysfonctionnements du réseau informatique et refuse de communiquer les manuels de maintenance, ne serait-ce que pour de petites pannes.

Comment analysez-vous la situation dans le cadre de l'analyse stratégique des organisations, et quelles seraient vos solutions ?

2 Team building

Un cabinet-conseil propose des prestations de *team building* avec l'annonce suivante :

« Une excellente façon d'intégrer les valeurs de l'entreprise. Le côté ludique des activités organisées et leur déroulement hors du lieu de travail habituel sont les deux principaux avantages du *team building*. Vos équipes se montrent sous leur vrai jour et vos collaborateurs deviennent plus réceptifs. Vous pouvez ainsi mieux les connaître et observer leur réaction face à l'échec ou un défi difficile à relever. Il s'agit d'un excellent moyen de véhiculer les valeurs de votre entreprise telles que l'esprit d'équipe, l'entraide, la communication, la complicité, l'engagement, la loyauté et la bienveillance. »

À la lueur des différentes approches de la culture organisationnelle, que pensez-vous de la portée du *team building* proposé dans cette annonce ?

CORRIGÉS DES QCM

1. c. Selon l'ASO, l'individu n'a pas de pouvoir provenant de son rang ou de qualités particulières ; il ne possède que le pouvoir que les autres lui donnent (c'est le résultat d'un échange, d'une négociation).

2. d. L'ASO considère qu'en donnant du pouvoir à un acteur, on reçoit en échange de la certitude sur son comportement à venir. La stabilité de son comportement facilitera la réalisation des objectifs (stratégie) que l'on vise.

3. a. c. d. La TRC ou TRS définit la régulation de contrôle, qui provient de la hiérarchie, la régulation autonome, qui provient des subordonnés et la régulation

conjointe, qui est un compromis entre les deux régulations précédentes. La régulation conjointe ne se réalise toutefois pas automatiquement.

4. a. c. La proposition c renvoie à l'individualisme méthodologique commun aux deux approches. Les acteurs sont autonomes et construisent l'organisation par leurs interactions autour de jeux de pouvoirs (ASO) ou de production/transformation de règles (TRS). L'organisation est donc dans les deux cas un construit social.

5. b. Les règles ne préexistent pas aux individus ou groupes. Elles ne s'imposent pas à eux, puisqu'elles sont inventées et constamment remises en question par eux. À un instant t, l'organisation fonctionne selon la résultante de règles diverses élaborées par divers individus et groupes, dans des contextes et moments différents, et sur lesquelles un compromis n'est pas toujours trouvé (une régulation conjointe n'émerge pas toujours). Il est donc plus juste d'énoncer que l'organisation n'est pas un ensemble ordonné et cohérent, car les acteurs font et défont en permanence les règles.

6. b. c. La TRS considèrent que les individus ou groupes recherchent leurs intérêts propres mais pas uniquement. Ils sont aussi engagés dans la vie de l'organisation, parce qu'ils sont partie prenante d'un projet commun. Une règle sera d'autant mieux acceptée qu'elle facilite l'action collective. Le conflit est le moyen de pousser les acteurs à un compromis, à trouver une solution collective.

7. d. La culture d'une organisation se traduit par des croyances et des valeurs partagées qui s'observent à travers des manifestations visibles, comme les rites ou codes vestimentaires et langagiers (voir le modèle de Schein). Ces croyances et valeurs partagées viennent du « vivre-ensemble », sur la base d'expériences collectives accumulées sur une longue période, qui ont sélectionné des façons particulières de faire et de se comporter. Il y a donc un phénomène d'apprentissage collectif.

8. a. b. Les deux propositions illustrent le double visage de la culture comme frein ou vecteur de performance, comme une ressource ou une contrainte qui facilite ou bloque le changement. Le lien entre culture et performance n'est pas nécessairement évident face à la complexité des phénomènes culturels.

CORRIGÉS DES EXERCICES

1 Le pouvoir du service informatique

Le service informatique (SI) dispose de la maîtrise de la zone d'incertitude liée à l'expertise. Il est le seul à disposer des connaissances nécessaires pour réparer les dysfonctionnements, et refuse de les partager, ce qui lui permet d'obtenir du pouvoir et d'imposer à votre service ses modalités d'intervention (la relation est déséquilibrée en votre défaveur). L'objectif est de faire évoluer les termes de l'échange et de tenter de réduire l'incertitude pour votre service. Par exemple, en formant certains de vos collaborateurs aux connaissances requises (mais quels accès auront-ils au

CORRIGÉS

réseau ?). L'analyse de la stratégie du SI, de ses projets et de ses alliances, mettra éventuellement en évidence des zones d'incertitude que votre service peut maîtriser, peut-être via une alliance avec d'autres services confrontés au même problème. Votre « coalition » pourrait suggérer à la direction l'externalisation du SI, en communiquant sur le problème de productivité, ou de faire obstacle aux projets du SI lors des processus de décision, budgétaires notamment. Si vos ressources matérielles ou relationnelles sont faibles et si le contexte de la situation ne change pas, peu de solutions s'offrent à vous. Il reste toutefois la grève du zèle : votre service s'arrête de fonctionner tant que le SI n'intervient pas, et pertube toute l'entreprise.

2 Team building

Le partage de valeurs communes doit conduire à l'adoption de comportements collectifs et renforce la cohésion et l'action collective, et au final la performance. Toute pratique qui renforce ce partage sera considérée comme bénéfique à l'entreprise. Toutefois, l'analyse culturelle montre que la culture se construit sur un temps long, sur plusieurs années et sur la base d'expériences communes de travail. On peut donc s'interroger sur la pertinence d'expériences sur un temps très court et hors du contexte organisationnel habituel. Ajoutons que selon Schein, il est difficile d'agir sur le cœur de la culture, à savoir le niveau des croyances fondamentales souvent inconscientes. Par ailleurs, l'annonce énonce des valeurs qui seraient universelles et allant de soi pour tous les membres de l'organisation. Elle relève donc d'une vision intégratrice idéalisée, méconnaissant la diversité culturelle à l'intérieur de l'organisation ou à l'échelle de la société. Il faut aussi noter le risque d'exclusion et de manipulation de ce genre de pratiques. Il est clairement dit que c'est un outil d'évaluation des collaborateurs – ces derniers en sont-ils informés ? la pratique est-elle légale ? – alors que l'activité est censée porter sur des compétences et un contexte hors travail. Certains ont aussi montré le paradoxe de ces séminaires : ils donnent aux individus l'envie de dépassement de soi et de relève de défis, mais ceux-ci sont démotivés une fois de retour dans leur entreprise, s'ils se retrouvent sans perspective d'évolution ou face aux mêmes pratiques de management relevant de la théorie X de Mac Gregor...

L'approche institutionnaliste

FICHE 9

NOTIONS CLÉS

- ✔ Encastrement institutionnel
- ✔ Liens faibles
- ✔ Trous structuraux
- ✔ Légitimité
- ✔ Champ organisationnel
- ✔ Isomorphisme organisationnel

I. Des individus encastrés

Mark Granovetter est un sociologue américain qui a renouvelé l'analyse des organisations dans les années 1980 en s'intéressant au **contexte social des activités économiques**. Il montre dans ses analyses que les décisions économiques ne peuvent être valablement comprises que si l'on tient compte du contexte institutionnel qui les encadre. Il s'oppose ainsi à l'approche de la nouvelle économie institutionnelle (fiche 11), qu'il qualifie de « sous-socialisée », parce qu'elle considère les agents économiques comme s'ils étaient dépourvus de relations sociales. Il s'oppose également à une approche, plus traditionnelle en sociologie, qu'il caractérise comme « sursocialisée ». Dans cette approche, les choix des individus n'intéressent pas les chercheurs, puisqu'ils sont dictés par des normes qui les dépassent et s'imposent à eux. Granovetter encourage une analyse des comportements individuels tenant compte de leur **encastrement (*embeddedness*) dans un ensemble de réseaux sociaux**.

COURS

> **ATTENTION** La notion de réseau social, en théorie des organisations, décrit un ensemble de relations entre des individus (réseaux professionnels, réseaux familiaux, réseaux locaux, etc.). Les réseaux sociaux utilisant Internet (Facebook, Twitter, Instagram, etc.) ne sont qu'une forme particulière de réseau social.

Le mode de fonctionnement des réseaux sociaux va à la fois faciliter et limiter l'action des individus.

L'appartenance à ces réseaux permet tout d'abord de créer de la **confiance** entre les individus. Cela passe notamment par des modes de sanction ou de récompense non marchands. Les individus tiennent à leur réputation et recherchent de la reconnaissance au sein de leurs réseaux.

Les réseaux sociaux permettent aussi de **recueillir de l'information**. Cela est d'autant plus important que l'information la plus utile est souvent informelle, et que sa fiabilité est directement liée à la personne qui la donne. Granovetter a démontré que les liens les plus utiles dans un réseau ne sont pas les plus intenses. Il évoque « la force des liens faibles ». En effet, les personnes avec qui nous avons des relations fortes nous ressemblent et sont incluses dans les mêmes réseaux que nous ; ils nous apportent peu d'informations nouvelles. Au contraire, les personnes avec qui nous avons peu de relations sont assez différentes de nous et peuvent nous fournir des informations qui ne nous sont pas accessibles par ailleurs. Cela est d'autant plus vrai que la relation permet d'avoir accès à des informations qui ne sont pas présentes dans les réseaux auxquels nous appartenons. C'est ce que Burt théorisera sous le nom de « **trous structuraux** ».

Figure 9.1. Schématisation d'un trou structurel

La relation en pointillé est la plus stratégique. Elle connecte deux individus appartenant à des réseaux différents. L'information issue de cette relation aura plus de valeur, puisque les autres membres des deux réseaux n'y ont pas accès.

> **EXEMPLE**
>
> À l'issue d'une recherche sur le marché du travail des cadres d'une grande ville, Granovetter montre que les emplois trouvés le sont essentiellement grâce à des contacts informels et assez distants. Les informations pertinentes pour une recherche d'emploi ne sont pas celles qui sont disponibles dans les annonces, car elles ne rendent pas suffisamment compte de la qualité des emplois. Les informations délivrées directement par des proches (collègue de travail, famille, etc.) avec lesquels les liens sont forts ne sont que rarement nouvelles pour celui qui cherche un emploi. Inversement les informations glanées auprès de connaissances lointaines (anciens collègues, etc.), avec qui les relations sont faibles, s'avèrent à la fois plus utiles et plus fiables.

II. Les mythes organisationnels

Partant de l'observation de l'introduction d'innovations organisationnelles dans des écoles de la région de San Francisco, John Meyer et Brian Rowan constatent, à la fin des années 1970, un décalage entre les réformes qui sont censées être mises en œuvre et le fonctionnement réel sur le terrain. Leur analyse insiste sur le fait que ce découplage entre l'organisation formelle et l'organisation réelle n'est pas synonyme d'échec des réformes et n'est pas spécifique au monde de l'éducation. Dans nombre d'organisations, il existe un écart important entre la façon dont les individus travaillent dans les faits et ce que supposent officiellement les règles en vigueur.

> **EXEMPLE**
>
> Dans une entreprise ayant mis en place une organisation de type *lean* (fiche 12), un manager doit évaluer ses ouvriers, notamment en fonction des suggestions d'amélioration qu'ils proposent. Le manager explique que certains des ouvriers qu'il considère comme méritants ne font pas de suggestions. Dans ce cas, il leur propose des idées, voire les aide à les rédiger. Les ouvriers sont officiellement évalués en fonction de leur participation au processus d'amélioration continue, mais la réalité des critères d'évaluation est bien différente.

Ce décalage s'explique par le fait que les organisations ne s'adaptent pas de façon complètement rationnelle à leur environnement, à l'évolution des technologies ou de la demande. Elles se contentent de mettre en œuvre les solutions considérées comme efficaces à un moment donné dans leur environnement. Ces solutions s'imposent aux organisations comme des standards à mettre en œuvre. Meyer et Rowan les qualifient de **mythes organisationnels**.

La notion de mythe organisationnel renvoie à des normes institutionnalisées de ce qui est réputé comme une pratique organisationnelle efficace. Il est très difficile de juger dans beaucoup de domaines de ce que sont réellement les pratiques les plus performantes. Les managers préfèrent donc s'en remettre à ce qui est communément admis comme efficace. Leurs choix organisationnels sont surtout guidés par un souci de **légitimité** vis-à-vis de leur environnement. Sans certitude sur les bonnes méthodes d'organisation, il est plus simple de s'en remettre à ce qui est considéré comme adéquat par leurs collègues, leurs supérieurs, les consultants ou les marchés financiers. Les individus sont peu conscients de l'existence de ces normes de rationalité qui s'imposent à eux.

> **EXEMPLE**
>
> Les comptes d'une entreprise ne peuvent pas être disponibles en temps réel ; il faut faire remonter l'ensemble de l'information, la recouper et la fiabiliser. La clôture des comptes peut ainsi prendre plusieurs mois. Depuis quelques années, des procédures dites de *fast close* s'imposent progressivement à un nombre croissant d'entreprises. Il s'agit de raccourcir drastiquement le délai de clôture comptable. Ce type de procédure a vu le jour aux États-Unis, où les marchés financiers avides d'information ont fait pression sur les entreprises cotées pour qu'elles raccourcissent leurs délais de clôture. Le *fast close* est maintenant intégré comme une obligation légale pour certaines catégories d'entreprise, y compris en Europe, et devient un thème fréquent de sessions de formation ou de propositions d'intervention pour des cabinets de consultants. Il s'impose progressivement comme un standard d'organisation pour les directeurs administratifs et financiers.

III. Champ organisationnel et isomorphisme

Pour rendre compte de l'encastrement institutionnel des organisations, Paul DiMaggio et Walter Powell proposent la notion de **champ organisationnel**. Celui-ci est défini comme un ensemble d'organisations qui constituent une aire de vie institutionnelle reconnue : les fournisseurs clés, les consommateurs de ressources et produits, les institutions réglementaires, et les autres organisations qui produisent des services ou produits similaires. À l'intérieur de son champ organisationnel, une organisation va subir des pressions et des influences qui vont formater son fonctionnement et sa structure.

> **EXEMPLE**
>
> Le secteur des centres d'appel s'est progressivement institutionnalisé, au point de devenir un champ organisationnel. L'activité est assez récente et se développe à partir du milieu des années 1990. Après une période très ouverte, le secteur se

> concentre fortement et est dominé par un nombre restreint de grandes entreprises. Des associations professionnelles se mettent en place et exercent une activité de lobbying, notamment auprès des pouvoirs publics. Elles mettent également en place un label social pour tenter d'améliorer l'image du secteur.

Pour les deux sociologues américains, à l'intérieur d'un champ organisationnel, la variété des formes d'organisation est de plus en plus faible au fur et à mesure de la structuration du champ. Contrairement à ce qu'affirment les auteurs du courant de la contingence (fiche 6), les changements organisationnels ne sont pas uniquement des réponses directes aux pressions de l'environnement concurrentiel, mais ils sont également le produit du fonctionnement du champ organisationnel. Ce **processus d'homogénéisation** croissante, qui se traduit par le fait que les organisations tendent à se ressembler au sein d'un même champ, est appelé **isomorphisme**.

Les auteurs proposent trois mécanismes de changement isomorphique.

- L'**isomorphisme coercitif** résulte des pressions exercées sur un champ organisationnel par des organisations qui le dominent ou par des attentes culturelles ou légales.

> **EXEMPLE**
> En France, une loi impose aux grandes entreprises de produire un rapport annuel de responsabilité sociale.

- Les **processus de mimétisme**, c'est-à-dire d'adoption d'un modèle, sont liés à l'incertitude à laquelle doivent faire face les organisations quant aux techniques de gestion efficaces ou même sur les objectifs qu'elles poursuivent. Les organisations ont tendance à imiter le mode de fonctionnement ou la structure des organisations de leur champ qu'elles considèrent comme plus performantes ou plus légitimes. Les cabinets de consultants jouent un rôle important dans la diffusion de ces modèles d'organisation.

> **EXEMPLE**
> La plupart des constructeurs automobiles et de leurs sous-traitants ont adopté une organisation de la production de type *lean* en s'inspirant directement du constructeur japonais Toyota. Ce type d'organisation s'étend maintenant à d'autres secteurs comme les hôpitaux.

- Les **pressions normatives** proviennent de la **professionnalisation** du champ organisationnel. Le processus de professionnalisation est le fait de définir et d'imposer collectivement des standards de travail qui permettent aux membres d'une profession de renforcer leur légitimité et ainsi d'accroître leur autonomie. Cela passe

notamment par l'instauration d'un corps de connaissance communément admis et servant de base à l'enseignement académique. Les associations et les réseaux professionnels jouent également un grand rôle dans la diffusion de modèles d'organisation considérés comme efficaces.

> **EXEMPLE**
>
> L'ANDRH (Association nationale des directeurs des ressources humaines) regroupe plus de 5 000 professionnels, organisés en 80 groupes locaux. Elle se présente comme la communauté de référence dans le débat RH. Elle propose à ses membres de s'enrichir professionnellement par l'échange d'idées et d'expériences dans le cadre des manifestations, des formations et des sessions d'informations qu'elle organise. Elle publie également une revue mensuelle et réalise des études prospectives sur la fonction RH.

Les trois mécanismes d'isomorphisme ne sont pas exclusifs et se combinent fréquemment. Au final, les organisations appartenant à un même champ tendent à opter pour des structures et des pratiques similaires. DiMaggio et Powell ne considèrent pas que les forces concurrentielles sont sans impact sur les organisations, mais ils montrent que les décisions prises ne répondent pas uniquement à une rationalité économique ou technique : elles n'ont pas pour seul objectif l'efficacité, mais également une **recherche de légitimité**. Du point de vue du manager, cela incite à se garder d'une application trop systématique des modèles en vogue sans prise en considération des spécificités des organisations.

ENTRAÎNEMENT

QCM

Choisissez, parmi les propositions suivantes, la ou les bonne(s) réponse(s).

1. **D'après l'approche institutionnaliste, dans un réseau, les liens les plus importants sont :**
   a. les plus anciens.
   b. les plus faibles.
   c. les plus denses.

2. **Avec la notion d'encastrement, Granovetter :**
   a. montre que l'appartenance des individus à des réseaux sociaux contraint leur choix.
   b. montre que les individus n'ont pas de marge de manœuvre, parce que leurs choix sont imposés par le contexte institutionnel.
   c. montre que les individus sont bloqués dans des réseaux sociaux dont ils ne peuvent s'extraire.

3. **Un mythe organisationnel :**
   a. est un mode d'organisation peu efficace.
   b. est une solution imposée par la direction, mais qui ne correspond pas aux besoins de l'organisation.
   c. est un mode d'organisation considéré comme efficace dans l'environnement institutionnel de l'organisation.

4. **La recherche de légitimité dans les décisions :**
   a. est un des objectifs du management.
   b. est principalement le fait des opérateurs.
   c. s'oppose à l'efficacité.

5. **Un champ organisationnel :**
   a. correspond à la notion de secteur d'activité.
   b. est équivalent, en termes de fonctionnement, à un marché.
   c. suppose que les relations entre les organisations sont assez denses.

6. **Pour DiMaggio et Powell, quand l'incertitude est importante :**
   a. les structures des organisations tendent à se diversifier.
   b. les managers préfèrent ne pas prendre de décision.
   c. les organisations imitent ce qui semble fonctionner.

7. **Les associations professionnelles ont un rôle dans les mécanismes d'isomorphisme :**
   a. parce qu'elles participent à la diffusion et à la légitimation des connaissances professionnelles.
   b. parce qu'elles imposent à leurs membres des innovations organisationnelles.
   c. parce qu'elles augmentent l'incertitude dans l'environnement des entreprises.

ENTRAÎNEMENT

EXERCICES

1. La diffusion de la gestion des compétences

Les premiers travaux universitaires portant sur la notion de compétences datent des années 1970. Dans le développement de la gestion par les compétences, le secteur de la sidérurgie joue un rôle central, avec la signature du premier accord (ACAP 2000) en 1990. Il a pour objectif de mettre en place une gestion des carrières basée sur une logique de développement des compétences et non plus sur une logique de postes de travail. De nombreuses grandes entreprises vont à leur tour basculer vers ce modèle de GRH au cours des années 1990. La gestion des compétences devient un objet de débat entre les partenaires sociaux et au sein des milieux universitaires. Sur les rayonnages des librairies, les ouvrages sur ce thème se multiplient. En 1998, le MEDEF, principal syndicat patronal, fait de l'« Objectif compétences » une thématique centrale de ses journées internationales de la formation. Il crée des observatoires des pratiques de gestion par les compétences et établit une charte de partenariat devant aider à la création d'un réseau impliquant des cabinets de conseil.

Au début des années 2000, le bilan des recherches sur ce thème est pourtant assez contrasté. La gestion des compétences apparaît assez lourde à mettre en place. Dans certaines entreprises, les référentiels compétences sont peu utilisés par les managers de proximité, et les entretiens d'évaluation des compétences sont loin d'être systématiques, notamment dans les PME. Des analyses statistiques montrent que la diffusion des pratiques de gestion des compétences est assez limitée, et qu'elle n'est pas liée à des inflexions en matière d'organisation du travail ou de stratégie. La gestion des compétences semble progressivement passer de mode.

Pour faire face à la montée du chômage, une loi de 2005 institue l'obligation, pour les entreprises de plus de 300 salariés, de négocier tous les trois ans sur la GEPC (gestion prévisionnelle des emplois et des compétences). Deux lois, en 2013 et 2014, renforcent ces obligations de négocier. Ces évolutions législatives, ainsi que la prise en compte de la GPEC dans des normes qualité, ISO 9001 notamment, vont relancer ces pratiques.

a. Quels sont les mécanismes d'isomorphisme en jeu dans la diffusion de la logique compétence ?

b. Peut-on dire que la décision de mise en œuvre de la gestion des compétences n'est pas rationnelle ?

2. Le découplage entre l'organisation formelle et l'organisation réelle mis en évidence par Mayer et Rowan est-il source de dysfonctionnements ?

CORRIGÉS DES QCM

1. b. Les liens faibles sont en général ceux qui nous mettent en relation avec des personnes qui ne nous ressemblent pas, et les informations qu'ils procurent ont plus de chances d'être différentes de celles que l'on partage avec des personnes avec qui on entretient des liens forts et anciens.

2. a. La notion d'encastrement permet à Granovetter de rendre compte du fait que les décisions des individus ne peuvent être analysées sans tenir compte des réseaux dans lesquels ils s'insèrent. L'appartenance à des réseaux va à la fois permettre aux individus d'agir et contraindre leur contexte d'action.

3. c. Un mythe organisationnel n'est pas nécessairement inefficace et pas forcément en décalage avec les besoins de l'organisation. C'est un mode d'organisation dont la mise en œuvre répond avant tout à un besoin de légitimité de la part du manager. C'est l'environnement institutionnel qui va imposer ce choix, plus que des éléments techniques ou économiques.

4. a. Le management ne cherche pas uniquement à prendre des décisions efficaces, mais plutôt des décisions acceptées et considérées dans leur environnement comme efficaces. Une décision légitime n'est pas forcément la décision la plus adaptée, mais ce n'est pas nécessairement une source d'inefficacité.

5. c. Un champ organisationnel est assez proche de la notion de secteur d'activité, mais son existence suppose que les organisations qui le composent constituent une aire de vie institutionnelle reconnue, et donc que les interactions entre elles soient assez denses.

6. c. Il est difficile de faire des choix efficaces quand l'incertitude est importante. Pour limiter la prise de risque, les managers auront alors tendance à imiter ce que font les entreprises considérées comme leaders dans leur champ organisationnel. C'est le principe de l'isomorphisme mimétique.

7. a. Les associations professionnelles ont en général pour objectif de permettre la discussion et l'échange de « bonnes » pratiques entre leurs membres. Ce faisant, elles participent à la diffusion et à la validation collective d'un certain nombre de pratiques organisationnelles. Ces pratiques deviennent des standards légitimés par la profession, et les associations incitent alors leurs membres à les adopter.

CORRIGÉS DES EXERCICES

1 La diffusion de la gestion des compétences

a. On voit plusieurs mécanismes isomorphiques à l'œuvre successivement.

Les entreprises pionnières sont dans la sidérurgie. Les autres entreprises les imitent et adaptent ce modèle. On a ici un isomorphisme mimétique.

CORRIGÉS

Dans un deuxième temps, le syndicat patronal promeut ces pratiques et les légitime comme étant de bonnes pratiques RH. On peut parler de pressions normatives.

Enfin, c'est le contexte législatif et les normes qualité qui imposent un renouvellement de ces pratiques. On a affaire à un cas d'isomorphisme coercitif.

b. On ne peut pas dire que la décision de mise en œuvre d'une démarche de GPEC n'est pas rationnelle. Ce bref historique montre que la diffusion de ce dispositif ne peut s'expliquer uniquement par des questions d'efficacité organisationnelle. Quand un DRH met en œuvre une démarche de gestion par les compétences, il le fait parce qu'il pense que cela va améliorer le fonctionnement de son entreprise. Mais, sans en être nécessairement conscient, il prend une décision qui est légitime dans sa profession. Enfin, si la loi l'incite à négocier sur ce thème, c'est essentiellement avec un objectif de lutte contre le chômage, qui n'est pas celui du DRH.

2 Le découplage entre l'organisation formelle et l'organisation réelle mis en évidence par Mayer et Rowan est-il source de dysfonctionnements ?

Le découplage entre l'organisation formelle et l'organisation réelle est assez courant dans la réalité des entreprises ou des administrations. Meyer et Rowan expliquent que ce décalage permet de satisfaire au besoin de légitimité dans l'environnement institutionnel, tout en laissant une relative liberté aux individus pour s'adapter aux situations changeantes et spécifiques qu'ils rencontrent dans le cadre de leur activité. Ainsi, le rôle d'une structure formelle ne serait pas tant d'organiser l'activité, mais de créer des cérémonials qui légitiment l'organisation, c'est-à-dire qui rassurent sur son fonctionnement. Cela est d'autant plus indispensable que l'organisation a besoin de la confiance des acteurs de son environnement. Le découplage peut donc permettre de satisfaire les partenaires extérieurs, tout en laissant de l'autonomie aux membres de l'organisation et, dans ce sens, il ne s'agit pas globalement d'un dysfonctionnement.

Ce décalage entre le fonctionnement réel et le mythe organisationnel peut entraîner des dysfonctionnements dans deux cas. Tout d'abord, le découplage peut entraîner des dérives des membres de l'organisation qui, à force de ne pas considérer la structure formelle comme une contrainte, peuvent s'éloigner très fortement de ce qui est attendu d'eux. Ainsi, le trader de la Société Générale J. Kerviel considère toujours que ses activités spéculatives à haut risque étaient certes interdites, mais tolérées par la direction. Ensuite, un découplage trop important peut entraîner des difficultés pour les salariés, qui doivent contourner les règles de l'organisation pour bien faire leur travail.

L'économie des organisations

FICHE 10

NOTIONS CLÉS

✓ Coûts de transaction
✓ Asymétrie d'information
✓ Routines organisationnelles

I. La pauvreté de la théorie néoclassique de l'entreprise

A Une théorie dont la compréhension de l'entreprise n'est pas l'objectif

Initialement, l'organisation n'est **pas un objet d'analyse pour les économistes** du courant néoclassique, qui s'est développé à partir de la fin du XIXe siècle et est devenu le courant dominant de la discipline. L'objectif des économistes néoclassiques est avant tout de prouver la supériorité des mécanismes de marché en utilisant des modèles mathématiques supposés plus scientifiques. Lorsqu'ils s'intéressent à l'entreprise, ce n'est pas pour elle-même, mais pour servir de base microéconomique aux courbes d'offre.

Pour cela, les économistes développent la **théorie du producteur**. Le producteur est un individu rationnel qui a une connaissance de l'environnement économique par les prix des biens. Pour rendre compte de ses choix, les économistes néoclassiques font l'hypothèse que le producteur connaît la **fonction de production** de son entreprise, c'est-à-dire qu'il sait calculer le volume qui va être produit selon les quantités de facteurs de production utilisés.

> **EXEMPLE**
>
> Une fonction de production peut prendre la forme suivante $P = 5K + 3L + 5$, où P est la quantité de biens ou service produite en fonction de K, la quantité de capital utilisée, et de L, la quantité de travail utilisée. Dans cet exemple, si le producteur utilise 5 unités de capital et 4 unités de travail, la production obtenue sera de 42 unités.

Il reste alors au producteur à choisir, en fonction des prix des facteurs de production et du prix de vente de son produit, la quantité à produire qui lui permettra de faire le profit maximal. Il n'y a donc pas à proprement parler d'analyse économique du fonctionnement de l'entreprise, qui est modélisée comme une boîte noire : on sait ce qui rentre et ce qui en sort, mais pas ce qui se passe à l'intérieur.

B Les limites de l'analyse néoclassique de l'entreprise

Cette analyse très sommaire de l'entreprise pose plusieurs problèmes. Du point de vue de la logique scientifique, cette théorie est en **contradiction avec l'individualisme méthodologique** qui guide le courant néoclassique.

> *Définition*
>
> L'**individualisme méthodologique** est une méthode scientifique qui a pour principe d'expliquer les phénomènes économiques et sociaux uniquement à partir des comportements des individus. Les tenants de ce principe refusent d'assigner des buts ou des comportements à des acteurs collectifs.

En effet, le producteur est une fiction, puisque l'essentiel de la production provient des organisations. Donner un objectif et essayer de modéliser le comportement du producteur revient à analyser un phénomène collectif, la production, comme si elle provenait d'un individu. Par ailleurs, rien ne justifie l'objectif de maximisation du profit comme seul but de l'entreprise. Enfin, la théorie du producteur ne nous **apprend rien sur le fonctionnement de l'entreprise**. L'activité de gestion est tout simplement niée au profit d'une fiction dans laquelle la production est l'œuvre d'individus rationnels isolés, reliés uniquement par les mécanismes du marché. Il n'y a donc pas à proprement parler d'analyse des organisations.

II. La théorie des coûts de transaction

A L'intuition de Coase

Ronald Coase est un économiste américain, prix Nobel d'économie en 1991, qui a proposé la notion de coût de transaction dans un article paru en 1937, *The nature of the firm*. Son objectif est d'intégrer l'entreprise à l'analyse économique, tout en gardant les outils de l'économie néoclassique, notamment l'idée d'arbitrage en fonction des coûts.

Pour un économiste néoclassique, les facteurs de production sont utilisés en fonction de leurs prix relatifs, mais Coase remarque : « Si un ouvrier se déplace du service X vers le service Y, ce n'est pas à cause d'un changement de prix relatif, mais parce qu'on lui ordonne de le faire. » Il existe donc, dans les économies de marché, un mécanisme de coordination des agents économiques qui n'utilise pas les prix. Cela pose une question : pourquoi dans certains cas, les agents utilisent-ils les mécanismes marchands et pourquoi, dans d'autres cas, ne s'en servent-ils pas, alors que la théorie économique les considère comme supérieurs ?

La réponse de Coase est que si les agents n'ont pas toujours recours au mécanisme des prix pour coordonner l'activité économique, c'est parce que l'utilisation de ce mécanisme a des coûts : ce sont les **coûts de transaction**. Coase ne les définit pas de façon très précise, mais en donne deux illustrations. Le premier de ces coûts de transaction est lié à l'information, et notamment à la connaissance des prix. Le deuxième type de coût est lié à la négociation et à la conclusion des contrats que suppose la coordination marchande.

EXEMPLE

> Il serait long et coûteux pour un entrepreneur de renégocier tous les jours ou toutes les semaines les contrats de ses ouvriers en fonction de l'évolution des prix sur les marchés. Pour éviter cette négociation permanente, un entrepreneur préfère en général établir des contrats à durée indéterminée qui lient les ouvriers au propriétaire de l'entreprise dans le long terme. Les ouvriers n'effectuent pas une tâche payée à un prix de marché, mais reçoivent un salaire et sont en contrepartie à la disposition de l'entrepreneur.

Dans l'analyse économique traditionnelle, l'entreprise n'existe pas. Les néoclassiques ne considèrent que des producteurs individuels reliés par les marchés. Coase, au contraire, justifie l'existence de l'entreprise par sa fonction : elle permet d'éviter les coûts de transaction induits par l'utilisation des marchés.

COURS

Il poursuit ensuite le raisonnement en se demandant pourquoi une seule grande firme n'organise pas la totalité de la production. Cela éliminerait l'ensemble des coûts de transaction. Cependant, Coase explique qu'au fur et à mesure que l'entreprise grandit, les coûts d'organisation de transactions supplémentaires en son sein augmentent. L'accroissement du nombre de transactions réalisées en interne rend leur gestion par le chef d'entreprise peu efficace. Coase parle des rendements décroissants de la direction. L'entreprise va donc croître jusqu'à ce que les coûts d'organisation d'une transaction supplémentaire en interne soient supérieurs aux coûts de transaction sur le marché. L'entrepreneur utilise le mécanisme d'arbitrage en fonction des coûts de l'analyse néoclassique.

B Les développements de Williamson : la nouvelle économie institutionnelle

Si Coase a créé le concept de coût de transaction en 1937, il n'en donne pas de définition précise. C'est Oliver Williamson qui va le développer dans les années 1970-80 et fonder la nouvelle économie institutionnelle.

Williamson s'écarte de la théorie néoclassique en partant du principe que la **rationalité des agents économiques est limitée**. Elle est limitée parce que les agents n'ont pas accès à toute l'information, ne peuvent pas stocker toute l'information et ne pourraient de toute façon pas traiter toute l'information. Les agents économiques ne pouvant pas choisir la bonne solution en optimisant une fonction, ils choisissent une solution qu'ils considèrent comme satisfaisante ou raisonnable. Les agents économiques ne sont pas irrationnels, mais la complexité de l'environnement ne leur permet pas d'opérer des optimisations.

> **EXEMPLE**
>
> Quand un étudiant cherche un appartement à louer, il prend généralement le temps de se renseigner sur l'état du marché en regardant les petites annonces, en faisant le tour des agences et en réalisant un certain nombre de visites. S'il attend de connaître le loyer et les caractéristiques de tous les appartements, il est assez évident qu'il ne trouvera jamais. Même si une liste de tous les appartements à louer avec leurs caractéristiques existait, il n'arriverait sans doute pas à utiliser la totalité de ces informations. Trouver le meilleur appartement est illusoire : il faut s'informer suffisamment et prendre un appartement avec un rapport qualité-prix satisfaisant.

Lors d'une transaction, la rationalité limitée a une conséquence importante : le contrat ne peut pas prévoir toutes les éventualités. Les agents économiques le savent et peuvent être tentés d'en profiter. Williamson parle de risque de **comportements**

opportunistes, c'est-à-dire de risque qu'une des parties tente de tricher ou de recourir à des manœuvres pour obtenir un avantage. Il distingue deux types d'opportunisme :
— l'opportunisme *ex-ante*, qui a lieu avant la transaction (**sélection adverse**) ;
— l'opportunisme *ex-post*, qui a lieu après la signature du contrat (**hasard moral**)
Les coûts de transaction sont alors définis comme les coûts de la protection contre les risques d'opportunisme.

> **EXEMPLE**
>
> Un étudiant qui ment sur ses compétences en informatique lors d'un entretien de recrutement fait preuve d'un comportement opportuniste *ex-ante*. Un assuré qui prend plus de risques parce qu'il sait qu'il est assuré et ne payera pas les éventuelles conséquences de ses actes fait preuve d'un comportement opportuniste *ex-post*. La mise en place d'un test de niveau en informatique lors d'un recrutement ou d'un dispositif de surveillance des assurés correspond à des coûts de transaction.

Pour Williamson, le risque d'opportunisme est plus ou moins important selon la **spécificité des actifs** nécessaires à la réalisation de la transaction. Des actifs sont spécifiques quand ils supposent un investissement durable et non redéployable dans une autre transaction. La spécificité des actifs crée une dépendance entre les deux parties de la transaction.

> **EXEMPLE**
>
> Dans un contrat de franchise commerciale, une entreprise transfère à une autre entreprise, moyennant des droits d'utilisation, son savoir-faire et la notoriété de sa marque. Les actifs en jeu sont spécifiques, car le franchisé ne peut vendre d'autres produits et investit dans une boutique avec des aménagements propres à la marque. Inversement, le franchiseur ne se contente pas de vendre un service ; la réputation de sa marque dépend de la qualité de service du franchisé.

Plus les actifs en jeu sont spécifiques, plus le risque de comportement opportuniste est important. Quand les actifs sont très spécifiques, une entreprise a tendance à produire elle-même ; quand les actifs sont génériques, elle a intérêt à sous-traiter.

> **EXEMPLE**
>
> Aucune université ne dispose en interne d'une papeterie pour produire les ramettes de papier (produit générique) qu'elle utilise, mais toutes les universités disposent d'un service de reprographie (service spécifique).

III. La théorie de l'agence

A L'entreprise comme conséquence de l'asymétrie d'information

La théorie de l'agence analyse les phénomènes organisationnels en les considérant comme des formes particulières de contrat entre agents économiques. Contrairement à l'analyse des coûts de transaction, la rationalité des agents n'est pas remise en cause. En revanche, ce courant prend en compte le fait que l'information n'est pas disponible gratuitement comme dans le modèle de concurrence pure et parfaite. La notion centrale est celle d'**asymétrie d'information**, c'est-à-dire le fait que tous les agents économiques n'ont pas accès aux mêmes informations. Ainsi, certains agents peuvent bénéficier d'informations inaccessibles à d'autres.

> **EXEMPLE**
> Il est souvent difficile pour un employeur de mesurer le niveau d'effort ou d'implication d'un salarié, particulièrement dans les services.

Les contrats signés dans ce cas sont spécifiques. On parle de **relations d'agence** ou **de modèle principal-agent** pour désigner un contrat par lequel une personne (le principal) engage une autre personne (l'agent) pour exécuter en son nom une tâche quelconque qui implique une délégation d'un certain pouvoir de décision à l'agent. Du fait de l'asymétrie d'information, le principal n'a pas accès à toutes les informations lui permettant de contrôler le déroulement de la transaction. Comme le principal et l'agent ont des intérêts divergents, l'agent peut avoir un comportement opportuniste pour favoriser ses intérêts au détriment de ceux du principal.

> **EXEMPLE**
> Comme les résultats financiers d'une entreprise dépendent pour partie de circonstances extérieures (état des marchés, stratégie des concurrents, conjoncture économique, etc.) difficilement vérifiables par un actionnaire (principal), il peut être tentant pour un dirigeant d'entreprise (agent) de poursuivre ses propres intérêts (maximiser son salaire, internationaliser l'entreprise pour accroître son prestige, etc.) plutôt que ceux des actionnaires (augmenter les dividendes).

Pour éviter les comportements opportunistes, le principal va proposer des types de contrat qui vont inciter l'agent à agir dans l'intérêt du principal et à révéler au maximum les informations utiles à son contrôle. La mise en place de ces systèmes d'obligation et de contrôle a cependant un coût (les coûts d'agence).

Dans la théorie de l'agence, l'entreprise n'est pas conçue comme une organisation, mais comme un type particulier de contrat qui apparaît en cas d'asymétrie d'information. Les objectifs de ces contrats sont de réduire l'écart d'information entre principal et agent, et de faire converger leurs intérêts. Pour les économistes de ce courant, l'entreprise peut être vue comme un « **nœud de contrats** ».

B La gouvernance d'entreprise

Cette théorie a inspiré les principes de la gouvernance d'entreprise (*corporate governance*) que l'on peut résumer en quatre principes :
- renforcement de l'information des actionnaires, qui se traduit notamment par la systématisation des alertes en cas d'évolution des prévisions de résultats (pour réduire l'asymétrie d'information) ;
- indépendance du conseil d'administration, pour que celui-ci contrôle effectivement la gestion des directions de l'entreprise ;
- absence de mesure anti-OPA, pour que les directions ne puissent éviter une prise de contrôle hostile qu'en augmentant la valeur en bourse de l'entreprise ;
- rémunération « incitative » des dirigeants, notamment par le développement des *stocks options*, qui doivent réduire la divergence d'intérêt.

Ces quatre principes, inspirés de la théorie de l'agence, visent à imposer aux directions d'entreprise la « discipline du marché » pour qu'elles agissent **conformément aux seuls intérêts de leurs actionnaires**. Leur application conduit à la **financiarisation de la gestion** des entreprises, c'est-à-dire à ne considérer que l'intérêt des actionnaires comme objectif organisationnel. La focalisation sur le niveau du cours de bourse pousse à une gestion de court terme qui a fait l'objet de nombreuses critiques.

> **EXEMPLE**
>
> En 2013, quand Mickael Dell a été rappelé pour redresser le géant de l'informatique qu'il avait créé vingt ans plutôt, sa première décision fut de retirer l'entreprise de la bourse de New York. Il explique en effet que la pression des marchés financiers qui cherchent une rentabilité de court terme ne lui permet pas d'avoir suffisamment de liberté dans ses choix.

IV. La théorie évolutionniste

Les économistes du courant évolutionniste sont les seuls à proposer une **justification positive de l'existence de l'entreprise**. Ils estiment que l'organisation n'apparaît pas seulement à cause de défaillances du marché, mais qu'elle possède une efficacité

propre. Les évolutionnistes considèrent que ce qui fait l'essence de l'entreprise, ce sont ses compétences appréhendées au niveau de l'organisation. L'entreprise est conçue comme un **lieu d'agencement, de construction, de sélection et d'entretien des compétences**.

> **EXEMPLE**
>
> L'entreprise Mercedes est réputée pour la qualité de ces véhicules haut de gamme, alors que Renault est reconnue pour sa capacité à produire des petits véhicules bon marché. Il ne s'agit pas d'une supériorité du constructeur allemand, mais bien de deux compétences différentes. En effet, Mercedes, avec sa filiale Smart, n'a pas réussi à construire des véhicules de petite taille à des prix compétitifs et Renault a le plus grand mal à produire des véhicules haut de gamme de qualité. Les deux constructeurs se sont d'ailleurs alliés. Les nouvelles Smart bénéficieront du savoir-faire Renault dans les petits véhicules, tandis que certaines berlines Nissan (alliée de Renault) seront élaborées à partir de plateformes Mercedes.

Le texte fondateur est l'ouvrage de Nelson et Winter en 1982, *An Evolutionary Theory of Economic Change*. L'analyse évolutionniste utilise une analogie avec la biologie, et notamment avec le schéma darwinien de l'évolution des espèces. L'idée centrale est que les entreprises peuvent reproduire leur compétence en s'appuyant sur des **routines** qui sont aux entreprises ce que les gènes sont aux espèces.

Le terme de routine renvoie à l'idée de quelque chose que l'on fait quotidiennement, sans avoir besoin de réfléchir. L'analogie porte sur la routine en informatique, c'est-à-dire un **sous-programme** existant, que l'on sollicite pour exécuter une tâche. Ce sont des « modèles » qui guident l'activité. Les routines sont utilisées par les membres d'une organisation sans qu'ils en aient conscience, de façon automatique. Elles sont donc généralement tacites et difficiles à imiter.

> **EXEMPLE**
>
> Une routine, lors de la conception d'une pièce d'un nouveau véhicule, peut être de ne pas chercher à faire mieux que les concurrents en innovant, mais de partir d'un budget maximal très limité pour orienter toute la conception du véhicule vers des économies maximales pour une qualité donnée. C'est le principe du *design to cost* adopté par Dacia.

Les routines incorporent les connaissances produites par les membres de l'organisation. Elles réduisent les connaissances nécessaires pour chaque individu. Elles contiennent notamment les règles de l'organisation (relatives à la division et à la coordination de l'activité, à la circulation de l'information), les normes de comportements, les savoir-faire et les compétences individuelles, ainsi que les technologies considérées comme des innovations incrémentales, en grande partie tacites et spécifiques.

Ces routines sont le cadre de l'apprentissage des individus, mais incorporent également le résultat de cet apprentissage.

EXEMPLE

Dans une papeterie, une machine à papier peut avoir plus de cinquante ans et être encore performante. Elle est rénovée par parties, et il n'y a peut-être plus une seule pièce commune avec la machine d'origine. Les différentes innovations sont incorporées progressivement dans la machine.

Les routines se transmettent par socialisation, éducation, imitation, codification ou acquisition. À la différence de la biologie, le mode de changement est interne et non aléatoire et c'est l'environnement de l'entreprise (économique, financier, politique, etc.) qui sélectionne les routines.

ENTRAÎNEMENT

QCM

Choisissez, parmi les propositions suivantes, la ou les bonne(s) réponse(s).

1. **La théorie néoclassique du producteur :**
   a. permet de comprendre comment est organisée une entreprise.
   b. n'a pas pour objectif de comprendre le fonctionnement d'une entreprise.
   c. est conforme au principe de l'individualisme méthodologique.

2. **Dans la théorie des coûts de transaction :**
   a. le marché est parfois inefficace.
   b. l'entreprise est plus efficace que le marché.
   c. l'utilisation du marché est coûteuse.

3. **Pour Williamson, les agents économiques peuvent avoir un comportement opportuniste lors d'une transaction :**
   a. parce qu'ils ne sont pas rationnels.
   b. parce qu'ils ont de mauvaises intentions.
   c. parce qu'ils sont rationnels, mais que le contrat est nécessairement incomplet.

4. **La spécificité d'un actif dans une transaction :**
   a. dépend de son prix ainsi que des variations du prix.
   b. est importante quand une des deux parties investit et que l'investissement n'est pas récupérable dans une autre transaction.
   c. est importante quand une des deux parties investit et que l'investissement peut être revendu sur le marché de l'occasion.

5. **Considérer l'entreprise comme un nœud de contrat revient à dire :**
   a. que le fonctionnement de l'entreprise est complexe.
   b. que l'entreprise permet d'éviter les coûts de transaction.
   c. que l'entreprise est une forme de marché.

6. **La compétence dans la théorie évolutionniste :**
   a. est détenue par les individus.
   b. est une caractéristique de l'environnement.
   c. est une caractéristique de l'entreprise.

7. **Dans une organisation, une routine :**
   a. peut permettre d'avoir un avantage sur les concurrents.
   b. empêche les individus de réfléchir.
   c. est inscrite dans les documents stratégiques de l'entreprise.

ENTRAÎNEMENT

EXERCICES

1. La spécificité des actifs dans une transaction

Indiquez le niveau de spécificité (faible, intermédiaire ou forte) des actifs suivants.

Achat de sable par une entreprise de BTP en prévision de la construction d'un opéra	
Apprentissage de l'anglais en cours du soir par un salarié suite à une embauche dans une entreprise tournée vers l'export	
Achat de blocs de béton par une entreprise de BTP livrés sur le chantier d'une université	
Acquisition d'un moule utilisé par un sous-traitant automobile pour produire une pièce en plastique utilisée par un seul constructeur	
Investissement dans une chaîne de production de pneus destinés au SUV d'un constructeur allemand	
Achat d'un véhicule par un salarié résidant en centre-ville suite à son embauche dans une entreprise située en périphérie (le salarié n'a pas besoin de voiture à titre personnel)	
Achat d'un smartphone par une entreprise pour un salarié en période d'essai	
Construction des fondations d'un nouvel amphithéâtre pour une université	

2. Les théories des coûts de transaction, de l'agence et évolutionniste accordent-elles le même rôle au marché ?

CORRIGÉS DES QCM

1. b. La théorie du producteur cherche à modéliser les réactions d'un individu rationnel face aux variations des prix dans un environnement sans incertitude. Elle ne s'intéresse pas du tout au fonctionnement de l'entreprise, et l'assimilation de l'entreprise à un individu contrevient au principe de l'individualisme méthodologique.

2. c. Pour Coase, le marché est un mécanisme efficace pour utiliser correctement les facteurs de production, mais son utilisation a un coût. Quand ce coût est trop important, un individu rationnel peut avoir intérêt à utiliser d'autres mécanismes de coordination : ceux de l'entreprise.

3. c. Pour Williamson, les agents économiques sont rationnels, mais cette rationalité est limitée, ce qui fait que les contrats signés sont nécessairement incomplets. Rationnellement, les individus essaient de tirer avantage de cette incomplétude.

CORRIGÉS

4. b. La spécificité de l'actif est importante quand l'investissement ne peut pas être utilisé en dehors de la transaction en cours. Un marché de l'occasion permet de se désengager de l'investissement, en cédant par exemple une machine si le client ne commande plus le produit qu'elle fabrique.

5. c. La notion de nœud de contrat suppose que l'entreprise n'est pas une organisation en tant que telle, mais qu'elle réunit des relations marchandes particulières qui ont lieu en cas d'asymétrie d'information.

6. c. Dans l'approche évolutionniste, ce qui distingue les entreprises, ce sont leurs compétences analysées au niveau de l'organisation. Les compétences individuelles font partie des routines.

7. a. La routine étant tacite, elle est très difficile à imiter, et elle peut donc constituer un avantage concurrentiel durable.

CORRIGÉS DES EXERCICES

1 La spécificité des actifs dans une transaction

Indiquez le niveau de spécificité des actifs suivants (faible, intermédiaire ou forte)

Actif	Niveau de spécificité	Explication
Achat de sable par une entreprise de BTP en prévision de la construction d'un opéra.	Faible	L'entreprise pourra utiliser ce sable pour un autre chantier.
Apprentissage de l'anglais en cours du soir par un salarié suite à une embauche dans une entreprise tournée vers l'export.	Faible	Même si le salarié quitte l'entreprise, les compétences acquises en anglais lui seront sans doute utiles dans sa carrière, mais également à titre personnel.
Achat de blocs de béton par une entreprise de BTP livrés sur le chantier d'une université	Intermédiaire	Si les blocs ne sont pas utilisés, ils pourront sans doute être repris par le fournisseur, mais le coût de transport élevé ne pourra pas être récupéré.
Acquisition d'un moule utilisé par un sous-traitant automobile pour produire une pièce en plastique utilisée par un seul constructeur.	Forte	Si le constructeur automobile arrête ses commandes de pièces, l'investissement ne pourra pas être réutilisé.
Investissement dans une chaîne de production de pneus destinés au SUV d'un constructeur allemand	Faible	La machine pourra être utilisée pour produire des pneus pour d'autres véhicules.

Actif	Niveau de spécificité	Explication
Achat d'un véhicule par un salarié résidant en centre-ville suite à son embauche dans une entreprise située en périphérie (le salarié n'a pas besoin de voiture à titre personnel).	Intermédiaire	Si le salarié quitte l'entreprise ou n'est pas embauché après sa période d'essai, il pourra revendre sa voiture, mais il risque de perdre en la revendant et ne récupérera pas les frais d'immatriculation.
Achat d'un smartphone par une entreprise pour un salarié en période d'essai.	Faible	Si le salarié n'est pas embauché, ce smartphone pourra être réutilisé pour un autre salarié.
Construction des fondations d'un nouvel amphithéâtre pour une université.	Forte	Une fois les fondations construites, elles ne sont pas récupérables. Williamson montre que dans ce type de cas les deux parties ont intérêt à la poursuite de la transaction et font en général appel à un tiers pour arbitrer un éventuel conflit.

2 Les théories des coûts de transaction, de l'agence et évolutionniste accordent-elles le même rôle au marché ?

Dans les théories des coûts de transaction et dans la théorie de l'agence, les mécanismes marchands sont supposés efficaces dans des conditions de concurrence pure et parfaite, et l'entreprise n'existe qu'à cause des imperfections des conditions du marché. Dans le cas de la théorie des coûts de transaction, ce sont les coûts d'utilisation du marché qui justifient l'existence de l'entreprise. Pour la théorie de l'agence, ce sont les asymétries d'information qui justifient des contrats particuliers.

Dans la théorie évolutionniste, le marché est un élément de sélection parmi d'autres, et l'entreprise existe parce qu'elle permet de faire quelque chose que le marché ne sait pas faire : produire des compétences organisationnelles supportées par des routines.

Les configurations organisationnelles de Mintzberg comme proposition de synthèse

FICHE 11

NOTIONS CLÉS

✓ Cadre théorique de synthèse
✓ Les éléments fondamentaux d'une organisation
✓ Le principe des configurations organisationnelles
✓ Mécanismes de coordination
✓ Les configurations organisationnelles de base
✓ Formes hybrides d'organisation

I. Un cadre théorique de synthèse

Les travaux de Henri Mintzberg ne doivent pas être compris comme « une théorie de plus » dans le domaine des organisations. Ils se distinguent en effet par le fait de proposer une grille de lecture théorique permettant **d'intégrer et d'articuler un grand nombre de propositions théoriques antérieures ou contemporaines à ses travaux**.

Par exemple, certains des mécanismes de coordination organisationnelle qu'il mobilise sont très proches de l'organisation taylorienne, alors que d'autres peuvent être assimilés à l'école des relations humaines. De la même façon, Mintzberg s'appuie assez largement sur les résultats des théories de la contingence ou sur ceux de l'analyse systémique.

Par ailleurs, sa **grille de lecture théorique est modulaire**, ce qui lui a permis de la faire évoluer au cours du temps, soit en ajoutant des éléments nouveaux, soit en l'affinant (en ce qui concerne la question du pouvoir dans les organisations, en particulier).

Ces caractéristiques expliquent assez largement le succès des travaux de Mintzberg au niveau des théoriciens, mais aussi au niveau des managers. Ceux-ci permettent en effet d'expliquer la coexistence de plusieurs types d'organisations, et donnent, dans chaque cas de figure, des **clés pour l'analyse et pour l'action**.

II. Un « meccano » conceptuel qui conduit à repérer différentes configurations théoriques

A Les configurations comme combinaisons d'attributs organisationnels

Mintzberg propose d'analyser l'infinie variété des organisations concrètes à partir d'un nombre restreint de **configurations organisationnelles**.

Chaque configuration est une **combinaison spécifique** d'attributs organisationnels, qui sont essentiellement : les parties internes, les mécanismes de coordination, les paramètres de conception et les facteurs de contingence.

Figure 11.1. Des attributs organisationnels aux configurations

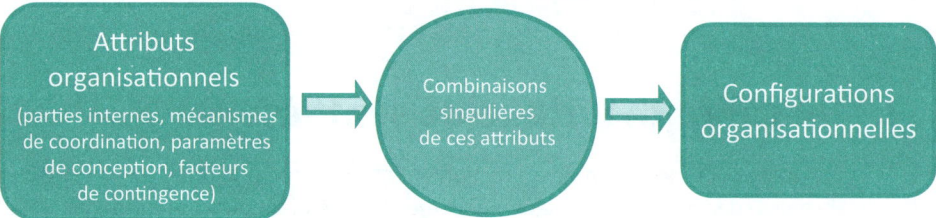

B La nature des configurations organisationnelles

Les configurations **ne sont pas des modèles d'organisation normatifs ou idéaux**, c'est-à-dire des recettes managériales qu'il faudrait appliquer à la lettre pour être plus performant. Ce sont des simplifications de la réalité, des caricatures, qui n'ont pas vocation à être formellement fidèles aux organisations telles qu'elles sont observées dans la réalité.

Par contre, les configurations organisationnelles permettent de **réduire l'extrême diversité des organisations concrètes à un petit nombre de cas typiques** (cinq cas principaux, comme nous le verrons ci-dessous). Il s'agit d'une aide considérable pour le management, car chaque configuration type recèle ses logiques de fonctionnement et ses propres règles de cohérence.

Par ailleurs, il est possible qu'une organisation reflète à un même moment les caractéristiques relevant de plusieurs configurations types. On parle alors de **configurations**

hybrides, qui peuvent correspondre à des périodes transitoires, observables dans des périodes de mutation, lorsque les organisations passent d'un type de configuration à un autre.

Armé de cette grille de lecture, le manager peut identifier la configuration la plus proche de sa propre organisation, en déduire les principes de fonctionnement dominants, concevoir un management adapté à ce type de configuration, et imaginer des stratégies progressives pour passer d'un type de configuration à un autre.

Figure 11.2. L'intérêt des configurations organisationnelles pour le management

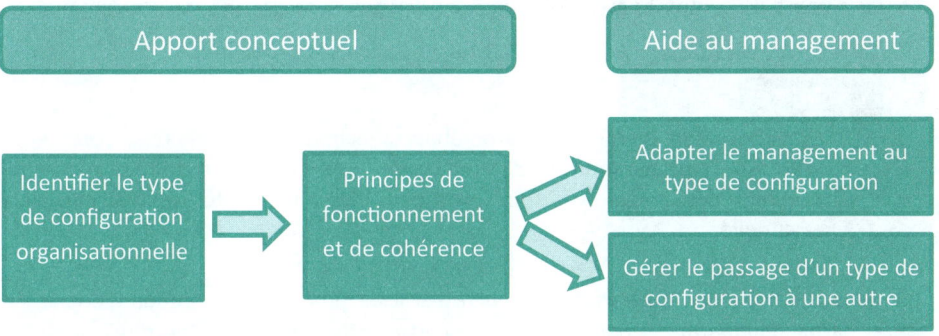

III. Les six parties internes d'une organisation

Toute organisation est composée de six éléments fondamentaux qu'il faut identifier, présentés dans le tableau suivant.

Tableau 11.1. Les six parties internes de l'organisation

Sommet stratégique	Les décideurs principaux, qui établissent la stratégie, décident des activités et du périmètre de l'organisation, et en assurent la coordination
Ligne hiérarchique	L'ensemble des niveaux de **délégation de l'autorité**, du sommet stratégique au centre opérationnel
Centre opérationnel	Les membres de l'organisation qui **produisent directement** le bien ou le service
Technostructure	Les spécialistes qui établissent les modalités d'exécution, de **planification** et de **contrôle du travail** de production.
Support logistique	Les membres de l'organisation chargés de fournir différents **services internes**, comme les ressources humaines, la communication, les services juridiques
Idéologie	Ensemble des **croyances**, **traditions** et **valeurs** de l'organisation

11. Les configurations organisationnelles de Mintzberg comme proposition de synthèse

Dans la grande majorité des organisations, ces six éléments fondamentaux coexistent simultanément, même s'ils ne sont pas représentés explicitement par des services apparaissant formellement dans l'organigramme.

> **EXEMPLE**
>
> Dans une PME, il n'y a en général pas de service dédié à la communication. Pourtant, cette activité relevant du « support logistique » est bien prise en charge, par exemple par le dirigeant lui-même.

La plupart du temps également, l'une des parties sera dominante par rapport aux autres.

> **EXEMPLE**
>
> Dans une usine de montage automobile, la technostructure est très présente, car le travail de préparation de la production (conception des processus, des équipements, des modes opératoires, des contrôles qualité, etc.) occupe une place essentielle.

Dans l'analyse des organisations concrètes, il est important de repérer quelle est la partie dominante ; c'est souvent par cette entrée que l'on identifie le type de configuration.

IV. Les mécanismes de coordination

Par essence, les organisations opèrent une division de l'activité : chaque membre de l'organisation exerce une petite partie de l'activité globale. Celle-ci a donc besoin d'être coordonnée pour former un ensemble cohérent. Une organisation est donc par définition un **lieu de division et de coordination du travail**.

La coordination peut, selon Mintzberg, s'opérer par six moyens principaux, comme le montre le tableau ci-dessous.

Tableau 11.2. Les six mécanismes de coordination

Type de coordination	Dénomination	Vecteurs de coordination
Coordination par les relations interpersonnelles	Ajustement mutuel	Relations informelles entre les individus
	Supervision directe	Ordres et instructions hiérarchiques

Type de coordination	Dénomination	Vecteurs de coordination
Coordination par la standardisation	Standardisation par les procédés	Modes opératoires stabilisés
	Standardisation par les résultats	Attribution d'objectifs spécifiés à chaque unité ou chaque individu
	Standardisation par les qualifications	Identités professionnelles marquées qui établissent des « façons de faire » communes
	Standardisation par les normes	Normes et valeurs qui dictent les comportements

Comme pour les parties internes de l'organisation, tous ces mécanismes coexistent au sein d'une organisation, mais, en général, on peut identifier un **mécanisme de coordination dominant**.

> **EXEMPLE**
>
> Dans certains centres d'appels téléphoniques, les téléopérateurs contactent les clients en suivant des scripts très précis. On peut parler de coordination par la standardisation des procédés. Dans une école primaire, chaque enseignant a une liberté relative dans sa façon de conduire sa classe ; l'activité de l'école reste cohérente, parce que chaque enseignant a suivi la même formation et agit globalement selon les mêmes méthodes et les mêmes principes. On peut parler de coordination par la standardisation des qualifications. Chez un artisan chauffagiste, chaque matin, les ouvriers prennent leurs instructions auprès de leur chef d'équipe. On peut parler de coordination par supervision directe.

V. Les paramètres de conception et les éléments de contexte

En plus des parties internes et des mécanismes de coordination, Mintzberg estime que les organisations doivent aussi s'analyser différemment selon la manière dont elles sont conçues (ce qu'il appelle les paramètres de conception) et selon les contextes dans lesquels elles évoluent.

En ce qui concerne les **paramètres de conception**, il s'agit essentiellement de rendre compte du niveau de spécialisation du travail, du découpage plus ou moins prononcé en unités différenciées, ou encore du degré de centralisation ou de décentralisation des processus de prise de décision.

En ce qui concerne le **contexte**, Mintzberg reprend largement les travaux des théories de la contingence structurelle, en considérant que l'âge, la taille, la technologie ou

encore les caractéristiques de l'environnement jouent sur la structure des organisations (fiches 5 et 6). L'analyse des différentes formes de pouvoir qui peuvent s'exercer sur l'organisation (pouvoirs publics, opinion, syndicats, associations, etc.) intègre également le contexte des organisations.

VI. Des attributs aux configurations : l'assemblage du « meccano » organisationnel

Les parties internes de l'organisation – les mécanismes de coordination, les paramètres de conception et les éléments de contexte – constituent les **attributs organisationnels**. Une **configuration organisationnelle** peut être définie, au sens de Mintzberg, comme une combinaison stable des attributs.

En pratique, la complexité des phénomènes organisationnels réels peut être résumée par **un nombre limité de configurations types**.

Tableau 11.3 : Les cinq configurations types de base

Nom	Partie interne dominante	Caractéristiques principales	Exemples
Organisation entrepreneuriale	Sommet stratégique	Organisations plutôt jeunes et de petite taille. Supervision directe. Centralisation.	Une PME
Organisation mécaniste	Technostructure	Organisations généralement âgées et de grande taille. Standardisation des procédés. Hiérarchie développée.	Usine d'assemblage à grande échelle
Organisation divisionnalisée	Ligne hiérarchique	Organisations généralement âgées et de grande taille. « Balkanisation » de l'organisation en unités distinctes, chacune étant contrôlée par une standardisation des résultats.	Une firme multinationale organisée par métiers, par produits ou par marchés.
Organisation professionnelle	Centre opérationnel	Forte décentralisation du pouvoir. Standardisation par les qualifications, forte autonomie des salariés du centre opérationnel.	Une société de service informatique
Organisation innovatrice	Support logistique	Organisations souvent jeunes. Coordination par ajustement mutuel, équipes pluridisciplinaires, importance de la recherche. Environnement complexe.	Un laboratoire de recherche, une start-up

À ces cinq configurations de base s'ajoute l'**organisation missionnaire**, dont le fonctionnement repose sur les croyances et les valeurs (exemple du monastère, ou bien d'une association qui organise des événements culturels) et l'**organisation politisée** (sans hiérarchie spécifique et gouvernée par des jeux de pouvoir permanents).

Les configurations types permettent de classer les organisations, de concevoir des approches managériales spécifiques et des outils de gestion adaptés à chaque type de configuration.

ENTRAÎNEMENT

QCM

Choisissez, parmi les propositions suivantes, la ou les bonne(s) réponse(s).

1. **L'approche par les configurations organisationnelles :**
   a. s'oppose au taylorisme.
   b. s'oppose à l'école des relations humaines.
   c. ne s'oppose à aucune de ces deux approches.

2. **Les configurations types sont :**
   a. des modèles de gestion.
   b. des modes managériales.
   c. des organigrammes.
   d. des outils d'analyse.
   e. des aides au management.

3. **Une configuration hybride correspond à une organisation :**
   a. incohérente.
   b. en situation de changement organisationnel.
   c. positionnée sur des marchés différents.

4. **Une organisation peut comporter :**
   a. une seule partie interne.
   b. systématiquement six parties internes.
   c. jusqu'à six parties internes.

5. **On peut parler de ligne hiérarchique :**
   a. à partir d'un échelon hiérarchique.
   b. à partir de deux échelons hiérarchiques.
   c. à partir de cinq échelons hiérarchiques.
   d. sans référence au nombre d'échelons hiérarchiques.

6. **L'ajustement mutuel désigne une forme de coordination dans laquelle :**
   a. les membres de l'organisation ajustent spontanément leur comportement au comportement des autres membres.
   b. chacun fait ce qu'il veut.
   c. les salariés du centre opérationnel s'ajustent spontanément à leur chef.

7. **Une organisation missionnaire est une configuration :**
   a. purement théorique qui n'existe pas dans la réalité.
   b. qui désigne exclusivement les ordres religieux.
   c. qui peut se retrouver dans le secteur concurrentiel.

ENTRAÎNEMENT

EXERCICES

1 **La démarche qualité dans les hôpitaux**

Voici un texte repris et adapté d'un article d'A. Fourcade, praticien hospitalier, paru en juin 2001 dans la revue ADSP :

« La démarche qualité dans les hôpitaux s'appuie sur différentes procédures : les référentiels, l'autoévaluation, l'audit... La formation continue permet d'accompagner le développement d'une culture qualité. Le système de santé est entré dans une période de réformes depuis les années quatre-vingt-dix. La nécessité de transparence et de sécurité a été renforcée notamment par les affaires de sécurité sanitaire. Depuis l'ordonnance no 96-346 du 24 avril 1996, la tendance s'est renforcée par l'obligation pour les établissements de rentrer dans une procédure d'accréditation où la qualité de l'établissement sera appréciée par un organisme externe. Les agences régionales d'hospitalisation ont élargi les critères d'attribution des budgets pour mieux prendre en compte la qualité des soins offerts aux patients. La sécurité et la qualité constitueront ainsi un des objectifs des contrats pluriannuels conclus avec les ARH (art. L. 710-16-1). Enfin, l'évolution récente de la jurisprudence en matière de responsabilité médicale et la pression de certains médias obligent les établissements de santé à une plus grande transparence sur les moyens mis en œuvre pour prévenir les risques et assurer la qualité des soins. En conséquence, les établissements sont quasiment dans l'obligation de mettre en œuvre une démarche qualité interne pour répondre à ces nouvelles contraintes. Les objectifs de ces démarches qualité se rejoignent tous sur l'objectif ultime, à savoir modifier la façon dont l'organisation opère et cela dans l'intérêt des patients. L'intérêt des patients se modifiant en fonction de leur évolution culturelle, de l'évolution de l'offre de soins et surtout des progrès médicaux et technologiques, l'organisation doit être en constant changement. »

Comment interpréter l'introduction des démarches qualité à l'hôpital en termes de configurations organisationnelles ?

2 **Peut-on facilement s'appuyer sur l'analyse en termes de configurations organisationnelles dans des situations concrètes de management ?**

CORRIGÉS DES QCM

1. c. Le cadre théorique de Mintzberg a vocation à intégrer différentes approches, dont certaines paraissent *a priori* antagonistes. Mintzberg les rend compatibles en différenciant les configurations. Dans une organisation mécaniste, les principes de l'organisation scientifique du travail sont de fait appliqués. Dans une organisation innovatrice, certains principes de l'école des relations humaines peuvent être développés de manière tout à fait pertinente.

CORRIGÉS

2. d. e. Les configurations sont des outils analytiques permettant de repérer les grandes familles d'organisation, leur composition et leurs principes de fonctionnement. Partant de là, elles peuvent aider les décideurs à concevoir les grandes lignes du management et leurs approches du changement organisationnel.

3. a. b. Une configuration hybride correspond à une organisation qui emprunte ses caractéristiques à plusieurs configurations types. Cela peut être une situation incohérente si ces emprunts sont durables et contradictoires. Par exemple, une standardisation par les procédés peut être très mal prise et très inefficace lorsqu'on s'adresse à des professionnels qualifiés et expérimentés. Mais cela peut correspondre à des mutations organisationnelles. Par exemple, une start-up qui se développe peut souhaiter passer d'une coordination par ajustement mutuel à une coordination par standardisation des résultats. Les deux systèmes peuvent donc coexister temporairement, mais ce processus doit faire l'objet d'une attention très serrée de la part du management.

4. b. Toutes les organisations peuvent être décrites à partir des six parties internes présentées par Mintzberg. En revanche, il y a de très grandes différences dans leur importance relative, et souvent une partie interne domine les autres. Par exemple, dans les organisations mécanistes, la technostructure est dominante, mais toutes les autres parties sont également présentes.

5. d. On parle ici de ligne hiérarchique pour désigner le processus de délégation d'autorité. Elle peut donc exister sans que soient formalisés des échelons hiérarchiques. Par exemple, il y a bien une ligne hiérarchique dans une PME où l'autorité s'exerce directement et de manière arbitraire par le dirigeant-propriétaire.

6. a. Par ajustement mutuel, on entend le fait que chacun observe le comportement des autres et en tient compte spontanément pour son propre comportement et dans ses propres décisions. Pour que ce soit possible, il faut que l'objectif de l'organisation soit clair et partagé, puisque c'est lui qui sert de guide à l'ajustement des comportements et des décisions. Par exemple, des pompiers en intervention vont certes respecter scrupuleusement les consignes et les ordres, mais seront aussi capables d'adapter leurs actions à celles de leurs coéquipiers, car l'objectif de sauvetage ou de sécurité constitue un repère clair et partagé.

7. c. Les configurations missionnaires sont celles où la coordination se fait par la standardisation des normes et des valeurs. Beaucoup d'associations peuvent fonctionner sur ce modèle, dans les domaines artistiques, de l'humanitaire ou de l'environnement. Certaines entreprises essaient aussi de mettre en place un management par les valeurs, pour substituer des références communes à des règles formalisées. C'est le cas par exemple de l'entreprise « Michel et Augustin », comme en témoigne largement son site internet (http://www.micheletaugustin.com/), qui met en avant de manière systématique les notions de collaboration, de qualité et de convivialité.

CORRIGÉS DES EXERCICES

1. La démarche qualité dans les hôpitaux

L'introduction des démarches qualité dans les hôpitaux peut s'analyser ici sous l'angle externe et sous l'angle interne. Sous l'angle externe, ce texte montre à quel point les pouvoirs extérieurs à l'hôpital créent un contexte dont l'influence s'exerce jusqu'au cœur de ses rouages opérationnels. Les pouvoirs publics, à travers la préoccupation budgétaire, les pouvoirs judiciaires, à travers les suites des affaires de sécurité sanitaire, ou le pouvoir de la société, à travers l'intensification de l'exigence de transparence, agissent comme de puissants leviers de changement en faveur de l'introduction des démarches qualité. Par ailleurs, cet article pointe aussi le rôle de la technologie et des progrès médicaux, qui, pour être maîtrisés, doivent s'accompagner de protocoles à la fois précis et évolutifs. Il s'agit donc ici d'une parfaite illustration de ce que Mintzberg appelle les facteurs de contexte (en l'occurrence, le pouvoir et la technologie).

Sous l'angle interne, le déploiement des démarches qualité se traduit par une intensification de la standardisation par les procédés : procédures, protocoles, référentiels, autoévaluation et audit interne font désormais partie de l'univers médical. En ce sens, cette évolution conduit à analyser les hôpitaux comme des organisations mécanistes. Cela génère une hybridation plus ou moins bien assumée car, s'agissant du domaine médical, la standardisation par les qualifications reste éminemment forte. La question managériale est donc de savoir gérer cette contradiction potentielle entre d'une part le poids des procédures et d'autre part l'importance de l'expertise des professionnels de santé.

2. Peut-on facilement s'appuyer sur l'analyse en termes de configurations organisationnelles dans des situations concrètes de management ?

L'analyse en termes de configurations organisationnelles est très utile au management, car elle permet d'une part de différencier les approches en fonction des types d'organisation et d'autre part d'éclairer et de décoder les propriétés d'une organisation à partir de l'analyse de ses différents attributs.

Néanmoins, sa transposition aux pratiques professionnelles n'est pas toujours évidente. En premier lieu, parce que les formes concrètes d'organisation s'avèrent extrêmement variées et particulièrement « hybridées ». Ensuite, parce que la volonté de concevoir une approche théorique cumulative et intégrative peut donner le sentiment d'un empilement de catégories, concepts, niveaux et mécanismes, dont la mise en œuvre s'avère lourde et fastidieuse. Enfin, parce que le niveau d'abstraction crée une distance importante avec les acteurs de l'organisation, leurs logiques, leurs motivations et leurs caractéristiques individuelles et sociologiques.

Partie III

Les transformations organisationnelles contemporaines

L'organisation *lean*

FICHE 12

NOTIONS CLÉS

✓ Amélioration continue
✓ Juste à temps
✓ Toyotisme

I. Les fondements du *lean*

A Du *Toyota Production System* au *lean management*

Les principes du *lean management*, qui sont largement utilisés dans l'industrie et semblent s'imposer progressivement dans les services, sont liés à l'histoire du constructeur automobile japonais Toyota ; au point que l'on parle parfois de **toyotisme** pour désigner ce mode d'organisation. Quand cette entreprise qui fabrique des métiers à tisser décide de se lancer dans la production automobile, elle se heurte à un marché intérieur de taille très limitée. Alors que Ford produit à l'époque 7 000 voitures par jour, moins de 2 000 voitures sont vendues chaque année au Japon. Il est donc impossible pour Toyota de miser sur les économies d'échelle pour réduire ses coûts de production. La solution suppose de mettre en place une organisation permettant de **faire des économies tout en produisant des petites séries** et de développer les ventes à l'exportation.

À partir de 1948, l'ingénieur maison Taiichi Ohno met progressivement en place les bases de ce qui deviendra le *Toyota Production System* (TPS). Les principes du TPS vont permettre à Toyota de devenir un des plus grands constructeurs automobiles au monde, devançant les constructeurs américains. Ce succès va faire du constructeur japonais une référence pour tous les autres constructeurs, qui vont plus ou moins adroitement copier le TPS à partir des années 1980. En 1990, l'ouvrage de James Womack, Daniel Jones et Daniel Roos *Le système qui va changer le monde* a sans conteste joué un puissant rôle d'accélérateur, en montrant, statistiques à l'appui, la supériorité du TPS par rapport à la production de masse. Ce sont eux qui vont populariser l'expression *lean production* (production allégée ou production au plus juste), qui est considérée par de nombreuses entreprises comme l'essence du modèle japonais.

B Les principes centraux du *lean*

Le *lean* est un système d'organisation de l'entreprise qui a longtemps été assez peu formalisé. On peut synthétiser ce système autour de deux principes centraux : le juste à temps et l'amélioration continue.

Le **juste à temps** (ou flux tendus) consiste à ne produire que les quantités demandées par les consommateurs. Il ne s'agit pas seulement de réduire les stocks, mais de renverser la logique des flux. Alors que les grandes entreprises américaines vendent les voitures qu'elles ont produites à grande échelle, Toyota va produire des petites séries en fonction de la demande finale. On parle de flux poussé par l'amont pour le modèle américain et de flux tiré par l'aval pour Toyota. L'organisation doit alors favoriser la flexibilité, c'est-à-dire qu'il est plus important de s'adapter rapidement que d'avoir une productivité importante.

Le deuxième principe est complémentaire. Pour réduire les coûts sur de petites séries, tout doit être fait pour éviter les gaspillages (*Muda* en japonais), et cela passe par une **amélioration continue** du processus de production (*Kaizen*), dans le but d'obtenir la qualité du premier coup. Les opérateurs et les managers de proximité participent à cette amélioration continue. Ils doivent faire des suggestions et se voient confier les opérations de maintenance les plus simples. Le travail en groupe est favorisé ainsi que l'autonomie des équipes, qui doivent donner la priorité à la résolution des problèmes, quitte à arrêter les machines quand des défauts sont détectés.

> **ATTENTION**
> L'amélioration de la qualité ne doit pas être confondue avec une amélioration des caractéristiques du produit. C'est le processus de production qui est amélioré par la traque des gaspillages.

Ohno identifie 7 formes de gaspillages :
— la surproduction ;
— les temps d'attente ;
— les stocks inutiles ;
— les gestes inutiles des opérateurs ;
— les transports et manutentions inutiles ;

— la surqualité (produire au-delà des attentes du client) ;
— les productions défectueuses.

II. Les outils du *lean*

La mise en place d'une organisation *lean* prend appui sur un grand nombre d'outils dont nous ne présenterons que les principaux.

A Le *Kanban*

Le *Kanban* (étiquette en japonais) est l'outil permettant de renverser la logique des flux pour aboutir au juste à temps. Ohno s'est inspiré du fonctionnement des supermarchés américains. En rayon, une étiquette est présente derrière les produits, et quand un client prend le dernier produit avant l'étiquette, le gestionnaire de rayon doit mettre en rayon la quantité de produits telle qu'indiquée sur l'étiquette. Transposé dans une usine automobile, cela donne : les pièces à monter sont **rassemblées dans des bacs** avec une étiquette indiquant le **type de pièces, leur nombre, l'atelier de fabrication et celui de destination**. Quand un opérateur de l'atelier utilisant la pièce termine un bac, l'étiquette sert de bon de commande à destination de l'atelier de fabrication. La production n'est pas planifiée, c'est l'aval (atelier client) qui déclenche la production au plus juste en amont. Cette commande va entraîner d'autres productions en amont ; le flux d'informations porté par les étiquettes remonte le flux de la production.

Figure 12.1. La méthode de gestion de la production Kanban

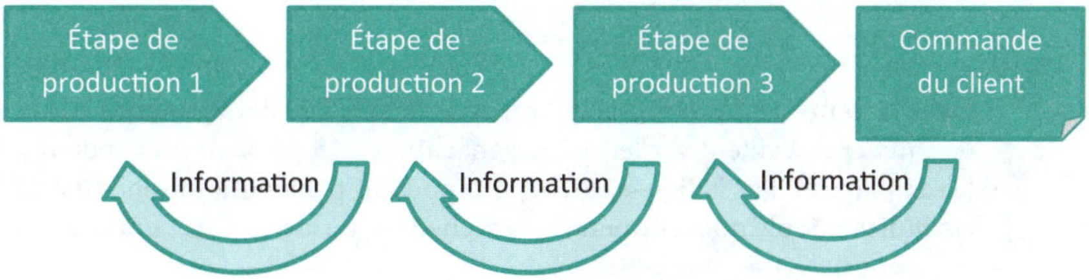

B La production en îlots

De façon à réduire les temps d'inutilisation des machines, à faciliter les prises de décision au plus proche du terrain et à limiter les stocks intermédiaires, la production est organisée en îlots. Dans une organisation traditionnelle, les machines sont regroupées par étape de production, alors que dans une organisation en îlots, **des équipes de production semi-autonomes gèrent plusieurs étapes de production**.

Figure 12.2. L'organisation des ateliers en îlots

(a) Organisation classique

Atelier 1	Atelier 2	Atelier 3
Machine 1 Machine 1 Machine 1	Machine 2 Machine 2 Machine 2	Machine 3 Machine 3 Machine 3

(b) Organisation en îlots

Îlot A	Îlot B	Îlot C
Machine 1 Machine 2 Machine 3	Machine 1 Machine 2 Machine 3	Machine 1 Machine 2 Machine 3

L'organisation classique est mieux adaptée aux grandes séries. Elle permet de bénéficier des économies d'échelle, mais des stocks intermédiaires se constituent entre les ateliers. Les opérateurs n'ont besoin de connaître qu'une seule étape de la production et les agents de maintenance peuvent se spécialiser sur un seul type de machine. L'organisation en îlots est plus contraignante, parce qu'elle suppose plus de polyvalence de la part des opérateurs, qui doivent être capables de conduire plusieurs machines.

> **EXEMPLE**
>
> Dans la figure 12.2a, si un salarié est absent dans l'atelier 2, tous les autres salariés de l'atelier travaillent sur les mêmes machines 2, et peuvent donc potentiellement le remplacer. Dans la figure 12.2b, pour pouvoir pallier une absence dans l'îlot B, il est indispensable que les opérateurs sachent se servir de plusieurs machines.

En revanche, l'organisation en îlots génère des **situations d'apprentissage** beaucoup plus nombreuses et facilite une compréhension plus vaste de la production par les opérateurs et techniciens. Elle favorise l'adaptation à des productions différentes et elle est donc plus adaptée aux petites séries. Cette organisation ne peut être efficace que si les temps de changement d'une série à l'autre sont faibles. Cela passe par les techniques du **SMED** (*single minute exchange of die*), basées sur l'utilisation de la vidéo, des opérations faites au maximum avant le changement d'outil, la mise en place de dispositifs de fixation rapide ou la standardisation des outils.

C Le management par la qualité

L'organisation *lean* ne peut parvenir à concilier flexibilité et faibles coûts qu'en évitant les gaspillages par un management efficace de la qualité. Les objectifs de ce management sont résumés par les « **cinq zéros** » :
— zéro panne (fiabilité des installations) ;
— zéro défaut (qualité des produits) ;
— zéro stock (réduction des stocks de fabrication) ;
— zéro papier (élimination des lourdeurs administratives) ;
— zéro délai (élimination des retards).
Ces « cinq zéros » ne peuvent devenir réellement des buts que si l'organisation est entièrement orientée vers leur atteinte.

> **EXEMPLE**
>
> Dans l'organisation classique de la figure 12.2a, en cas de panne d'une machine, les trois autres machines continuent à fonctionner, et il est possible de piocher dans les stocks intermédiaires. Dans l'organisation lean de la figure 12.2b, une machine en panne bloque très rapidement la production de tout l'îlot. Cette organisation plus fragile fait que la réduction du nombre de pannes n'est pas un simple slogan ou un objectif parmi d'autres, mais une contrainte forte.

Pour atteindre ces objectifs, l'organisation *lean* fonctionne avec des groupes de travail permanents (les cercles de qualité) ou ponctuels (les chantiers d'amélioration), qui permettent la participation des salariés à la résolution des problèmes de qualité. Ces groupes utilisent une démarche d'amélioration continue schématisée par le PDCA ou **roue de Deming**.

Figure 12.3. La roue de Deming

Le PDCA (*Plan-Do-Check-Act*) insiste sur la succession de quatre étapes nécessaires au management de la qualité. Il faut préparer les changements nécessaires, les mettre en œuvre, contrôler les résultats et surtout prendre des mesures correctives et s'assurer que cet acquis demeurera stable. La phase *Act* suppose une **normalisation des processus** améliorés pour les diffuser et s'assurer qu'ils seront appliqués. L'idée de roue montre que ce n'est pas simplement le passage d'une organisation à une autre, mais un processus continu d'amélioration.

III. Le *lean* en débat

Les débats sur le *lean* concernent finalement assez peu l'efficacité de cette technique d'organisation d'un point de vue industriel. Le succès de Toyota et la diffusion du *lean* chez les autres constructeurs et dans de nombreux autres secteurs en font un modèle de référence. Les débats portent dès les années 1990 sur la réalité de la rupture du toyotisme par rapport au principe taylorien et, à partir des années 2000, sur les conséquences du *lean* pour les salariés.

A Une filiation avec le taylorisme

Le *lean* n'est clairement pas une méthode d'organisation ayant pour objectif d'enrichir le travail des opérateurs. Son objectif premier est de diminuer les coûts par une chasse systématique aux gaspillages, objectif finalement assez proche de la chasse au temps morts du taylorisme. Le management par la qualité suppose une forte normalisation des processus de travail et donc une **standardisation du travail** dans la filiation du taylorisme. L'autonomie des opérateurs apparaît très contrainte.

EXEMPLE

> Le groupe Alstom a développé dès 2004 une organisation lean nommée APSYS dans l'ensemble de son activité ferroviaire. Le site internet du groupe précise que : « Son application s'est traduite par la standardisation des postes de travail dans lesquels se déroulent les mêmes activités de production. Il permet aux opérateurs de retrouver un même environnement de travail, bien organisé. Chaque outil a, par exemple, un emplacement précis pour être rangé. Ce type de "bonne pratique" est aujourd'hui appliqué sur tous les sites d'Alstom dans lesquels APSYS a été déployé. »

B Des éléments de rupture

S'il s'inscrit dans la filiation du taylorisme en tant que technique de rationalisation de la production par une réduction des coûts, le *lean* s'en démarque sur deux aspects.

Alors que le taylorisme mise sur une spécialisation très forte des salariés en parcellisant le travail, le *lean* s'appuie au contraire sur la **polyvalence** des opérateurs, qui doivent être capables de tenir plusieurs postes de travail. La division horizontale du travail est donc moins importante pour gagner en flexibilité.

Un des principes fondateurs du taylorisme est la séparation entre ceux qui conçoivent le travail (les ingénieurs) et ceux qui l'exécutent (les ouvriers). Dans une organisation *lean*, le processus d'amélioration continue prend appui sur la **participation des opérateurs**, qui doivent faire des suggestions d'amélioration et collaborer à la résolution des problèmes au sein des groupes de travail transversaux. La division verticale du travail est moins prononcée.

C Une dégradation des conditions de travail

Depuis le début des années 2000, de nombreux chercheurs ou praticiens pointent un risque de dégradation des conditions de travail liée à la mise en place des méthodes *lean*. La lutte contre les gaspillages aboutit fréquemment à une intensification des rythmes du travail, d'autant plus que la production en juste à temps et l'organisation en îlots créent une **mise en tension de l'organisation**, qui est **source de stress** pour les opérateurs. L'amélioration continue apparaît alors plus comme une contrainte supplémentaire que comme une source d'autonomie au travail.

L'instauration de standards de production rigides et impératifs renforce ce stress, en diminuant la capacité de décision des opérateurs. La réduction de la division verticale du travail n'est réelle que si les opérateurs ont la possibilité de modifier ou d'adapter les standards. Le travail en fonction de standards préétablis pose encore plus de problèmes quand une part du travail est difficilement objectivable, comme c'est le cas dans les services.

> **EXEMPLE**
>
> La mise en place d'une organisation *lean* dans les hôpitaux se heurte à la difficulté de reconnaître les discussions avec les patients comme produisant de la valeur. La chasse au gaspillage risque de se concentrer essentiellement sur l'optimisation des flux mesurables, tels que le temps d'attente, au détriment des aspects plus qualitatifs de la relation de service.

Enfin, la mise en place du *lean* n'a parfois pas grand-chose à voir avec les principes de Ohno, mais sert alors d'**habillage à une très classique chasse aux coûts.** Quand les managers de proximité n'ont pas la possibilité d'organiser la participation des salariés, parce qu'ils doivent avant tout atteindre la production journalière, et que l'implication des opérateurs consiste à répondre aux questions des consultants chargés d'élaborer les standards, on est très loin de l'esprit originel du *lean*.

ENTRAÎNEMENT

QCM

Choisissez, parmi les propositions suivantes, la ou les bonne(s) réponse(s).

1. **L'expression *lean production* a été créée :**
   - **a.** dans les années 1950 par T. Ohno, ingénieur chez Toyota.
   - **b.** dans les années 1950 par A. Sloan, PDG de General Motors.
   - **c.** dans les années 1990 par des chercheurs américains.

2. **Dans une organisation en juste à temps :**
   - **a.** il est impossible d'externaliser une partie de la production.
   - **b.** la production dépend assez directement des commandes des clients.
   - **c.** la production doit être planifiée longtemps à l'avance.

3. **Le principe des cinq zéros :**
   - **a.** est une méthode efficace d'organisation de la production.
   - **b.** est composé d'une série de buts à long terme.
   - **c.** est une méthode statistique de management de la qualité.

4. **L'organisation en îlots repose :**
   - **a.** sur une meilleure spécialisation des opérateurs.
   - **b.** sur une plus grande polyvalence des opérateurs.
   - **c.** sur les économies d'échelle.

5. **La roue de Deming symbolise :**
   - **a.** la transition d'une organisation classique à une organisation *lean*.
   - **b.** le principe des cinq zéros.
   - **c.** le principe de l'amélioration continue.

6. **La mise en place d'une organisation *lean* :**
   - **a.** présente un fort risque de détérioration des conditions de travail.
   - **b.** permet surtout d'améliorer les conditions de travail.
   - **c.** augmente toujours l'autonomie des opérateurs.

7. **Les standards de production sont :**
   - **a.** ce qui différencie taylorisme et *lean*.
   - **b.** moins importants dans le *lean* que dans le taylorisme.
   - **c.** élaborés de façon différente dans le *lean*.

EXERCICES

1 Le *lean* dans l'administration

Le « Portail de la modernisation de l'action publique » présente ainsi le *lean* dans l'administration : « Si les agents ne sont pas acteurs du changement ou si la hiérarchie ne met pas en place un cadre de confiance, alors le projet est condamné à l'échec », explique le directeur adjoint de l'Agence de reconversion de la défense

ENTRAÎNEMENT

(ARD), qui a mis en place une démarche *lean* dans son administration. L'ARD et ses 200 collaborateurs accompagnent les militaires et leurs conjoints dans leur reconversion professionnelle (plus de 20 000 dossiers de reclassement traités chaque année). Le chantier *lean* visait à optimiser et simplifier les processus et à pérenniser une dynamique de transformation. Il a permis de réduire la durée des projets de reclassement : le gain atteint jusqu'à sept mois pour 80 % des cas.

a. Quel est le risque potentiel d'une telle démarche dans une administration ?

b. Quel est le sens de la citation du directeur adjoint ?

2 « Laissez le flux gérer les processus et non pas le management gérer le flux. » Vous commenterez cette citation de Taiichi Ohno.

CORRIGÉS DES QCM

1. c. C'est bien T. Ohno qui a mis au point les principes du *lean production*, mais l'expression a été inventée par des chercheurs du Massachusetts Institute of Technology (MIT) dans leur ouvrage de 1990 *The Machine That Changed the World : The Story of Lean Production* (traduit en français en 1992 : *Le système qui va changer le monde*).

2. b. En juste à temps, c'est le bon de commande du client qui déclenche la production, qui n'est plus planifiée à l'avance. Cela n'empêche pas l'externalisation, mais les fournisseurs doivent tenir compte du besoin de flexibilité, soit en travaillant eux-mêmes en juste à temps, soit en accumulant des stocks.

3. b. Le principe des cinq zéros énonce des objectifs jamais atteints mais qui guident les démarches d'amélioration continue. Il faut mettre en place des méthodes pour tendre vers ces cinq objectifs.

4. b. Dans une organisation de la production en îlots, les opérateurs doivent pouvoir passer d'une machine à l'autre. Ils acquièrent ainsi une meilleure compréhension du fonctionnement de l'atelier, qui leur permettra d'être plus efficaces dans les démarches d'amélioration continue.

5. c. La roue symbolise l'idée que l'amélioration de l'organisation n'est pas un projet qui pourrait être achevé, mais un processus permanent de remise en cause qui doit se perpétuer.

6. a. La mise en place du *lean* se traduit souvent par une détérioration des conditions de travail. L'augmentation de la production permise par la réorganisation du travail implique souvent une intensification du travail. De plus, les tâches liées à l'amélioration continue viennent s'ajouter au travail classique, sans que les moyens soient toujours à la hauteur.

CORRIGÉS

7. c. Le taylorisme et le *lean* mettent l'accent sur la création de standards de production qui doivent permettre de diffuser les bonnes pratiques. La différence est que dans le *lean*, l'opérateur participe à la mise au point des standards, alors que pour Taylor, c'est le travail des ingénieurs du bureau des méthodes.

CORRIGÉS DES EXERCICES

1 Le *lean* dans l'administration

a. Le risque de la mise en place d'un projet *lean* dans une administration est que ce dernier ne soit que l'habillage d'un plan d'économie. Les agents peuvent craindre que la chasse aux gaspillages se traduise par une intensification du travail et une diminution du temps accordé pour traiter les dossiers de reclassement, au détriment de la qualité du service rendu.

b. Dans la philosophie du *lean*, les changements doivent venir du terrain, et cela suppose une implication des agents, qui doivent utiliser leur connaissance fine du fonctionnement de l'administration pour faire des suggestions d'amélioration. L'amélioration des procédures administratives de traitement des dossiers peut alors libérer du temps pour une meilleure écoute des militaires et de leurs familles. Les agents ne s'impliqueront réellement dans le projet que s'ils n'ont pas de doute sur la finalité de ce dernier.

2 « Laissez le flux gérer les processus et non pas le management gérer le flux. » Vous commenterez cette citation de Taiichi Ohno.

Ohno fait ici référence au juste à temps, un des principes fondamentaux du *Toyota Production System* qu'il a mis au point lors de sa longue carrière d'ingénieur au sein du constructeur automobile. Dans ce système de production tirée par l'aval, ce ne sont pas les managers qui doivent programmer les flux de production en fonction de prévision sur les ventes. Au contraire, ce sont les clients qui vont déclencher la production d'un flux d'informations porté par des étiquettes (le *Kanban*) permettant de faire remonter l'information vers l'amont du processus de production.

L'entreprise intelligente

FICHE 13

NOTIONS CLÉS

✓ Apprentissage organisationnel
✓ *Knowledge management*
✓ Gestion des connaissances
✓ Compétence organisationnelle

I. Le contexte d'émergence de l'entreprise apprenante ou intelligente

Le thème de l'organisation apprenante (*learning organization*) ou de l'apprentissage organisationnel (*organizational learning*) s'est imposé dans le domaine du management au début des années 1990.

A Les travaux précurseurs

La possibilité qu'une organisation puisse apprendre de nouveaux savoirs ou savoir-faire a été étudiée de façon déjà ancienne avec la courbe d'apprentissage de Theodore P. Wright (1936), reprise dans les années 1960 par le cabinet de conseil BCG sous le terme de courbe d'expérience, avec les travaux de l'intelligence artificielle sur les systèmes experts, ou encore avec les sciences cognitives sur les systèmes apprenants dans les années 1970. Il revient sans doute à l'école décisionnelle (fiche 7) d'avoir établi l'importance du phénomène d'apprentissage dans les organisations (Richard M. Cyert et James G. March, 1963). En 1978 paraît également un ouvrage fondamental, *Organizational Learning: A theory of Action Perspective*, écrit par Chris Argyris et Donald A. Schön, qui ne rencontrera le succès qu'une dizaine d'années plus tard, à la faveur d'un nouveau contexte économique et théorique.

> **Définition**
>
> Une organisation capable d'apprentissage collectif est dite « apprenante » ou, à l'image du cerveau, « intelligente ». Peter Senge, un auteur de renom sur la question, définit l'**organisation intelligente** comme « une organisation dont les membres peuvent sans cesse développer leurs capacités à atteindre les résultats qu'ils recherchent, où de nouveaux modes de pensée sont mis au point, où les aspirations collectives ne sont pas freinées, où les individus apprennent en permanence comment apprendre ensemble » (Senge, 1990).

B Les raisons du succès

Plusieurs raisons ont conduit au renouveau du thème et au succès de l'entreprise apprenante :

— l'**avènement de la société du savoir** : la révolution industrielle serait en train de laisser la place à une **économie de la connaissance** ; le savoir devient l'arme concurrentielle ultime pour résister à la mondialisation, aux pays émergents, aux délocalisations, etc. ; c'est ainsi que l'Union européenne s'est fixé l'objectif « de promouvoir une société de la connaissance » (stratégie de Lisbonne 2000-2010) puis une croissance intelligente (stratégie Europe 2010-2020) ;

— l'**évolution du contenu du travail** : à tous les postes, même les moins qualifiés, les **aptitudes cognitives des travailleurs** (capacités de traitement de l'information, de résolution de problèmes, de communication) deviennent fondamentales face à la complexité technologique des systèmes de production (aléas, pannes) et à une organisation du travail en équipe ;

— la reconnaissance de l'**importance du facteur humain et de ses compétences** : théorie du capital humain, gestion prévisionnelle des emplois et des compétences ; les années 1980-90 ont vu reconnaître le rôle des compétences et des savoirs des individus comme source de performance ;

— l'**exemple des entreprises japonaises** : dans les années 1980, seules les entreprises japonaises résistaient à la crise économique. Les travaux de Masahiko Aoki (1990) concluent à la supériorité de la « firme J » (japonaise) sur la « firme A » (américaine), car capable **d'apprendre et d'innover** plus rapidement ;

— le **débat en économie sur la théorie de la firme** et sur le dépassement du modèle standard des économistes néoclassiques, qui fait émerger le **courant évolutionniste** et l'idée que les compétences organisationnelles sont l'essence de l'entreprise (fiche 10).

Le dernier point est développé dans la section suivante.

II. Une nouvelle théorie de l'entreprise : l'approche ressources et compétences

Des théoriciens en management reprennent les idées de la théorie évolutionniste tout en s'appuyant sur les travaux anciens d'Edith Penrose (1959) pour donner naissance à la *Resource-based view* (Birger Wernerfelt, 1984) ou **analyse fondée sur les ressources**, appelée également **modèle des ressources et compétences**.

L'entreprise est vue par cette approche comme **un assemblage de ressources internes**, tangibles et intangibles. Le rôle des managers est de les combiner et de les assembler pour déboucher sur des compétences **organisationnelles**, c'est-à-dire sur la capacité à réaliser collectivement diverses tâches, en premier lieu produire et vendre. Certaines ressources et compétences collectives sont **spécifiques** à l'entreprise : elle est la seule à savoir réaliser telle activité ou service, ce qui lui donne, le cas échéant, un avantage concurrentiel durable. Les compétences organisationnelles sont plus déterminantes que les ressources pour obtenir un avantage concurrentiel, car plus **difficiles à imiter par les concurrents**.

> **EXEMPLE**
>
> Adapter ses produits aux demandes spécifiques des clients, maintenir la qualité de sa production fabriquée en différents endroits dans le monde, innover en permanence et maintenir son avance technologique, distribuer sa production en temps et en heure et au moindre coût... cela ne résulte pas d'un seul individu, d'un seul service de l'entreprise, mais nécessite la mobilisation de toute l'organisation et résulte d'une combinaison particulière de savoirs, de ressources financières, de structures organisationnelles, de procédures de travail, de circuits d'information, etc.

L'entreprise devra être en mesure d'entretenir, d'améliorer et de renouveler ses ressources clés et ses compétences clés ; autrement dit, d'apprendre de nouveaux savoirs et de nouvelles compétences collectives : le **processus d'apprentissage organisationnel** devient alors la **variable centrale de la survie et du développement** de l'entreprise.

Cette nouvelle vision théorique demeure traversée par divers courants avec des concepts différents et rencontre des difficultés méthodologiques pour observer des compétences collectives parfois intangibles ou tacites. Il reste qu'elle valide la pertinence d'un management de l'apprentissage organisationnel. Deux modèles principaux ont été proposés.

Figure 13.1. L'approche ressources et compétences et le rôle de l'apprentissage organisationnel

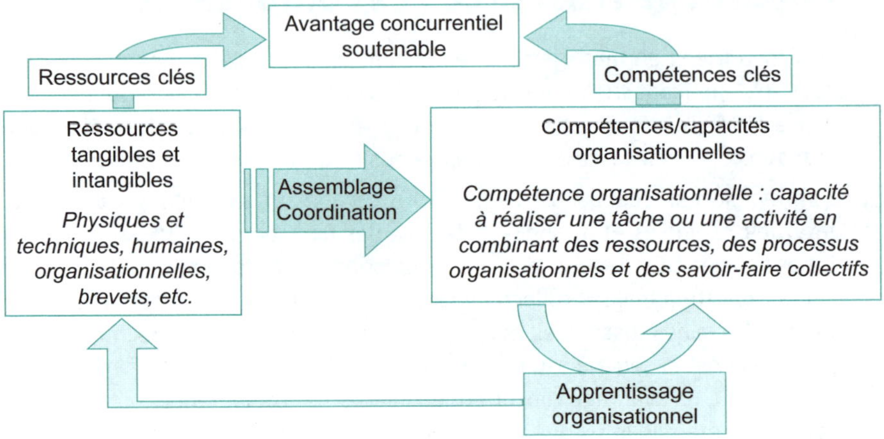

III. Deux modèles de management de l'apprentissage organisationnel

A Le modèle d'Argyris et Schön

Selon Argyris et Schön, les individus agissent dans une organisation sur la base de cartes mentales ou cognitives qui reflètent leur vision du monde, leur façon de penser. Les deux auteurs constatent que, quels que soient les pays ou les cultures, les cartes cognitives convergent vers des principes d'action (ou valeurs directrices) qui font que les individus ne vérifient pas le bien-fondé de leur raisonnement, ne confrontent pas leurs actions à la réalité (absence de test et de vérification). Il s'ensuit des **comportements défensifs** – principalement par l'**esquive** – en reportant notamment la responsabilité des difficultés sur les autres. Les incompréhensions, les erreurs, voire les conflits, vont alors se généraliser, empêchant toute l'organisation de s'adapter et de faire face aux changements.

Pour sortir de la situation de blocage, les individus doivent remettre en cause leurs valeurs directrices. Cela implique un **apprentissage en double boucle**. Non seulement il faut être capable de corriger les erreurs en modifiant ses pratiques (apprentissage en simple boucle), mais il faut aussi savoir, si les erreurs persistent ou si les objectifs n'arrivent pas à être atteints, remettre en cause son cadre de fonctionnement, c'est-à-dire ses valeurs directrices.

Figure 13.2. Apprentissage en simple et double boucle

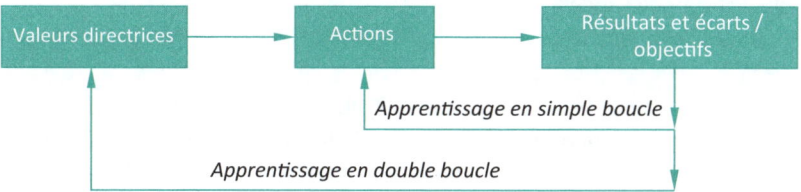

L'**apprentissage en double boucle nécessite** du recul critique entraînant de nouveaux schémas de pensée et d'action. Argyris et Schön préconisent **trois valeurs directrices fondamentales** : faire des choix informés, disposer d'une information valide, contrôler la mise en œuvre afin de détecter et corriger les erreurs.

> **EXEMPLE**
>
> Une entreprise est confrontée à des plaintes de ses clients sur des retards récurrents de livraison.
>
> Le service expédition, tout comme le service production, ne constate pas de dysfonctionnements par rapport aux procédures établies. Les deux services se rejettent mutuellement la responsabilité du problème. L'entreprise change de transporteur, mais la situation ne s'améliore qu'à la marge, les clients demeurant toujours insatisfaits (apprentissage en simple boucle et blocage). Un groupe de travail est chargé de suivre pas à pas le processus de la prise de commande initiale à l'expédition. À l'aide d'indicateurs de mesure établis en commun, il met en évidence des délais en réalité intenables et la nécessaire réorganisation des flux logistiques internes (apprentissage en double boucle).

Argyris et Schön considèrent qu'il faut commencer par agir sur le sommet de l'organisation. Mais ils pensent que les **dirigeants ne peuvent par eux-mêmes se remettre en question** et que seul un **expert extérieur** à l'organisation peut enclencher les comportements adéquats pour un apprentissage en double boucle. L'organisation est donc jugée **incapable d'initier d'elle-même un apprentissage en double boucle *via* son système de management**. La conclusion est plutôt paradoxale : l'apprentissage organisationnel, cette variable clé de la performance, ne peut être géré par les dirigeants.

B Le modèle de Nonaka

Ikujiro Nonaka (1994, 1995), sur la base d'études de cas d'entreprises japonaises, va démontrer que **l'apprentissage organisationnel peut se gérer dans et par l'organisation**. Il propose une modélisation du processus de création des connaissances dans l'organisation et fonde le *Knowledge management* ou **management des savoirs** (ou des connaissances).

Le processus SECI

Le cœur du modèle est le processus SECI, qui repose sur l'interaction entre deux types de savoirs (distinction empruntée à Karl Polanyi) : le **savoir explicite**, savoir qui est transmissible dans un langage formel et codifié, et le **savoir tacite**, qui est lui difficile à formaliser, à exprimer et donc à transmettre (tel un savoir-faire). Nonaka souligne que cette interaction suppose celle des individus : la création de la connaissance est d'abord une activité sociale.

Figure 13.3. Le processus SECI

du \ au	Savoir tacite	Savoir explicite
Savoir tacite	1. Socialisation	2. Externalisation
Savoir explicite	4. Internationalisation	3. Combinaison

Quatre phases sont distinguées dans le processus SECI de création des connaissances organisationnelles :

— **socialisation** : phase de transformation du savoir tacite individuel en savoir tacite collectif ; cela passe par l'expérience partagée : observation, imitation au cours de la pratique (apprentissage sur le tas, tutorat) ; cette phase se fait en équipe et nécessite le dialogue et une confiance mutuelle ;

— **externalisation** : phase de transformation du savoir tacite collectif en savoir explicite ; le savoir tacite du groupe est codifié et formalisé, aidé par un processus cognitif créatif (exemple : *séances de brainstorming*) et débouche sur de nouveaux concepts, modèles, démarches qui rendent explicites et donc transmissibles le savoir tacite ; cela nécessite l'instauration de groupes de réflexion et de dialogue ;

— **combinaison** : phase de confrontation des nouvelles idées, concepts, démarches entre elles et aux connaissances explicites déjà existantes pour produire des connaissances nouvelles ; ce processus combinatoire est celui qu'opèrent les individus au cours de leur formation académique (mise en relation et agencement de diverses connaissances) ; cela nécessite la diffusion des informations et un système d'information partagé ;

— **internalisation** ou intériorisation par les individus du savoir explicite nouvellement créé ; les individus expérimentent les nouvelles connaissances et acquièrent

du savoir tacite supplémentaire par la pratique (*learning by doing*) ; un nouveau cycle de production de savoir organisationnel peut alors s'enclencher.

Le processus SECI génère une **spirale de création de connaissances** lorsque les quatre phases s'enchaînent et se diffusent dans toute l'organisation.

Le contexte organisationnel : le Ba

Un contexte organisationnel est nécessaire pour soutenir le processus SECI. Nonaka le nomme « Ba ». Terme japonais intraduisible, le Ba est une notion proche de celle de **communauté de pratique ou de communauté de savoir**. Il se définit comme un **espace physique** (un bureau, une cafétéria), **virtuel** (une plateforme web, un outil collaboratif) ou **mental** (idées partagées, culture), ou encore une combinaison de cela (un groupe de travail), où des individus se rencontrent pour **échanger, questionner et partager leurs savoirs et savoir-faire ainsi que leur façon de penser**. C'est un support au SECI qui en détermine la dynamique et la qualité.

> **EXEMPLE**
>
> Dans les années 1990, les techniciens de maintenance des photocopieurs Xerox se réunissaient en dehors des heures de travail, notamment lors des repas, pour échanger et partager des solutions sur des problèmes particuliers non répertoriés par le manuel d'entretien.

Le Ba repose sur un **engagement des individus**, des relations de confiance, de sympathie, d'affection et **ne peut se décréter par la direction** de l'entreprise. Il se construit et évolue de façon autonome à travers les interactions des participants **dans un cadre auto-organisé**. Nonaka fait d'ailleurs clairement **référence à la théorie des systèmes auto-organisateurs** en définissant les conditions propices à la spirale de création des connaissances : ouverture (au bruit, au désordre), redondance et variété requise (fiche 4).

L'architecture générale du knowledge management

L'organisation doit cependant savoir quoi apprendre en lien avec la stratégie : c'est le rôle des dirigeants que d'orienter le processus de création de savoirs. La **direction (les *top managers*)** doit avoir une **vision stratégique des savoirs** qui assure un avantage stratégique à l'organisation. Elle doit évaluer les savoirs existants, identifier ceux qui seront nécessaires à l'avantage concurrentiel (actifs stratégiques de savoirs) et prévoir les nouvelles connaissances à construire. L'**encadrement (les *middle managers*)** a lui pour tâche d'**animer le processus SECI et le Ba**.

13. L'entreprise intelligente

Figure 13.4. L'architecture d'un management des savoirs

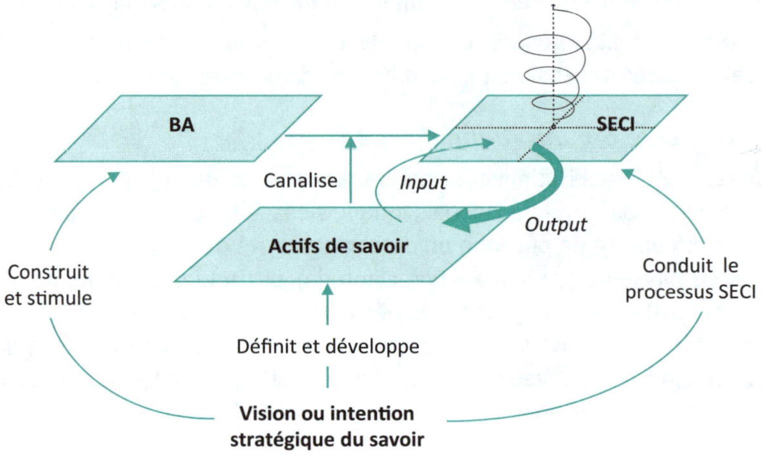

IV. Les pratiques de management des connaissances

A Les structures organisationnelles : horizontalité, transversalité, groupes projet, réseau

Des **structures horizontales** favorisent les échanges, le partage et l'intégration collective des savoirs. Elles se caractérisent par des niveaux hiérarchiques réduits et par des relations fortes entre les différents services et fonctions de l'organisation. Le **groupe projet** illustre ce type de structure horizontale : des individus aux compétences différentes et provenant de services différents se coordonnent pour concourir à la réalisation d'un objectif commun. L'**organisation transversale** désigne une organisation qui se structure continuellement en multiples groupes de projet. Dans l'**organisation réseau**, la connexion entre individus et groupes est permanente et diverses ressources sont partagées. La réciprocité et la confiance sont des éléments déterminants. La hiérarchie est peu présente, et les relations et leur intensité évoluent de façon autonome en fonction des objectifs et des activités des membres. Les **communautés de pratiques ou de savoirs** s'inscrivent notamment dans ce cadre structurel.

> **EXEMPLE**
>
> À la suite des constructeurs japonais, Renault a opté pour un management de projet en plateau pour la conception de la Twingo vers 1990. Sont rassemblés dans un espace ouvert (*open space*) les différents groupes de projets travaillant sur les divers aspects du véhicule (motorisation, design, équipement, etc.). Chaque groupe voit l'avancée des autres groupes et peut communiquer et échanger instantanément.
>
> La firme danoise Oticon est devenue l'un des leaders des prothèses auditives dans les années 1990 en mettant en place une organisation supprimant la hiérarchie et fonctionnant par projet transfonctionnel (regroupant des individus de fonctions différentes), chaque salarié pouvant appartenir simultanément à plusieurs projets. L'américain Gore a également adopté ce fonctionnement en équipe projet sans hiérarchie.

B Le système d'information : mémorisation, diffusion, partage et collaboration

Le système d'information doit permettre **la libre circulation et le partage de l'information** à travers toute l'organisation, sans oublier le stockage, qui permet à l'organisation de **mémoriser** l'information et des savoirs existants. Le système d'information doit être également tourné vers l'extérieur de l'entreprise (veille stratégique, veille technologique, veille commerciale, etc.). Le développement de l'informatique et des nouvelles technologies de l'information et de la communication conduisent à une profusion d'**outils et de techniques destinés à extraire, structurer, capitaliser, diffuser et exploiter les connaissances** : gestion électronique des documents, *data warehouse*, moteur de recherche, *text mining, data mining, mind mapping*, plateforme collaborative, réseaux sociaux, etc. En venant se greffer sur le système d'information, ces technologies (dites web 2.0) forment le **système de gestion des connaissances**.

> **EXEMPLE**
>
> En 1997, EDF a mis en place au sein du département production un portail intranet décentralisé afin de capitaliser des connaissances (animation d'échanges et forums de discussion). En 2006, EDF R&D a lancé la plateforme Hermès de partage des connaissances. Hermès collecte de l'information sur le web et les diffuse aux utilisateurs, qui peuvent compléter et enrichir les informations, et les partager via des blogs, newsletters et des wikis, créant ainsi des espaces collaboratifs ou des communautés sur divers thèmes.

C L'organisation du travail : groupe autonome, polyvalence, créativité

Faciliter les interactions et les échanges implique une **organisation du travail en groupes**. Le groupe est considéré comme le lieu fondamental de création et de diffusion du savoir, notamment tacite. L'**autonomie**, certains évoquent l'**auto-organisation**, est le **principe fondamental de fonctionnement du groupe**. Les procédures de travail et les objectifs de production sont décidés collectivement par les individus, qui s'autocontrôlent et résolvent collectivement les problèmes. La **polyvalence** et la **rotation de postes et de responsabilités** au sein de l'équipe sont aussi préconisées afin d'élargir les expériences et les connaissances des individus. Enfin, l'émergence de nouveaux savoirs passe par la **créativité**, encouragée à travers différentes techniques collectives (*brainstorming, mind mapping*) ou du temps libre laissé à l'individu pour expérimenter de nouvelles idées.

> **EXEMPLE**
>
> Le fonctionnement en équipe autonome a été revisité par les « méthodes agiles » qui misent sur une petite équipe autorégulée, sans hiérarchie, sans spécialisation, avec un fort esprit d'équipe, une forte communication et des feedback périodiques, capable de réagir très vite aux changements et dont le cahier des charges reste ouvert, ce qui laisse place à la créativité de l'équipe.
>
> Google a repris une pratique déjà mise en œuvre par 3M en laissant 20 % du temps de travail libre aux individus pour des recherches personnelles.

D Le rôle des managers et le style de management : animation, dialogue, confiance, management participatif

Le management des savoirs implique enfin de revoir le rôle des managers. Il ne s'agit plus de planifier les tâches et de contrôler le travail mais d'adopter un **management participatif**. Les managers doivent prendre le **rôle d'animateur, de pédagogue, de facilitateur** : ils favorisent la collaboration, ils incitent et soutiennent les communautés de savoirs. Ils **encouragent le dialogue**, préalable fondamental à tout échange. Une autre tâche essentielle est d'instaurer un **climat de confiance**, condition au partage, à l'échange et au désir d'apprendre. Cela implique le droit à l'erreur (absence de sanctions) pour aider les individus à transformer leurs échecs en occasion d'apprentissage. En résumé, **les managers doivent véhiculer et diffuser une culture propice à la création de connaissance**.

> **EXEMPLE**
>
> Le rôle d'animation des managers va souvent de pair avec une organisation en équipes autonomes. Le manager ne gère plus directement son équipe, mais prend un rôle de conseiller et de support. Chez Gore, chaque équipe autodirigée est supervisée par un « leader », élu par les membres de l'équipe, qui s'assure de la bonne avancée du projet et du bon fonctionnement de l'équipe. Par ailleurs, chaque individu est suivi par un tuteur, collègue plus ancien, qui le conseille sur les éventuelles difficultés rencontrées et sur son évolution professionnelle.

Il faut souligner la réalité d'un **sous-bassement théorique et la cohérence d'ensemble des pratiques managériales** proposées au plan stratégique, organisationnel, technologique, informationnel, humain et culturel. Ces pratiques de management, et cela explique aussi le succès de l'entreprise intelligente, sont en outre **en phase avec les aspirations des individus à davantage d'autonomie et de liberté au travail**.

ENTRAÎNEMENT

QCM

Choisissez, parmi les propositions suivantes, la ou les bonne(s) réponse(s).

1. **La théorie ressources-compétences voit l'entreprise comme :**
   a. une combinaison de ressources internes.
   b. une combinaison de ressources internes et de compétences externes.
   c. une combinaison de compétences du facteur travail et du facteur capital.

2. **L'apprentissage organisationnel désigne :**
   a. un apprentissage collectif réalisé par deux ou plusieurs organisations.
   b. un apprentissage collectif des membres d'une organisation.
   c. l'apprentissage réalisé par un individu dans une organisation.

3. **L'apprentissage en double boucle s'opère lorsque :**
   a. le cadre de référence de l'action est remis en cause.
   b. les résultats et les objectifs sont comparés à l'action.
   c. les résultats et les objectifs sont comparés à l'action et le cadre de référence de l'action est remis en cause.

4. **Quelle est la limite principale du modèle d'Argyris et Schön ?**
   a. Les individus doivent accepter de révéler leur façon de penser.
   b. Les dirigeants ne peuvent enclencher seuls un apprentissage en double boucle.
   c. Les liens entre apprentissage individuel et apprentissage collectif ne sont pas explicités.

5. **Quel est le cœur de la création de savoir dans une organisation selon Nonaka ?**
   a. L'externalisation des savoirs.
   b. L'interaction entre savoir tacite et savoir explicite.
   c. Le Ba.
   d. Les interactions entre SECI et Ba.

6. **Qu'appelle-t-on le système de gestion des connaissances ?**
   a. L'organisation du système d'information.
   b. L'ensemble des pratiques de management des connaissances.
   c. L'ensemble des outils informatiques et d'applications collaboratives permettant de stocker, capitaliser, extraire et diffuser des connaissances.

7. **Quelle est la structure organisationnelle fondamentale pour susciter la création et le partage des savoirs ?**
   a. Le groupe ou l'équipe.
   b. La communauté de pratique ou le Ba.
   c. La structure pyramidale.

ENTRAÎNEMENT

EXERCICES

1 Définition du *knowledge management*

On peut trouver cette définition du *knowledge management* : il regroupe « les méthodes et outils logiciels permettant d'identifier, de capitaliser les connaissances de l'entreprise, de les organiser et de les diffuser ». Quelles sont les limites de cette définition ?

2 Microsoft, sur la voie de l'entreprise intelligente ?

À la lecture des extraits de l'article de presse ci-dessous, diriez-vous que Microsoft aspire à devenir une entreprise intelligente ? Justifiez votre réponse.

Extraits de l'interview de Caroline Bloch, DRH de Microsoft France[1]

« Microsoft s'organise en "collectif auto-apprenant" »

Pourquoi Microsoft va transformer son management ?

Aujourd'hui pour être compétitif il ne suffit plus de vendre un certain nombre de produits différents, mais il faut proposer au client une solution qui fait croître son business encore plus qu'avant. Le fait d'aller vendre des solutions construites "sur mesure" signifie qu'en interne on doit transformer nos compétences, notre mode de management et notre culture. [...] Les salariés doivent être capables de travailler beaucoup plus collectivement.

Concrètement qu'est-ce que ça change pour les salariés ?

Nos collaborateurs doivent être capables de faire deux choses : proposer de nouvelles offres, et pour construire ces offres, en interne, ils doivent avoir une capacité à travailler de façon collective beaucoup plus importante qu'avant. De retour de chez le client, le responsable commercial devra en effet constituer une équipe transversale : revente, support technique, consultant, responsable financier, etc. Les différents métiers doivent se transformer pour s'adapter à cette organisation nouvelle pour favoriser la coopération. Chacun devra appartenir en permanence à différents groupes d'expertise ("*learning circle*"). Les équipes multidisciplinaires apportent des solutions complexes, mieux personnalisées pour chaque client.

Le rôle des managers de proximité va-t-il changer ?

Le manager a pour mission de générer de la collaboration. Il va inciter ses collaborateurs à faire le lien avec les autres équipes. Il doit avoir établi de bonnes relations avec chaque organisation pour être capable de faciliter le contact et indiquer quelles sont les bonnes personnes à associer selon la problématique abordée pour concevoir l'offre la plus innovante. Ceux qui seront les plus efficaces sont ceux qui auront su faire les bonnes connections. Pour mettre l'accent sur ces comportements collaboratifs, la performance des salariés est évaluée à la fois sur la capacité à réunir des collaborateurs, sur la réponse aux sollicitations, sur la façon dont le salarié participe

---

1. Source : http://www.lemonde.fr/emploi/article/2016/06/14/microsoft-s-organise-en-collectif-auto-apprenant_4950405_1698637.html.

CORRIGÉS

et sur la réalisation des objectifs. Pour faciliter l'autonomie, il faut donner la possibilité de prendre des risques et donc définir le risque autorisé. Mais *in fine*, c'est la posture "auto-apprenant en collectif" qu'il faut faire atterrir dans l'organisation. »

CORRIGÉS DES QCM

1. a. Cette combinaison de ressources de toute nature, matérielles et immatérielles, est spécifique à chaque entreprise et débouche sur des compétences organisationnelles, sources principales d'avantage stratégique.

2. b. Seuls les individus apprennent mais c'est collectivement que le processus s'opère au niveau d'un groupe et entre les différents groupes d'une organisation.

3. c. C'est un double regard qui porte sur l'action qui se déroule et ses résultats mais aussi sur le bien-fondé des normes ou références de fonctionnement dont découle l'action et les objectifs.

4. b. Ils ne peuvent rendre leur organisation apprenante qu'avec l'aide d'une intervention extérieure (d'un consultant). Autrement dit, la variable clé de la survie de l'entreprise ne peut être l'objet d'une action managériale.

5. b. Les différentes interactions donnent naissance au processus SECI de création des connaissances, qui est freiné ou accéléré par les caractéristiques du Ba.

6. c. Ces outils et applications sont relativement faciles d'utilisation (génération web 2.0) par tout utilisateur disposant d'un terminal informatique. La GED (gestion électronique des documents) et le *data warehouse* (entrepôt de données) sont le point de départ de ce système (le stockage).

7. a. L'unité organisationnelle fondamentale d'une entreprise intelligente est le groupe (groupe projet ou équipe autonome). C'est le premier lieu où les individus vont interagir et, selon le modèle de Nonaka, partager du savoir tacite et le transformer en savoir explicite.

CORRIGÉS DES EXERCICES

1 Définition du *knowledge management*

Cette définition, avec les termes « méthodes » et « outils logiciels » met l'accent sur l'aspect technique du management des savoirs et sur le rôle du système d'information et des outils technologiques (le système de gestion des connaissances). Se référer au modèle de Nonaka, c'est se focaliser sur l'une des phases du processus SECI : la combinaison avec la diffusion et le partage, en oubliant les autres phases de la spirale. C'est aussi oublier qu'il s'agit de gérer simultanément d'autres dimensions tout aussi importantes : l'aspect stratégique (définir les savoirs à acquérir, à

consolider, à abandonner), l'aspect organisationnel (définir des structures organisationnelles adéquates), l'aspect humain (GRH et style de management).

2 Microsoft, sur la voie de l'entreprise intelligente ?

Oui, Microsoft veut devenir une entreprise intelligente.

Tout d'abord, au plan stratégique, on retrouve l'inspiration du modèle des ressources et compétences : l'accent est mis sur la créativité, l'innovation, pour « proposer de nouvelles offres » aux clients. Cette nouvelle compétence organisationnelle est la source de l'avantage concurrentiel et vient de la capacité des individus à travailler « beaucoup plus collectivement », c'est-à-dire à partager leurs savoirs et à en créer ensemble de nouveaux.

On retrouve ensuite la plupart des pratiques de management du savoir pour construire cette nouvelle compétence organisationnelle :

- le travail est organisé en groupes ; chaque individu doit même faire partie de plusieurs groupes ; les individus et groupes disposent d'une « autonomie » facilitée ;
- les groupes fonctionnent de manière « transversale », en groupe de projets, et sont « pluridisciplinaires » ; réunir des individus aux expertises variées permet de faire émerger des « solutions complexes » qui intègrent davantage de valeur ;
- le rôle d'animation et de facilitateur est dévolu au management intermédiaire, qui doit « générer de la collaboration », « faciliter le contact », « faire les bonnes connections » ou encore permettre la « prise de risque ».

Il est souligné au début et au terme de l'interview qu'il s'agit de construire une nouvelle culture propice à l'apprentissage, appelée « posture auto-apprenant en collectif ». À noter que Microsoft aligne les modes d'évaluation des individus (et sans doute de rémunération) sur cette nouvelle culture, en mesurant l'implication dans la collaboration et la coopération.

L'entreprise libérée

FICHE 14

NOTIONS CLÉS

✓ Liberté au travail
✓ Groupe autonome
✓ Autodirection (*self-management*)
✓ Leader libérateur
✓ Bonheur au travail

I. Qui faut-il libérer et pourquoi ?

L'expression « entreprise libérée » vient de la traduction française d'un ouvrage du consultant Tom Peters publié en 1992, où il est question d'un management libérateur. Ces dernières années, l'expression a été reprise par le psychologue Isaac Getz après la publication de son ouvrage en 2009 coécrit avec Brian Carney sur la firme Liberté. Là encore, il s'agit d'un management ou d'un « leadership libérateur », terme déjà proposé par le consultant Mahen Tampoe en 1998. On peut citer également un article de Gary Hamel, autre célèbre consultant, sur le thème de la liberté dans l'entreprise, avec un article au titre provocateur *First, let's fire all the managers*[1]. Enfin, de façon plus récente, est paru l'ouvrage d'un ancien consultant de McKinsey, Frédéric Laloux, appelant à réinventer l'entreprise et son management. Cet ouvrage et celui de Getz et Carney, deux succès éditoriaux, seront plus particulièrement présentés dans ce qui suit.

A Critique de l'organisation pyramidale

Tous ces auteurs partent de la critique de l'**organisation pyramidale ou hiérarchique** qu'ils jugent désormais dépassée. Ce type d'organisation – autrement dit, l'organisation **de l'école classique**, l'organisation **taylorienne** – est fondée sur la

---

1. Qu'on peut traduire par : « Pour commencer, virez tous les managers ! »

méfiance et conduit à prescrire le travail des individus et à développer le contrôle, conduisant à la multiplication des niveaux hiérarchiques et à la bureaucratie. Prescrire le travail et le mettre sous contrôle est désormais **doublement inadapté** :

- **aux transformations de l'activité économique**, caractérisées par : la réactivité et l'adaptation aux demandes des clients, la créativité et l'innovation collectives, la nature du travail, plus conceptuelle et nécessitant davantage de savoir, le travail en réseau ou collaboratif, ainsi que la révolution numérique avec le partage et la circulation rapide de l'information ;
- **aux aspirations des individus**, qui souhaitent davantage de considération, de respect, de prise d'initiative, de possibilités de se réaliser, de se former et d'apprendre.

L'organisation hiérarchique est **sclérosante** et étouffe les énergies créatrices et l'initiative. Elle engendre du manque à gagner lié à la lenteur de la prise de décision et de son exécution, aux occasions perdues de se développer. Elle a également des effets néfastes sur la santé physique et psychique de ses membres : travail imposé, manque de considération, pression pour la réalisation d'objectifs parfois inatteignables, harcèlement, etc., avec pour conséquences stress, dépression, maladie, épuisement (*burn-out*). Elle finit par aller à l'encontre de la performance qu'elle vise.

> **EXEMPLE**
>
> La question de la souffrance au travail a été mise sur le devant de la scène dans les années 2006-2010 en France, avec des séries de suicides sur le lieu de travail à Renault puis à France Télécom.

B Libérer les salariés : leur donner l'autonomie

Ce ne sont pas les entreprises qu'il faut libérer ; elles doivent plutôt être libératrices envers leurs membres, les libérer de la hiérarchie et du contrôle. Le management doit cesser d'être prescripteur pour devenir **libérateur** : délivrer les collaborateurs de l'entrave et du poids de la hiérarchie en leur (re)donnant l'**autonomie** (*self-management* en termes anglo-saxons).

> **Définition**
>
> L'**autonomie** est la faculté, pour une personne, de se déterminer par soi-même, de choisir, d'agir librement et, pour une collectivité, de s'administrer elle-même, de se gouverner par ses propres lois (autogouvernance). Autonomie et liberté sont donc intimement liées.

Tous les auteurs se rejoignent aussi sur la **structure fondamentale de l'entreprise libérée**, organisée autour d'équipes **autonomes** qui déterminent elles-mêmes, librement, leur mode de fonctionnement. C'est ce que Getz appelle la « forme organisationnelle F » où « les individus ont une complète liberté et responsabilité de décider des actions qu'ils, et non pas leurs supérieurs, considèrent les meilleures ».

C Autonomie, motivation intrinsèque et performance

Getz, Carney et Laloux adhèrent à la **théorie intrinsèque ou interne de la motivation**, qui considère que le travail est réalisé pour lui-même parce qu'il permet à l'individu de répondre à ses besoins fondamentaux d'affiliation (appartenance à une communauté), de compétence (développer ses capacités) et d'autodétermination (se diriger soi-même). Dans l'optique de Mac Gregor, les individus sont par nature prêts à s'investir et n'ont pas besoin de stimulants externes. Il suffit que leur environnement de travail leur laisse toute liberté et autonomie. Ils vont alors se sentir considérés, prendre des responsabilités, faire preuve d'initiative et améliorer leurs résultats et la performance de l'ensemble de l'organisation.

À RETENIR

Les tenants de l'entreprise libérée estiment que l'entreprise pyramidale est pathogène et dégrade la santé de ses membres et sa performance. Il faut lui substituer une organisation libérée de la hiérarchie, qui donne liberté et autonomie de décision à ses membres. Il s'en suivra naturellement la motivation des individus au travail et la performance de l'action collective.

II. Les pratiques d'un management libérateur

Getz, Carney et Laloux suivent une démarche empirique. Ils se fondent sur des études de cas d'entreprises considérées comme libératrices et en induisent des pratiques types.

EXEMPLE

Getz et Carney ont étudié une vingtaine de cas d'entreprises, Laloux une douzaine. Quatre entreprises sont particulièrement citées en exemple :
- **Buurtzorg** : 7 000 collaborateurs, entreprise à but non lucratif fondée en 2006 aux Pays-Bas, leader du secteur des soins à domicile, cas central de l'ouvrage de Laloux ;
- la fonderie **FAVI** : 400 salariés, entreprise française leader mondial des alliages cuivreux, cas principal de l'ouvrage de Getz et Carney ; elle a également beaucoup inspiré Laloux ; le site de l'entreprise présente la démarche de « libération » sous forme de fiches ;

COURS

- **Gore**, 10 000 collaborateurs, entreprise américaine de textile, connue pour le tissu Gore-Tex, étudiée par Getz et Carney ;
- **Morning Star**, 400 salariés hors saisonniers, leader de la transformation de tomates aux États-Unis ; elle a fait l'objet de l'article de G. Hamel et a également été étudiée par Laloux.

Les pratiques types identifiées peuvent être classées selon les quatre domaines de la politique générale d'entreprise : la stratégie, les structures, le processus de décision, l'animation.

A La stratégie

La stratégie de l'entreprise est **fondée sur les ressources internes**, à savoir les compétences et l'intelligence collectives. Le choix d'une stratégie est moins guidé par l'environnement externe et par la concurrence que par le savoir-faire et le projet partagé des membres. Il s'agit de se développer en misant sur ses forces internes et de créer son marché. En un mot, il s'agit d'être **proactif** et non plus réactif. Tel un être vivant, l'entreprise aura une **croissance naturelle, organique**, soutenue par ses caractéristiques internes, et ne craindra pas la concurrence.

> **EXEMPLE**
>
> La société Gore s'est diversifiée dans la fabrication de cordes de guitare, devenant le leader des cordes de haut de gamme, en laissant se développer une idée d'un salarié qui voulait améliorer les performances de câbles à vélo.
>
> Le fondateur de Buurtzorg a publié les méthodes de l'entreprise. Il se déplace chez ses concurrents pour les inciter à les adopter et les conseille gratuitement.

L'étape clé de la démarche stratégique sera de définir la **raison d'être ou la mission** de l'entreprise et de l'exprimer sous la forme d'une **vision ou intention stratégique** qui résume le futur désiré commun. Comme le soulignent Getz et Carney, la vision joue un rôle fondamental de coordination, car elle est le **cadre de référence pour les actions de chacun au quotidien** et évite ainsi l'anarchie. Elle se construit et évolue bien sûr collectivement.

> **EXEMPLE**
>
> À la fonderie FAVI, la vision combine « l'amour du client » et l'enracinement local : « Toujours plus et mieux pour moins cher pour chacun de nos client, à Hallencourt dans le respect de la terre et de nos enfants. » La stratégie est revue annuellement collégialement et l'accent est mis non pas sur le « comment » mais sur le « pourquoi » et le « pour qui », qui sont communiqués auprès de tous et affichés sur les lieux de travail.

À souligner que **le profit n'est pas un but stratégique des entreprises libérées**. Il vient comme une conséquence qui valide la stratégie et permet la survie de l'entreprise et la rémunération des investissements et des parties prenantes.

B Les structures organisationnelles

Les entreprises libérées se structurent en **groupes ou équipes autonomes**, généralement de petite taille (quelques dizaines). L'autonomie concerne l'organisation du travail, les rythmes de travail, les objectifs de production, la maintenance, la qualité, l'embauche, etc. Si nécessaire, les groupes se coordonnent également entre eux. Au final, **l'essentiel des fonctions support** (logistique, qualité, budget et contrôle, voire GRH, etc.) est pris en charge par les groupes. Il s'ensuit une réduction des niveaux hiérarchiques, l'encadrement intermédiaire disparaissant et l'organisation devenant horizontale.

Figure 14.1. Structure type des entreprises libérées

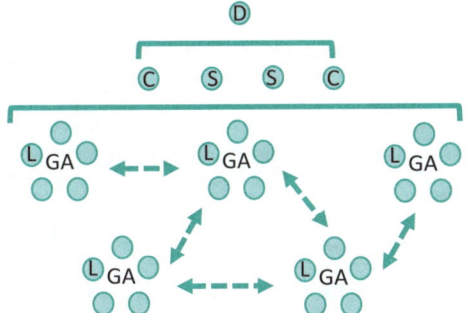

D : direction (le « leader libérateur »)
C : conseillers ou coachs au service des groupes
S : fonctions support résiduelles
GA : groupes (ou équipes, ou îlots) autonomes avec un leader coopté (L)

Au sein des groupes, choisi par cooptation, on trouve souvent un « **leader** », un « animateur » ou un « capitaine » chargé de la coordination des activités du groupe et des relations avec la direction, les autres groupes ou les clients. En appui, on peut trouver d'anciens cadres, qui sont désormais des conseillers au service des différents groupes, mais sans autorité sur eux.

> **EXEMPLE**
>
> Les infirmier(e)s et médicaux de Buurtzorg travaillent en équipe d'une douzaine de personnes. Chaque équipe dispense les soins, mais gère aussi les relations avec les structures médicales (médecins, hôpitaux, pharmacie), les indicateurs d'activité et de résultats, les embauches, et décide de se scinder en deux nouvelles équipes si le nombre de patients dépasse un seuil. Des coachs régionaux conseillent les équipes.
>
> La fonderie FAVI est organisée en une douzaine de mini-usines de 50 personnes maximum, chacune orientée vers un client ou un marché spécifique. D'autres équipes sont transversales (maintenance, bureau d'études). Chaque mini-usine

> décide des procédures de travail, du planning, des achats, des embauches, et dispose d'un commercial qui prospecte librement. Elle est animée par un leader choisi de façon collégiale parmi ses membres. Subsistent quelques fonctions support comptables et réglementaires (finances, paie, ventes, RH).

Les groupes ne sont pas nécessairement permanents. Peuvent être constitués des groupes temporaires sur des projets ou des décisions particulières, composés d'individus provenant de services ou groupes différents.

C Le processus de décision

Dans une entreprise libérée, la prise de décision repose sur trois piliers : la transparence de l'information, la subsidiarité, la validation par les pairs.

La transparence de l'information

L'autonomie de décision ne peut s'exercer pleinement que si les individus et les groupes disposent de **toute l'information nécessaire avant la décision et après (feedback)**. Le libre accès à l'information et sa libre diffusion se justifient également par l'importance de la confiance (voir ci-dessous). La rétention d'information ou sa distribution inégale risquent de créer de la suspicion ou de régénérer des zones de pouvoir, nuisant ainsi à la confiance.

Le principe de subsidiarité

Le principe de subsidiarité **interdit à un échelon supérieur de réaliser lui-même ce qu'un échelon inférieur peut faire** et découle du constat que ce sont ceux qui font sur le terrain qui savent le mieux. Une totale autonomie de décision est donc laissée aux groupes, tant sur les décisions opérationnelles (organisation du travail) que sur les décisions stratégiques (investissements, recherche de nouveaux produits ou procédés).

À RETENIR

> La subsidiarité va plus loin dans l'autonomie et la décentralisation de la décision que la délégation. La délégation fixe au départ, par l'échelon supérieur, le degré de liberté donné à l'échelon inférieur dans l'obtention d'objectifs préalablement définis. La subsidiarité donne d'emblée la totale liberté à l'échelon inférieur, qui définit librement ses objectifs. Elle fixe, à l'inverse, le rôle de l'échelon supérieur, qui sera dans une fonction d'aide et d'assistance, ou qui prendra en charge les tâches que l'échelon inférieur ne peut réaliser. **Avec la délégation, le pouvoir de décision vient du sommet, avec la subsidiarité, il vient de la base.**

La validation par les pairs

Le processus de décision se veut démocratique. Il existe des procédures de vote et de débats en assemblée générale. Toutefois, le processus de décision le plus courant est la **validation par les pairs ou collégialité**. Un individu ou un groupe autonome qui souhaite modifier une situation, proposer une solution à un problème ou engager des investissements est invité à présenter ses arguments auprès des membres du groupe ou auprès des autres groupes ou d'un comité *ad hoc*. Cela permet d'**échanger les informations et les solutions** et de **coordonner les actions** au sein de l'organisation tout en responsabilisant les individus qui doivent justifier la pertinence de leurs propositions. Cela ne signifie pas nécessairement l'obtention d'un consensus unanime, mais les désaccords doivent être levés. La nomination des leaders au sein des groupes autonomes relève également de ce processus de validation par les pairs (cooptation), tout comme la **gestion des conflits** ou l'**évaluation des performances**.

> **EXEMPLE**
>
> L'entreprise Morning Star est organisée en équipes appelées *business units*. Chaque BU doit faire valider chaque année son budget et ses choix d'investissement pour l'année à venir. Elle doit aussi s'expliquer sur ses performances de l'année passée et proposer les améliorations possibles. En cas de conflit persistant entre individus, un médiateur est nommé, si besoin un comité de collègues, dont le rôle est d'aider à la résolution du conflit, mais sans imposer de décision aux deux parties.

D L'animation et la GRH

Les modalités de la gestion des ressources humaines s'écartent des schémas habituels. On présentera, sans être exhaustif, le style de management, les pratiques de définition de postes, d'évolution professionnelle, de rémunération et de licenciement.

Le style de management

Il est clairement **participatif** et l'accent est mis sur la nature des relations interpersonnelles entre tous les acteurs de l'entreprise. **Respect, confiance, traitement d'égal à égal, bienveillance, empathie, gentillesse** sont les traits qui ressortent des études de cas de Getz et Carney et de Laloux. Ce type de relations permet de limiter le stress (Getz et Carney) et d'être soi-même et d'entrevoir la plénitude (Laloux).

La définition de poste et l'évolution professionnelle

Plus que de poste de travail, il s'agit de définir les rôles des uns et des autres, par validation au sein du groupe, sachant que la **rotation de postes et de responsabilités ainsi que la polyvalence font** partie des caractéristiques des groupes autonomes. **La**

spécification des tâches doit être minimale, car il faut laisser des espaces de liberté, des marges de manœuvre, aux individus, pour qu'ils puissent évoluer et prendre des initiatives en fonction des aléas, des problèmes, des opportunités, des idées nouvelles. Dans certaines entreprises libérées, c'est l'individu lui-même qui choisit ses fonctions.

> **EXEMPLE**
>
> Chez Gore, le nouveau recruté n'a pas de descriptif de poste et de place dans un organigramme. Il a toute latitude pour décider de ce qu'il fera, sur quoi il va travailler et avec qui, au fur et à mesure des projets sur lesquels il s'investit ou qui lui sont proposés, sans que ce soit planifié.

La **progression de carrière** se pense en termes de compétences et de responsabilités, mais ne se matérialise plus par une progression dans les niveaux hiérarchiques, puisque ceux-ci sont réduits ou inexistants. Cette progression est laissée à la **libre initiative** des individus, qui prennent **davantage de rôles et de responsabilités**, qui **changent de groupes** ou de mini-usines ou qui se voient proposer un poste de **leader ou de conseiller**. Souvent, les rôles de leaders ou les rôles hiérarchiques qui subsistent sont attribués pour une durée temporaire et renouvelable par un vote de confiance.

> **EXEMPLE**
>
> Chez Morning Star, chaque salarié négocie par contrat avec ses collègues les rôles qu'il souhaite assumer. Les fonctions de chacun sont revues périodiquement et n'importe qui peut proposer des modifications : élargissement ou réduction de ses tâches, davantage ou moins de responsabilités. Là encore, les changements et évolutions sont validés par les collègues.

Rémunération et évaluation

La **validation** par les pairs gouverne aussi l'**évolution de la rémunération** des individus évalués sur leurs résultats, compétences et responsabilités. Dans certains cas, les individus décident eux-mêmes de leur rémunération.

> **EXEMPLE**
>
> Chez Gore, la politique de rémunération découle des résultats de la notation annuelle entre collaborateurs, chacun évaluant les collègues avec qui il a travaillé.
>
> Chaque salarié de Morning Star met par écrit l'évolution de rémunération annuelle qu'il estime justifiée en argumentant avec des indicateurs de performance et les avis des collègues. La demande est examinée par un comité qui donne un avis consultatif. En cas d'avis divergent, le salarié est invité à revoir sa proposition. En cas de désaccord persistant, une procédure de médiation est engagée. Au terme de la discussion, la décision finale reste l'apanage de l'individu.

Les **écarts de rémunération** sont **limités** et ne reposent plus sur le statut hiérarchique. Conformément à la théorie de la motivation intrinsèque, **les primes individuelles sont proscrites** car elles détruisent à terme l'automotivation. Selon les travaux de Edward L. Deci et Richard M. Ryan (1985, 2002), l'individu fait progressivement dépendre son engagement au travail du montant de la prime, donc d'un facteur externe. Seules des primes collectives identiques pour tous sont adéquates.

Licenciement

Getz, Carney et Laloux soulignent d'une part que les départs pour licenciements sont rares, car le style de management bienveillant, la liberté donnée à chacun d'évoluer et l'évaluation par les pairs permettent de trouver des solutions négociées aux problèmes. D'autre part, ces auteurs considèrent que tous les individus ne sont pas faits pour l'entreprise libérée. Certains seront amenés à quitter l'entreprise de leur propre initiative. Une organisation libérée implique en effet responsabilité, acceptation du jugement des autres, reconnaissance de ses erreurs sans les attribuer à autrui, etc. Getz, Carney et Laloux parlent de la nécessité d'avoir un « comportement adulte ».

III. Comment construire l'entreprise libérée ?

A Les conditions préalables

Dans ses derniers écrits, Getz (2016) rejoint Laloux sur l'existence de deux conditions :
- **une volonté du dirigeant qui atteint la sagesse** ; seul le dirigeant qui incarne la direction de l'entreprise a le pouvoir de conduire la transformation ; **le leader libérateur** sera donc le « **patron** », celui qui est aux commandes ; il doit atteindre au préalable la sagesse, qui le conduit à renoncer à son pouvoir, à mettre son ego au second plan et à avoir un comportement humble, authentique, sincère ;
- **une volonté des propriétaires de l'entreprise** ; les propriétaires ou actionnaires doivent partager le projet de libération et donner toute latitude au dirigeant dans sa démarche et sur le long terme.

B La mise en œuvre

Tant Laloux que Getz insistent sur le fait qu'il n'existe pas de modèle ou de plan bien établi à suivre, pour la simple raison que l'entreprise libérée, avec l'autonomie au premier plan, a toutes les caractéristiques des **systèmes complexes auto-organisateurs et non linéaires**. Une planification et une démarche analytique ne peuvent être utilisées, car le processus de libération s'apparente à la dialectique du **désordre organisateur** (fiche 4). On peut toutefois distinguer trois points clés.

Instaurer la confiance

Rien ne pourra se faire si tous les acteurs n'ont pas confiance dans le leader libérateur et se méfient de l'autonomie qui leur est proposée. Les salariés doivent prendre le dirigeant au sérieux dans sa volonté de changement. C'est une phase « silencieuse » selon Getz, sans d'effet d'annonce, mais avec des actes concrets et symboliques : de la considération, de la liberté et de l'initiative accordées aux individus, ainsi que du renoncement au pouvoir. Cela peut prendre plusieurs mois, voire plusieurs années.

> **EXEMPLE**
>
> Quelques actes symboliques : suppression des places de parking réservées aux managers, installation du bureau du dirigeant au milieu de ses collaborateurs en **open space**, fenêtre murée du bureau du chef donnant sur les ateliers, suppression du contrôle d'accès au local de fournitures en libre service.

Faire partager la vision d'entreprise

Le leader libérateur doit définir la **vision stratégique** qui servira de cadre de référence à l'exercice de l'autonomie, la rappeler et la faire partager au quotidien. C'est la première étape pour **construire une communauté** et faire émerger une **nouvelle culture commune**. La vision peut provenir au départ du dirigeant, mais devra être discutée et amendée par les salariés.

> **EXEMPLE**
>
> La vision de la fonderie FAVI a émergé après plusieurs semaines de réflexion et de discussion entre l'ensemble des salariés répartis en groupes.

Le leader libérateur : le gardien et garant de la mise en œuvre

Les modalités effectives de la libération – quelles pratiques, par quoi débuter et à quel rythme ? – dépendent du contexte propre à chaque entreprise. Elles sont aussi vues diversement selon les auteurs. Toutefois, les préconisations convergent vers le **rôle clé du leader libérateur** en tant qu'initiateur, mais aussi en tant que gardien du temple de la libération. Le succès de la démarche dépendrait de sa capacité à être à l'écoute, à s'appuyer sur l'énergie collective, à comprendre la complexité des situations, à rappeler sans cesse la vision et les valeurs de la libération, à être médiateur et maïeuticien, c'est-à-dire à faire prendre conscience des enjeux, et à susciter l'initiative et l'autodirection. Le tout en faisant preuve de gentillesse et bienveillance, et en agissant avec ses collaborateurs avec « grâce » (Getz et Carney) ou « délicatesse » (Laloux). Au final, et cela devient son **rôle premier**, il doit sans cesse **préserver les facteurs clés de succès** : la confiance entre les individus et le partage des valeurs d'autonomie et de liberté.

> **EXEMPLE**
>
> Jean-François Zobrist, leader libérateur de FAVI, illustre à sa façon ce rôle de gardien du temple : « un responsable qualité, bac+3, me dit un jour qu'il en a marre, qu'il n'y en a que pour les ouvriers à la Favi et qu'il n'est pas à leur disposition. Comme il insiste, je lui réponds que son attitude montre que, premièrement, il n'est pas bon, et que, deuxièmement, ses clients étant les ouvriers, il est donc à leur service. Et, usant du peu de droits qu'a un patron, je lui impose, comme formation, de passer une année sur machine. Face à son refus scandalisé, je le licencie immédiatement à titre conservatoire, avec préavis payé et indemnités. Et j'ai gagné aux prud'hommes ! Et même si j'avais perdu, je lui aurai payé deux ans de salaire, mais il n'avait plus sa place à la Favi. Il avait touché aux valeurs. »

C Le bonheur au travail ?

Selon ses promoteurs, l'entreprise libérée conduit à des performances supérieures et permet de survivre plus facilement à un contexte de crise économique. Elle doit aussi conduire au **bonheur des individus** qui, grâce à la liberté, s'épanouissent pleinement. Il reste que le lien entre degré de libération et performances économiques et sociales reste à établir et à mesurer pleinement. Les études de cas relatées sont en petit nombre à l'échelle mondiale (quelques dizaines d'entreprises) et les entreprises concernées sont souvent dirigées par des leaders libérateurs qui sont également fondateurs de l'entreprise. Ces dirigeants font d'ailleurs figure de visionnaires d'exception, capables de sagesse, et à même de piloter la transformation de l'entreprise. De plus, **si la hiérarchie disparaît, le contrôle réapparaît**, tout aussi permanent, sous une autre forme : celui des collègues, du groupe et de l'ensemble de l'organisation, contrôle social dont il n'est pas certain qu'il soit moins manipulateur, violent ou source de stress.

ENTRAÎNEMENT

QCM

Choisissez, parmi les propositions suivantes, la ou les bonne(s) réponse(s).

1. **Le fonctionnement de l'organisation hiérarchique repose sur :**
   a. la méfiance et le contrôle.
   b. l'autonomie et le contrôle.
   c. la confiance et l'autonomie.

2. **Sur quelle théorie de la motivation s'appuient les promoteurs de l'entreprise libérée ?**
   a. La motivation extrinsèque.
   b. La motivation intrinsèque.
   c. La motivation bifactorielle.
   d. La motivation hiérarchisée de Maslow.

3. **Qu'est-ce qui incite les individus à agir selon la théorie interne de la motivation ?**
   a. Les récompenses matérielles ou immatérielles.
   b. L'autonomie.
   c. La satisfaction.
   d. Les conditions de travail.

4. **Quelle est la méthode utilisée par les différents auteurs pour définir l'entreprise libérée et prouver son efficacité ?**
   a. Le test d'un ensemble d'hypothèses.
   b. La modélisation systémique.
   c. L'observation de cas d'entreprise.
   d. L'expérimentation en entreprise.

5. **La stratégie d'une entreprise libérée se formule :**
   a. en considérant l'environnement et la concurrence (diagnostic externe).
   b. en considérant les ressources internes (diagnostic interne).
   c. en combinant le diagnostic externe et le diagnostic interne.

6. **La vision d'entreprise dans l'entreprise libérée a pour rôle :**
   a. de permettre aux individus de se coordonner.
   b. d'expliciter la stratégie de l'entreprise pour les actionnaires.
   c. de communiquer les valeurs de l'entreprise aux publics externes.

7. **Quelle est la structure organisationnelle préconisée par l'entreprise libérée ?**
   a. La structure par groupes autonomes.
   b. La structure fonctionnelle autonome.
   c. La structure *staff and line* autonome.

8. **Le principe de subsidiarité signifie, dans une organisation, que :**
   a. la hiérarchie fixe les limites du pouvoir de décision de la base.
   b. le sommet donne un pouvoir supplémentaire à l'encadrement intermédiaire.
   c. le sommet limite le pouvoir de l'encadrement intermédiaire.
   d. la base fixe elle-même les limites de son pouvoir de décision.

9. Dans l'entreprise libérée, la plupart des décisions sont prises :
   a. par le leader libérateur.
   b. par validation par les pairs.
   c. par validation par les coachs ou conseillers.

10. Comment évolue-t-on professionnellement dans l'entreprise libérée ?
    a. Par élévation des compétences et des responsabilités.
    b. En devenant leader de son groupe.
    c. Sans niveaux hiérarchiques, il n'y a plus d'évolution possible.

11. Pourquoi le processus de libération ne peut-il venir que du sommet de l'organisation ?
    a. Il est le plus compétent pour gérer le processus.
    b. Il est le seul à pouvoir atteindre la sagesse requise.
    c. Il a seul le pouvoir de le décider.

12. Pour quelles raisons ne trouve-t-on pas un modèle type de mise en œuvre de l'entreprise libérée ?
    a. C'est impossible à planifier et prévoir.
    b. La théorie de l'entreprise libérée n'est pas encore achevée.
    c. Cela dépend du secteur d'activité et de la taille de l'entreprise.

EXERCICES

1 En utilisant un moteur de recherche, identifiez les théories de la motivation au travail. Quelles conséquences en tirer quant à la portée du modèle de l'entreprise libérée ?

2 L'entreprise libérée annonce-t-elle la fin du management ?

CORRIGÉS DES QCM

1. a. Dans l'organisation hiérarchique du travail, parce qu'on se méfie d'emblée du comportement des salariés, on leur impose et prescrit le travail qu'ils doivent effectuer, et on contrôle sa bonne exécution.

2. b. La motivation vient de l'intérêt de l'individu pour son travail et du plaisir à l'effectuer.

3. b. L'autonomie répond aux besoins de reconnaissance, de maîtrise et d'autodétermination.

4. c. Il s'agit de la méthode empirique : induire des lois générales à partir de l'étude de quelques cas particuliers.

CORRIGÉS

5. b. Traditionnellement, le choix d'une stratégie se fait sur la base du double diagnostic externe/interne. Les entreprises libérées se développent de façon organique, sur la base de leur ressources internes, tel un organisme vivant.

6. a. La vision d'entreprise donne un cadre de référence aux actions des individus et des unités autonomes, afin que tous aillent dans la même direction.

7. a. Les groupes autonomes qui définissent chacun leur mode de fonctionnement.

8. d. La subsidiarité est l'inverse de la délégation : la base fixe les limites de son autonomie et par conséquent définit ce qui relève de sa hiérarchie.

9. b. La validation par les pairs assure l'expertise par ceux qui sont au plus près de l'objet de la décision. C'est aussi une façon de coordonner les individus et de poser les limites des uns et des autres.

10. a. L'individu est libre de proposer une évolution de poste et/ou de ses responsabilités. Devenir leader n'est qu'une façon parmi d'autres de prendre davantage de responsabilités.

11. c. Le dirigeant d'entreprise dispose du pouvoir de décider et donc d'imposer à tous les acteurs de prendre leur autonomie. Il faut néanmoins qu'il atteigne la sagesse pour renoncer à son pouvoir et se comporter en « révolutionnaire non violent » (Getz).

12. a. L'entreprise est un système complexe et sa mutation la fait entrer dans un processus d'auto-organisation impossible à prédire (désordre organisateur). Le leader libérateur devra d'ailleurs savoir penser la complexité pour appréhender et piloter au mieux la transformation.

CORRIGÉS DES EXERCICES

1 **En utilisant un moteur de recherche, identifiez les théories de la motivation au travail. Quelles conséquences en tirer quant à la portée du modèle de l'entreprise libérée ?**

En utilisant un moteur de recherche, on est vite dépassé par le nombre de théories et de typologies de théories de la motivation en général et de la motivation au travail en particulier (F. Fenouillet a dénombré 101 théories de la motivation dans son ouvrage *Les théories de la motivation* (2012). La motivation au travail apparaît multiple, dépendante de divers facteurs contextuels, individuels, sociaux, etc. La validité de telle ou telle théorie n'est en outre pas simple à démontrer empiriquement. Comme le résume Claude Levy-Boyer : « Contingence et complexité des processus motivationnels, diversité et flexibilité des réponses constituent donc les maîtres mots de la motivation au travail. » (La motivation au travail. Modèles et stratégies, 2006). Ces

constats conduisent à s'interroger sur l'universalité du modèle de l'entreprise libérée, qui s'appuie sur une théorie particulière, la théorie intrinsèque de la motivation (travaux de Deci et Ryan), et qui postule la séquence suivante : liberté → autonomie → motivation → performance (et bonheur). Cette théorie de la motivation peut-elle se généraliser à tous les individus, à toutes les organisations, à toutes les cultures… ?

2 L'entreprise libérée annonce-t-elle la fin du management ?

On peut rappeler tout d'abord le type de management critiqué par le courant de l'entreprise libérée. C'est le management issu des principes classiques de la gestion et des grandes organisations tayloriennes : un management pyramidal (du haut vers le bas ou *top down*), directif (absence de consultation ou de participation de la base), qui prescrit le travail (tâches et objectifs fixés par les supérieurs) et qui développe des procédures de contrôle (contrôle budgétaire, de gestion, qualité, entretien annuel, etc.).

Ensuite, on peut souligner le caractère dépassé de ce type de management à l'heure actuelle du fait des transformations dans les processus de production (réactivité, anticipation, créativité nécessaire, etc.) et des évolutions des aspirations des individus au travail (exemple des générations Y et Z qui auraient une certaine aversion pour les contraintes et l'autorité).

Un autre type de management est donc proposé, qui donne toute autonomie aux individus et qui fait disparaître les niveaux hiérarchiques. La confiance est la pierre angulaire du fonctionnement de l'organisation libérée (subsidiarité, groupes autonomes) qui peut s'autoréguler (décisions collectives par validation par les pairs). Ce management implique aussi des relations interpersonnelles sinon chaleureuses, tout au moins bienveillantes, d'égal à égal et « adultes ».

Le management disparaît-il avec l'entreprise libérée ? Pas du tout. La finalité ou raison d'être du management demeure : il faut piloter l'organisation. On assiste plutôt à un transfert des fonctions managériales, notamment des fonctions support, de la hiérarchie (qui disparaît ou s'aplatit) vers la base et les opérationnels. Le contrôle n'est pas éliminé non plus ; il est décentralisé *via* le contrôle et la validation des collègues. Le management ne disparaît pas, seulement les managers. Mais pas tous, car il subsiste toujours le dirigeant libérateur, doté de capacités particulières (sagesse, pensée complexe).

Les types de structure

FICHE 15

NOTIONS CLÉS

✓ Structure entrepreneuriale
✓ Structure fonctionnelle
✓ Structure divisionnelle
✓ Structure matricielle
✓ Management par projet

Le choix d'un type de structure dans une organisation tente de répondre de façon pragmatique à la double question fondamentale de toute théorie des organisations : comment diviser le travail pour permettre la spécialisation et comment le coordonner pour maintenir la cohérence. Chaque organisation définit sa propre réponse en créant une structure adaptée à sa taille, à la complexité de ses marchés, à son degré de diversification ou à son niveau d'internationalisation. Si chaque mode d'organisation est unique, on peut néanmoins les regrouper autour de quatre types de structure. Ces structures sont généralement représentées par des organigrammes.

> **Définition**
> Un **organigramme** est une représentation graphique des différentes unités qui composent une organisation et des relations hiérarchiques qui existent entre elles.

I. La structure entrepreneuriale

On dit parfois que les petites entreprises n'ont pas de structure organisationnelle, parce qu'elles n'ont pas d'organigramme. Pourtant, dès lors que plusieurs individus, même peu nombreux, travaillent ensemble, ils doivent nécessairement se partager le travail et se coordonner. Dans les petites structures (moins de vingt salariés), c'est le dirigeant qui répartit le travail, contrôle son exécution et le coordonne. En général, il participe lui-même à l'activité et ne peut se contenter d'un rôle de manager. C'est pourquoi on parle de **structure en soleil**, puisqu'une personne (ou parfois un petit groupe de personnes) organise directement le travail de l'ensemble du personnel. Le degré d'autonomie des salariés peut varier très fortement selon le style de management de l'entrepreneur, et la faible taille de l'organisation favorise des **coordinations informelles**, mais en tout état de cause, **l'entrepreneur y joue un rôle central**.

EXEMPLE

L'organigramme suivant est typique d'une TPE industrielle.

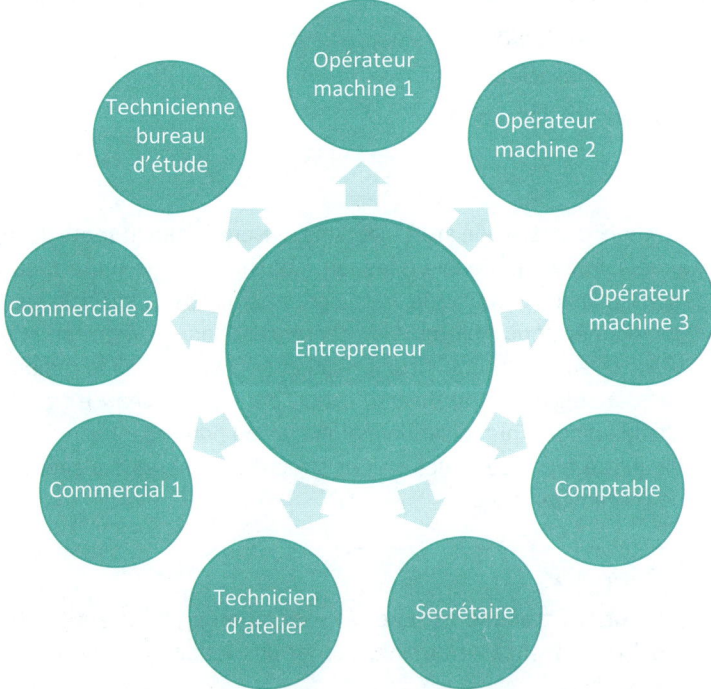

Dans cette TPE industrielle, le dirigeant programme le travail de tous les salariés. C'est lui qui planifie le travail de production des trois opérateurs et donne des priorités au technicien d'atelier et au technicien du bureau d'étude. La secrétaire et le comptable travaillent directement sous son autorité. Les commerciaux peuvent être itinérants et bénéficier d'une large autonomie dans leur activité mais ils rendent des comptes chaque fin de semaine à l'entrepreneur. En cas de conflit, c'est l'entrepreneur qui tranche.

Ce type de structure a deux avantages principaux : son **faible coût** et une **forte centralisation** de l'information qui facilite la prise de décision. L'entrepreneur a une connaissance directe de tous les aspects de la gestion de l'entreprise. La limite de ce type de structure tient au fait qu'une personne seule peut difficilement coordonner le travail de plus d'une vingtaine de salariés. Si l'organisation se développe, l'entrepreneur devra déléguer progressivement une partie de son activité de supervision du travail. La structure deviendra alors fonctionnelle.

II. La structure fonctionnelle

Une structure fonctionnelle repose sur un découpage de l'organisation selon ses différentes fonctions, c'est-à-dire que les employés sont regroupés selon leur type d'activité : production, commercialisation, SAV, ressources humaines, recherche et développement, etc. Les fonctions utilisées et leur niveau de découpage varient d'une entreprise à l'autre. Chaque unité de base correspond donc à une fonction de l'entreprise ; on utilise souvent le terme de service pour les désigner. Ces services peuvent, quand leur taille est importante, être redécoupés en sous-unités.

> **EXEMPLE**
>
> L'organigramme suivant correspond à l'organisation fonctionnelle d'une brasserie.

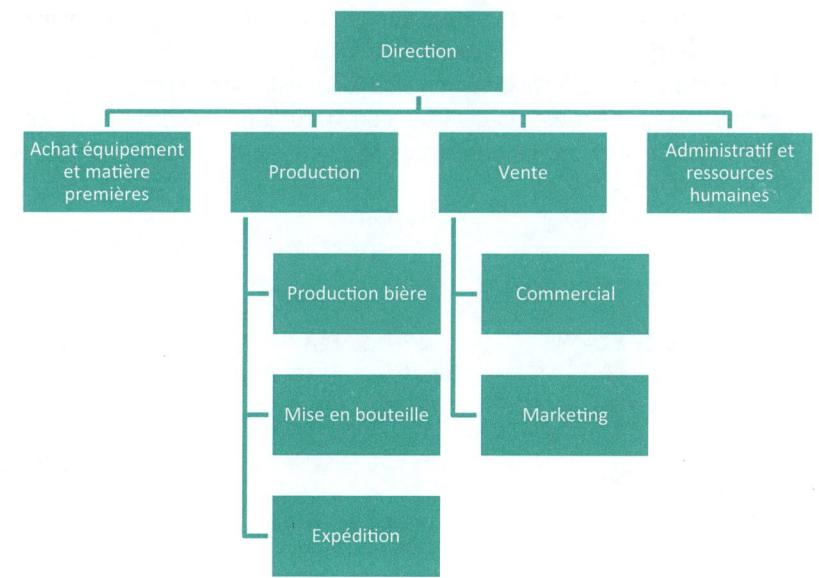

> Il s'agit ici d'une PME industrielle. L'essentiel des effectifs est concentré dans le service fabrication, ce qui a incité à le redécouper en trois unités spécialisées. Le service vente est lui aussi scindé en deux services différents. En revanche, compte tenu de la petite taille de l'entreprise, l'ensemble des comptables, des personnels administratifs et des ressources humaines ont été regroupés dans un seul service. Les liens entre les unités marquent des liaisons hiérarchiques. Ainsi, un employé qui charge les camions travaille sous l'autorité du responsable du service expédition, lequel est sous l'autorité du responsable du service production. On peut supposer que ce dernier participe au comité de direction avec les membres de la direction et les trois autres responsables de service.

Les avantages de cette structure sont sa relative **simplicité** et le fait que les employés sont sous l'autorité de spécialistes de leur fonction. Son principal inconvénient est qu'elle n'est **pas forcément adaptée à une activité trop diversifiée**. Les fonctions se coordonnent souvent difficilement dans les grandes entreprises et elles imposent un même mode de fonctionnement quel que soit le marché ou la zone géographique. Quand l'activité est trop variée, les organisations optent pour une structure divisionnelle.

III. La structure divisionnelle

Une structure divisionnelle repose sur un découpage de l'entreprise selon le type de produit, le type de client ou la zone géographique d'activité. Il s'agit de **spécialiser les unités**, appelées divisions, non plus sur une des fonctions de l'entreprise, mais sur un marché spécifique. Si la division a un statut juridique distinct, on parle de filiale. Dans chaque division, les principales fonctions sont présentes, mais elles sont plus spécialisées.

EXEMPLE

L'organigramme suivant correspond à la structure divisionnelle par zone géographique d'une autre brasserie.

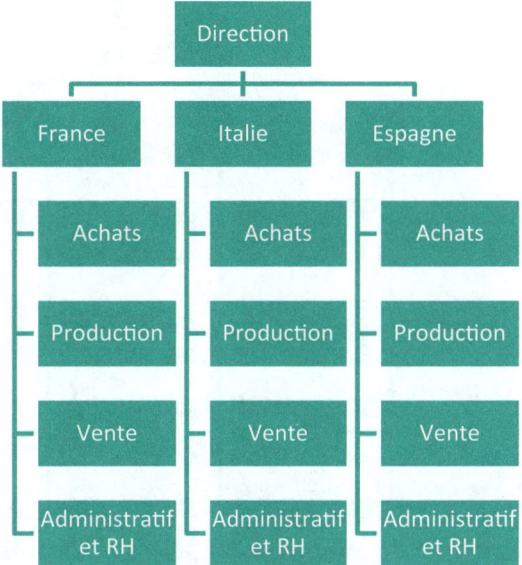

Il s'agit ici d'une brasserie de taille plus importante que le précédent exemple, présente dans trois pays. Cette organisation permet une meilleure spécialisation. Par exemple, les services ventes sont spécialisés sur un seul pays et dépendent directement de leur direction nationale. Cette structure est plus coûteuse. On peut par exemple se demander si un service achat pour chaque pays est vraiment nécessaire.

> **EXEMPLE**
>
> L'organigramme suivant représente la structure divisionnelle par produit d'une entreprise de spiritueux.
>
>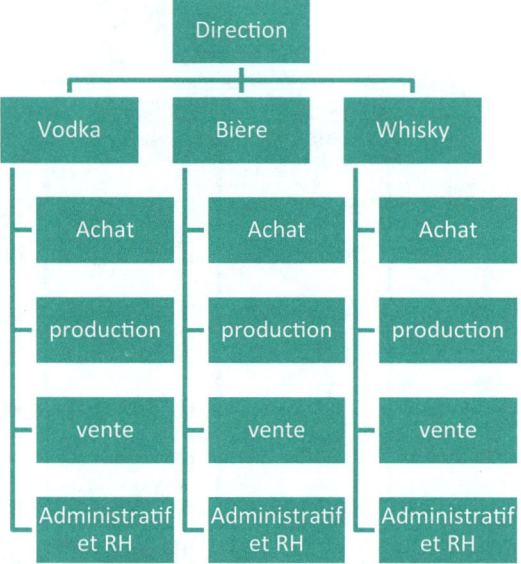
>
> Dans cette entreprise, un commercial « bière » travaille dans le service vente bière quelle que soit sa zone géographique.

Une structure divisionnelle permet une **meilleure spécialisation** sur un type de marché et incite les différentes fonctions d'une même division à travailler ensemble. Elle permet également une **meilleure mesure de la performance** de chaque division, alors que dans une structure fonctionnelle, les fonctions étant partagées entre plusieurs marchés, ce type de calcul est plus complexe. Enfin, les divisions étant autonomes, il est plus facile d'arrêter une activité ou de se lancer sur un nouveau marché en rachetant une autre entreprise.

> **EXEMPLE (SUITE)**
>
> Si la brasserie avec organigramme divisionnel par zone géographique souhaite pénétrer le marché anglais, elle pourra assez facilement intégrer une brasserie anglaise dont elle serait devenue propriétaire sans changer de façon importante son organisation globale. Inversement, si l'entreprise de spiritueux souhaite arrêter son activité concernant la vodka, elle pourra se séparer de cette filiale et la revendre à un autre groupe de spiritueux. Ces changements auraient été beaucoup plus complexes dans une structure fonctionnelle

En revanche, ce type de structure est **particulièrement coûteux**, puisque les différentes fonctions sont répliquées dans chaque division. L'autonomie des divisions peut parfois les amener à être en concurrence si les marchés ne sont pas totalement distincts. Enfin, les innovations d'une division ne sont pas diffusées de manière naturelle vers les autres. Pour maintenir la transversalité et bénéficier d'économie d'échelle sur les fonctions, les entreprises peuvent adopter une structure matricielle.

IV. La structure matricielle

Une structure matricielle résulte du **croisement de deux structures** pour essayer de bénéficier des avantages des deux types de structure, tout en réalisant des économies d'échelle. Dans une entreprise à structure matricielle, un employé est sous l'autorité de deux responsables. Deux croisements sont possibles :
— une division produit et une division géographique ;
— une structure fonctionnelle et une structure divisionnelle.

> **EXEMPLE**
>
> L'organigramme suivant schématise une organisation matricielle pour une entreprise de spiritueux. La structure croise ici une organisation divisionnelle par produit et une organisation fonctionnelle.
>
> | | Vodka | Bière | Whisky |
> |---|---|---|---|
> | Achat | | | |
> | Production | | | |
> | Vente | | X | |
> | Administratif et RH | | | |
>
> Un commercial bière (X sur le schéma) est à la fois intégré au service vente et à la division bière. Il dépend par exemple du service vente pour les formations métier et de la division bière pour les formations produits. Il travaille en lien avec les autres fonctions de la division bière et avec les autres commerciaux du service vente. Son responsable direct est le responsable vente de bière.

L'atout essentiel de la structure matricielle est la **transversalité** qu'elle permet et les échanges d'informations qu'elle favorise. La mobilité des salariés est plus importante entre services ou entre divisions puisqu'il y a moins de cloisonnement.

Le principe de cette structure étant de rompre avec l'unicité de commandement, elle est cependant difficile à mettre en œuvre. La multiplicité des responsables peut entraîner des **conflits** si la coordination est insuffisante entre responsables. Inversement, cette nécessaire coordination peut entraîner une certaine **lenteur des prises de décision**.

V. L'organisation par projet

L'intérêt des structures organisationnelles est d'ordonner de façon cohérente le travail d'employés ayant des cultures métiers (rapport à la technique, rapport au client, etc.) très variées par des mécanismes formels et pérennes. Elles facilitent ainsi la coordination au quotidien, mais se sont révélées peu adaptées pour le management de situations nouvelles nécessitant une bonne coordination de compétences diversifiées dans des délais contraints. Les entreprises ont progressivement mis en place un type d'organisation spécifique pour ce genre de situation : le management par projet.

La notion de projet renvoie donc à des situations dans lesquelles une organisation doit gérer une **activité temporaire et nouvelle**, avec un objectif général établi mais des modalités précises qui restent à définir, tout en respectant des contraintes de temps et de budget. Il peut s'agir de lancement de produits nouveaux (nouveau véhicule dans l'industrie automobile), de mise en place de nouvelles méthodes de travail ou d'organisation (introduction du *lean management*), de la production de biens spécifiques (chantiers dans le BTP), etc. Parler d'organisation par projet suppose une certaine ampleur de ce dernier, qui justifie la création d'un groupe projet qui n'existera plus une fois les objectifs atteints, soit que l'on retournera à un fonctionnement ordinaire, soit que les individus seront répartis dans de nouveaux groupes projets.

> ### Définition
>
> Un **groupe projet** rassemble des employés de différents niveaux hiérarchiques et appartenant à différentes fonctions, qui consacrent une partie plus ou moins importante (jusqu'à la totalité) de leur temps de travail au projet. Il est géré par un chef de projet qui doit notamment identifier les tâches à réaliser, planifier leur enchaînement et veiller au respect des contraintes budgétaires.

ENTRAÎNEMENT

QCM

Choisissez, parmi les propositions suivantes, la ou les bonne(s) réponse(s).

1. **Une structure matricielle :**
   a. résulte du croisement de deux structures.
   b. permet d'accélérer la prise de décision.
   c. fait reposer les décisions principales essentiellement sur une personne.

2. **Dans une structure entrepreneuriale :**
   a. l'entreprise est découpée selon ses différentes fonctions.
   b. le dirigeant coordonne le travail de la plupart des salariés.
   c. le dirigeant coordonne le travail de tous les salariés.

3. **Dans une structure divisionnelle, les différentes divisions :**
   a. ont des activités différentes.
   b. ont des implantations géographiques différentes.
   c. dépendent de la direction générale pour les décisions stratégiques.

4. **Avoir des usines à l'étranger :**
   a. impose une organisation divisionnelle par zone géographique.
   b. n'est pas compatible avec une organisation par projet.
   c. est compatible avec une organisation fonctionnelle.

5. **Une organisation par projet est particulièrement adaptée dans un secteur :**
   a. où l'innovation est importante.
   b. où les économies d'échelle sont importantes.
   c. où les technologies de production sont stables.

6. **Dans une organisation fonctionnelle :**
   a. les directions des différents services sont totalement autonomes.
   b. les salariés sont sous la responsabilité de managers généralistes.
   c. les salariés sont sous la responsabilité de spécialistes de leur domaine.

7. **Si un grand groupe souhaite se retirer d'un pays où il produisait et vendait sur place, c'est plus facile avec une organisation divisionnelle :**
   a. par activité.
   b. par client.
   c. par zone géographique.

ENTRAÎNEMENT

EXERCICES

1 Nouvelle organisation du groupe Thales

Extrait d'un communiqué de presse du groupe Thales

> Neuilly-sur-Seine, 11 février 2010
>
> Le projet de nouvelle organisation de Thales, annoncé le 11 décembre 2009, a été soumis aux partenaires sociaux. Les procédures d'information-consultation étant réalisées, la nouvelle organisation est mise en place.
>
> À cette occasion, Luc Vigneron, président-directeur général de Thales, a déclaré : « L'évolution de notre organisation vise à nous rapprocher encore plus de nos clients internationaux afin de mieux les satisfaire. Ceci créera dans l'avenir la croissance et la rentabilité indispensables à notre développement. »
>
> La nouvelle organisation s'articule autour de trois zones et de sept divisions, et le nouveau Comité Exécutif, présidé par Luc Vigneron, président-directeur général de Thales, est composé de :
>
> Pour les zones :
>
> > Alex Dorrian : Zone A, Directeur général de Thales UK
> >
> > Blaise Jaeger : Zone B
> >
> > La France constitue une zone en elle-même, sous la responsabilité de Luc Vigneron.
>
> Pour les divisions :
>
> > Alex Cresswell : Défense Terrestre
> >
> > Jean-Pierre Forestier : Systèmes de Transport
> >
> > Jean-Loïc Galle : Opérations Aériennes
> >
> > Michel Mathieu : Avionique
> >
> > Pierre-Éric Pommellet : Systèmes de Mission de Défense
> >
> > Reynald Seznec : Espace
> >
> > Pascale Sourisse : Systèmes C4I de Défense et Sécurité

À quelle structure type peut-on rattacher l'organisation du groupe Thales ? En quoi devrait-elle permettre de mieux satisfaire les clients ?

ENTRAÎNEMENT

2 Manager de projet chez Keolis

Extrait d'une offre de stage du groupe Keolis

> Assistant Chef de Projet Innovation et Digital
>
> Le Groupe Keolis a fixé le Digital comme une priorité stratégique de développement et y consacre 30 Millions d'euros dans les prochaines années. À cette fin, le Groupe a également créé une Direction Digital & Innovation en charge de mettre en place la stratégie digitale du Groupe au travers d'études et de projets (partenariats, développement de solutions digitales,...), en France et à l'étranger. Afin d'accompagner son activité, la Direction Digital et Innovation souhaite se renforcer d'un(e) Assistant(e) Chef de projet Digital & Innovation transverse.
>
> Missions non-exhaustives
>
> Appui sur de nouveaux projets en lien avec les filiales, les partenaires et les Directions Métier du Groupe : étude d'opportunité, cadrage (technique, fonctionnel/client, financier, communication, juridique) développement de partenariats avec des start-ups ou de grands Groupes...

Quels sont les éléments justifiant une gestion par projet ? Cette organisation par projet remet-elle en cause le reste de l'organisation ?

CORRIGÉS DES QCM

1. a. Une structure matricielle résulte du croisement de deux structures divisionnelles ou d'une structure divisionnelle et d'une structure matricielle. Les décisions y sont plus longues à prendre, et c'est dans une structure entrepreneuriale que les décisions reposent sur une personne.

2. b. Le dirigeant de l'entreprise coordonne le travail de tous les salariés, mais cela n'empêche pas par ailleurs une coordination informelle entre les individus, facilitée par la petite taille de l'organisation.

3. c. Dans une structure divisionnelle, les différentes divisions peuvent avoir une même activité (dans une division par zone géographique) ou être implantées dans le même pays (dans une division par activité ou par client). Dans ce type de structure, les divisions sont relativement autonomes, et la direction se contente d'une coordination stratégique de l'ensemble.

4. c. Une entreprise avec une structure fonctionnelle peut avoir des usines à l'étranger. Elles sont placées sous l'autorité du responsable production au siège, quel que soit le pays d'implantation.

5. a. Dans un secteur où l'innovation est importante, l'activité de recherche et développement (R&D) est stratégique. Cette activité est incertaine et suppose beaucoup de créativité et de souplesse. Pour être compétitive, l'entreprise doit néanmoins

CORRIGÉS

tenir des contraintes de délais et de coûts : l'organisation par projet est donc particulièrement bien adaptée.

6. c. Dans une organisation fonctionnelle, les directions des différents services doivent se coordonner. Les responsables de services sont généralement issus de leur domaine fonctionnel : ingénieur pour le service production, cadre issu d'une école de commerce pour le service vente, etc.

7. c. Avec une organisation divisionnelle par zone géographique, il suffira de revendre la division de l'entreprise dans ce pays à un concurrent. Dans les autres organisations divisionnelles, les activités correspondant à ce pays sont réparties dans les différentes divisions, et s'en séparer est plus complexe.

CORRIGÉS DES EXERCICES

1 Nouvelle organisation du groupe Thales

Il s'agit *a priori* d'une organisation matricielle croisant une structure divisionnelle par zone géographique et une structure divisionnelle par activité. L'objectif est de bénéficier à la fois d'une spécialisation pour chacune des sept activités et d'une plus grande proximité au client grâce à l'organisation par zone géographique.

2 Manager de projet chez Keolis

La gestion par projet se justifie tout d'abord parce que la mise en œuvre de la digitalisation dans le groupe Keolis est transversale. Elle impacte toutes les activités. Le caractère innovant et stratégique a incité à mettre en place une direction spécifique organisée par projet. Enfin, cette activité suppose la mobilisation de nombreux partenaires internes (filiales, directions métiers, etc.) et externes (consultants, société de services en ingénierie informatique).

La direction Digital & Innovation semble être ajoutée à la structure initiale sans en modifier le mode de fonctionnement.

Vers des organisations en réseau

FICHE 16

NOTIONS CLÉS

- ✓ Intégration
- ✓ Externalisation
- ✓ Entreprise réseau
- ✓ Coopétition

I. L'entreprise intégrée

Jusque dans les années 1980, la forme dominante d'organisation des grandes entreprises est celle de l'entreprise intégrée, c'est-à-dire une organisation qui cherche à **réaliser en interne la totalité des activités de production**. Dans cette période, les entreprises cherchent à atteindre une taille élevée pour bénéficier d'économies d'échelle. L'importance des investissements les incite dès lors à sécuriser à la fois leurs approvisionnements, en intégrant leurs fournisseurs, et leurs débouchés, en intégrant les réseaux de distribution. Cela permet également à l'entreprise de coordonner plus facilement l'ensemble des activités liées à son produit et lui évite d'être dépendante d'autres entreprises. Pour se développer, tout en restant intégrée, l'entreprise peut choisir entre la croissance interne ou la croissance externe.

A La croissance interne

Dans le cas de la croissance interne, ou croissance organique, l'organisation augmente sa taille en embauchant des salariés et en créant *ex nihilo* de nouveaux moyens de production (nouvelles machines, nouveaux locaux, nouveaux points de vente, etc.). Cette stratégie renforce la culture d'entreprise. Elle est souvent privilégiée par les entreprises familiales et les PME, parce que cela permet un meilleur contrôle de l'organisation par les actionnaires d'origine. La croissance interne est parfois la seule option, notamment quand une entreprise est pionnière dans son secteur.

> **EXEMPLE**
>
> Walmart est le premier groupe de distribution au monde. L'entreprise a été créée en 1962 dans l'Arkansas. Son créneau est celui de la vente à prix bas dans les villes moyennes, où l'entreprise est sans concurrent. En effet, à l'époque de sa fondation, ce type de marché était jugé trop petit et donc non rentable par les grands groupes de la distribution. Pour permettre des économies d'échelle sur ces villes de taille moyenne, les magasins Walmart sont implantés en grappes autour de plateformes logistiques qui permettent d'atteindre une taille suffisante. La croissance interne est la seule option, puisqu'il n'existe pas de magasin de ce type à racheter.

L'inconvénient de ce type de développement est qu'il est **peu rapide**. De plus, sur les marchés stables, la croissance interne suppose de prendre des parts de marché aux concurrents déjà présents, ce qui peut mener à une guerre des prix. Enfin, ce type de croissance ne facilite pas l'acquisition de savoir-faire nouveaux.

B La croissance externe

Pour pallier ces inconvénients, les entreprises peuvent opter pour la croissance externe, qui consiste à **racheter une entreprise existante**. Quand les deux entreprises sont favorables au rachat, on parle alors de **fusion**.

> **EXEMPLE**
>
> Pour s'implanter à l'étranger à partir des années 1990, Walmart s'est appuyée sur l'acquisition de réseaux de distribution déjà existants (croissance externe). Cette stratégie permet une pénétration plus rapide des nouveaux marchés et les filiales locales ont une bonne connaissance des spécificités de la clientèle.

> **EXEMPLE**
>
> Le groupe AccorHotels, pour se développer rapidement dans les services informatiques pour les hôteliers indépendants, a racheté Fastbooking en 2015 et Availpro en 2017. Cela lui a permis de devenir en très peu de temps le leader européen et la troisième entreprise au niveau mondial dans ce secteur.

Les fusions et acquisitions ne sont cependant **pas simples à réaliser**. L'intégration d'une entreprise avec une culture et une histoire différentes est souvent délicate. Les synergies justifiant ces opérations sont souvent longues à obtenir. Par ailleurs, la constitution de grands groupes intégrés aboutit à des organisations complexes et coûteuses à gérer.

II. L'externalisation

À partir des années 1980, les entreprises ont cherché à externaliser – c'est-à-dire à faire faire par d'autres entreprises – une partie croissante de leur activité. L'externalisation a tout d'abord touché des tâches périphériques comme le nettoyage des locaux ou le gardiennage. Mais elle s'étend maintenant à des activités qualifiées comme l'informatique ou une partie de la gestion des ressources humaines.

> **EXEMPLE**
>
> Renault a entièrement externalisé le développement de la nouvelle Mégane Break à un prestataire allemand. Celui-ci a non seulement entièrement conçu le véhicule, mais il a également choisi et géré les fournisseurs ainsi qu'assuré la coordination avec l'usine espagnole de Renault qui produit le break.

A Avantages de l'externalisation

Une première série d'avantages de l'externalisation tient à la **réduction des charges d'exploitation**. Un prestataire extérieur qui travaille pour plusieurs donneurs d'ordre aura un volume sur l'activité externalisée plus important que le seul donneur d'ordre, lui permettant un meilleur amortissement des équipements. L'entreprise qui externalise peut reporter le risque technique sur le prestataire, réduire les frais de stockage et alléger l'effort de trésorerie. Cela lui permet également une meilleure allocation des ressources, puisqu'elle peut concentrer ses investissements financiers et humains sur les parties de son activité sur lesquelles elle peut créer une véritable différence avec ses concurrents.

Le recours à des sous-traitants amène également une **plus grande flexibilité**. Le donneur d'ordre peut plus facilement faire varier le niveau de ses achats en fonction de la demande qui lui est adressée. Enfin, si l'activité est technique, le prestataire extérieur pourra utiliser une technologie plus adaptée, puisqu'il est spécialisé dans le domaine externalisé. Les sous-traitants travaillent souvent pour plusieurs donneurs d'ordre et bénéficient également d'une expérience plus vaste.

Pour finir, même si cet argument est rarement mis en avant par les donneurs d'ordre, le recours à la sous-traitance fait **basculer une partie de l'activité vers des salariés de PME dont les conditions d'emploi sont moins avantageuses**. Cela est d'autant plus vrai que les donneurs d'ordre sont en général dans un rapport de force favorable, qui les autorise à faire pression sur les sous-traitants pour qu'ils baissent leur prix. Cette logique peut également amener à délocaliser une partie de la production à l'étranger.

B Risques de l'externalisation

Si, d'un point de vue financier, l'externalisation semble efficace, elle n'est cependant pas sans risques. Le premier risque est celui de l'**abandon de savoir-faire** à des sous-traitants qui peuvent à terme renverser le rapport de force. Cela peut créer une situation dans laquelle l'entreprise qui externalise devient dépendante de ses fournisseurs. À l'extrême, les sous-traitants peuvent devenir des concurrents.

En règle générale, l'externalisation d'activités périphériques pose peu de problèmes. En revanche, le recours à des prestataires extérieurs de plus en plus nombreux pour des activités de plus en plus techniques et proches du cœur de métier de l'entreprise soulève la question de l'**efficacité de la coordination d'un ensemble d'organisations hétérogènes**.

> **EXEMPLE**
>
> La société Airbus a perdu plusieurs centaines de millions d'euros sur des retards de livraison et des annulations de commande de l'A320 NEO. Une vingtaine d'avions est produite et stockée en attente de livraison de leurs moteurs. En cause, le fournisseur du moteur, une société américaine, qui n'a pas réussi à mettre au point correctement ces moteurs dans les délais prévus.

Pour assurer cette coordination globale, les grandes entreprises accordent de plus en plus d'attention à la gestion de ce qui devient une entreprise réseau.

III. L'entreprise réseau

La notion d'entreprise réseau rend compte du fait qu'il devient de plus en plus fondamental pour les grandes entreprises de gérer leurs relations non plus seulement avec les clients, mais avec l'ensemble des entreprises qui participent à la conception, à la production ou à la commercialisation de leur produit. **L'entreprise réseau est une vision élargie de l'entreprise qui dépasse ses frontières juridiques traditionnelles**, pour poser la question de l'organisation d'un ensemble d'entreprises impliquées à des stades différents dans un même processus de production. Les entreprises du réseau sont indépendantes juridiquement. Il ne s'agit pas, comme dans l'entreprise intégrée, d'une gestion des filiales d'un groupe. Ces entreprises sont en revanche étroitement liées d'un point de vue économique.

A Des formes de coordination intermédiaires

Les formes de coordination mises en œuvre dans l'entreprise réseau sont spécifiques. La dépendance économique des organisations impose de dépasser les relations marchandes traditionnelles. La grande entreprise qui organise le réseau cherche à tirer parti des avantages de l'externalisation, mais elle veut dépasser la simple relation de sous-traitance pour sécuriser ses approvisionnements comme ses débouchés. Il s'agit alors de mettre en place des mécanismes organisationnels, de nature assez variable d'une entreprise à l'autre, qui visent à la fois à s'assurer de la fiabilité et de la qualité des prestataires, avec en contrepartie une aide technique, voire financière, et une garantie de moyen terme sur les volumes de commande et parfois sur les prix.

Oliver Williamson, auteur central du courant de la nouvelle économie institutionnelle (fiche 10), qualifie ce type d'organisation de **gouvernance bilatérale**. Il considère cette configuration de la relation comme une forme intermédiaire entre le marché et l'intégration.

Les relations entre l'entreprise centrale et les entreprises composant le réseau **dépassent la relation marchande**, puisqu'elles s'inscrivent dans le long terme et que la mise en concurrence n'est pas systématique. L'entreprise centrale veut à la fois mieux sélectionner ses partenaires et les contrôler, et elle va même essayer de les impliquer dans la conception du produit.

Il ne s'agit pas non plus d'intégration, puisque si les partenaires du réseau sont assez dépendants de l'entreprise centrale, ils restent néanmoins **autonomes dans leur gestion** et peuvent avoir d'autres clients. Enfin, les actionnaires des entreprises sont différents, ce qui peut amener des tensions, notamment sur la détermination des prix et donc du profit de chacune des parties à la transaction. Les relations au sein du réseau sont un mélange de coopération et de rapport de force.

B Les réseaux territorialisés

Dans certains cas, la proximité géographique est un des moyens utilisés pour favoriser la coordination et la coopération entre les entreprises du réseau.

> **EXEMPLE**
>
> Pour l'usine automobile Smart à Hambach, la plupart des fournisseurs sont situés sur place et apportent directement leurs modules sur la chaîne d'assemblage.

La coordination peut dépasser le simple aspect logistique et aboutir à la constitution d'un système productif local ou *cluster*. Il s'agit du rapprochement d'entreprises situées sur un même territoire qui mutualisent des moyens et développent des complémentarités. Ces regroupements plus ou moins formels se font souvent autour d'un métier ou d'une activité. L'État soutient le développement de ces réseaux locaux à travers le financement et l'organisation de pôles de compétitivité.

> **Définition**
> Un pôle de compétitivité « rassemble sur un territoire bien identifié et sur une thématique ciblée, des entreprises, petites et grandes, des laboratoires de recherche et des établissements de formation. Les pouvoirs publics nationaux et locaux sont étroitement associés à cette dynamique » (competitivite.gouv.fr).

> **EXEMPLE**
> En Alsace et Lorraine, le pôle HYDREOS a pour mission principale d'accroître les performances du tissu économique local dans les métiers de l'eau. Il regroupe 125 structures adhérentes (entreprises, laboratoires de recherche et de collectivités) et a financé plus de 55 millions d'euros de projet.

C Les alliances

La constitution d'entreprises réseaux se double d'une complexification des relations entre entreprises concurrentes. En effet, les entreprises ont de plus en plus fréquemment recours à des stratégies d'alliance pour mettre en commun des moyens (R&D, production, etc.) tout en restant concurrentes. Pour décrire ce phénomène, certains chercheurs parlent de **coopétition**, pour rendre compte du fait que les relations entre entreprises se déroulent **simultanément dans les registres de la coopération et de la compétition**.

> **EXEMPLE**
> Le groupe PSA Peugeot-Citroën a fait alliance avec Toyota pour la conception et la production de petits véhicules urbains. Les Citroën C1, Peugeot 107 et Toyota Aygo ne diffèrent que par quelques éléments de carrosserie et d'habillage intérieur. Les deux groupes ont ainsi pu partager les frais liés à la conception de ces voitures, mais ils restent concurrents sur le marché automobile.

D Une redéfinition permanente des frontières

Au final, dans l'entreprise réseau, les frontières de l'organisation sont en permanence redéfinies, et **gérer les relations avec les entreprises de son réseau devient une compétence stratégique**. Cela peut passer aussi bien par des opérations de fusion-acquisition que par des externalisations, des alliances ou des partenariats. La notion de cœur de métier ne permet plus de caractériser de façon définitive l'organisation.

Figure 16.1. Schématisation des frontières de l'entreprise et de l'entreprise réseau

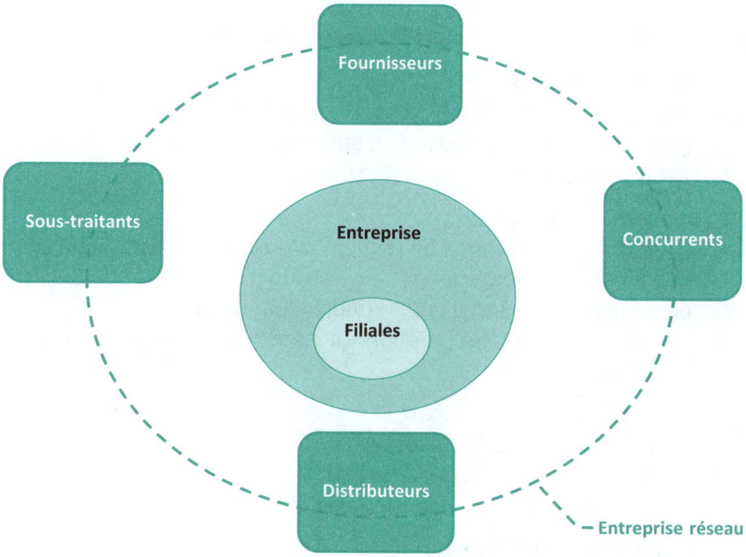

```
                    Fournisseurs

   Sous-traitants      Entreprise       Concurrents
                        Filiales

                    Distributeurs
                                    — Entreprise réseau
```

L'entreprise se définit par un lien de propriété et donc un contrôle direct des filiales. L'entreprise réseau inclut d'autres entreprises liées par des relations à la fois organisationnelles et marchandes.

EXEMPLE

Dans le domaine des puces pour téléphone portable, le groupe Intel a accepté de devenir sous-traitant pour son principal concurrent, ARM, actant ainsi son échec sur l'activité de conception. Dans le domaine des casques sans fil, Intel a choisi de nouer un partenariat avec Microsoft pour le développement d'une plateforme holographique. Pour les caméras 3D, Intel équipe directement des robots et a mis en place un partenariat avec BMW pour leur utilisation dans l'automobile. Enfin, dans le domaine des serveurs, Intel a racheté une entreprise spécialisée dans l'intelligence artificielle. Sous-traitance, alliance, intégration : c'est l'évolution des marchés et des technologies qui guide les choix d'Intel dans la gestion de son périmètre d'activité.

ENTRAÎNEMENT

QCM

Choisissez, parmi les propositions suivantes, la ou les bonne(s) réponse(s).

1. **La croissance interne :**
   a. est le seul moyen de développer une entreprise intégrée.
   b. peut se faire par l'acquisition d'autres entreprises.
   c. est un mode de croissance assez lent.

2. **La gouvernance bilatérale :**
   a. correspond à une forme de relation très organisée entre une entreprise et des prestataires extérieurs.
   b. correspond au rachat d'une entreprise par une autre.
   c. est un moyen de faire pression sur des sous-traitants pour qu'ils baissent les prix.

3. **Le recours à la sous-traitance :**
   a. peut se faire par délocalisation.
   b. est synonyme de délocalisation
   c. est un moyen d'éviter une délocalisation.

4. **Dans une entreprise réseau :**
   a. l'entreprise centrale est propriétaire du capital des entreprises du réseau.
   b. les entreprises ne sont liées que par des contrats commerciaux classiques.
   c. l'entreprise détient parfois une part du capital des entreprises du réseau.

5. **Quand une grande entreprise externalise une activité à fort contenu technologique :**
   a. elle fait travailler le prestataire sur la base de plans conçus en interne.
   b. elle prend le risque de perdre progressivement un savoir-faire.
   c. elle ne cherche pas à bénéficier de l'expertise du prestataire extérieur.

6. **Une alliance avec un concurrent :**
   a. permet d'éviter une concurrence forte sur le marché.
   b. est illimitée dans le temps.
   c. permet aux entreprises de limiter leurs besoins d'investissement.

7. **Dans un réseau territorialisé :**
   a. toutes les entreprises ont le même actionnaire.
   b. la proximité géographique a pour objectif central de diminuer les frais de transport.
   c. la proximité géographique permet des échanges d'informations et favorise la confiance entre les entreprises.

ENTRAÎNEMENT

EXERCICES

1. La fabrication de paquebots : une entreprise « étendue »

Le fabricant de navires de croisière STX France (chantier naval de Saint-Nazaire) conçoit et fabrique des navires de très grande taille sur des chantiers d'une durée de trois ans. Sur ce type de projet, les marges sont faibles et la capacité à tenir les délais est centrale. L'entreprise considère que son avantage par rapport à la concurrence étrangère réside essentiellement dans sa capacité à gérer les relations avec les entreprises de son réseau. En effet, 80 % de la valeur d'un paquebot correspond à des achats à l'extérieur. Ainsi, sur les 6 500 personnes qui travaillent sur le site de Saint Nazaire, près de 4 000 sont des salariés de plus de 500 sous-traitants, et le nombre de salariés impliqués dans l'ensemble de la filière atteindrait les 12 000. L'entreprise précise sur son site : « STX France est une entreprise dite "étendue". Compte tenu de la très forte interaction de STX France avec ses fournisseurs et coréalisateurs et le partage d'objectifs communs, l'enjeu de relations professionnelles de confiance entre l'entreprise et son réseau est particulièrement fort. » Les fournisseurs sont classés dans quatre catégories en fonction d'audits qualité et d'un classement annuel (fournisseurs prospectés, fournisseurs actifs, fournisseurs préférentiels et partenaires). Les fournisseurs entrant dans la catégorie des partenaires doivent notamment s'engager sur des plans de développement communs avec STX, et sont impliqués dès le stade de l'appel d'offre aux côtés du chantier.

a. Que recouvre l'utilisation par STX de l'expression « entreprise étendue » par la direction de STX France ?

b. Pourquoi STX ne se contente-t-elle pas de relations de sous-traitance classiques ?

2. La notion de frontière de l'organisation a-t-elle encore un sens ?

CORRIGÉS DES QCM

1. c. La croissance interne est assez lente, puisqu'il faut créer les nouveaux moyens de production à partir de rien. L'achat d'autres entreprises est de la croissance externe. Cela permet de faire grandir une entreprise tout en préservant son niveau d'intégration.

2. a. La gouvernance bilatérale est le mode d'organisation des relations entre une grande entreprise et ses prestataires extérieurs correspondant à l'entreprise réseau.

3. a. La délocalisation consiste à faire faire à l'étranger une partie de la production auparavant faite sur le territoire national. Une délocalisation peut se faire en recourant à un sous-traitant implanté à l'étranger, mais elle peut également se faire en interne, en confiant la production à une filiale du groupe à l'étranger.

CORRIGÉS

4. c. Dans une entreprise réseau, les entreprises sont indépendantes juridiquement, mais il est possible que l'entreprise centrale détienne une part du capital de certains de ces partenaires, notamment pour éviter une prise de contrôle par un concurrent. Si elle détient la totalité du capital, l'entreprise devient une filiale, et c'est un cas d'intégration.

5. b. Une grande entreprise qui externalise une activité à fort contenu cherche à bénéficier du savoir-faire d'un spécialiste, mais elle prend le risque de ne plus être compétente sur cette activité. C'est pour limiter ce risque que les grandes entreprises organisent fortement leurs relations avec les prestataires extérieurs.

6. c. Une alliance entre deux entreprises concurrentes a pour objectif la mise en commun d'une partie de leur activité, ce qui limite les besoins en investissement. Elle est en général limitée dans le temps, et les deux entreprises restent en concurrence auprès de leurs clients.

7. c. Le fait que les entreprises d'un réseau territorialisé soient proches les unes des autres facilite les échanges directs. Les rencontres fréquentes entre les personnels des entreprises à différents niveaux favorisent d'autant plus le développement d'une relation de confiance que les différents acteurs du réseau partagent une même culture et peuvent être amenés à se côtoyer en dehors du cadre professionnel.

CORRIGÉS DES EXERCICES

1 La fabrication de paquebots : une entreprise « étendue »

a. L'utilisation de l'expression « entreprise étendue » rend compte du fait que la direction de STX France considère comme stratégique de gérer la relation avec son réseau de sous-traitants. Elle est utilisée ici comme un synonyme d'entreprise réseau. Pour qualifier les entreprises de son réseau, la direction utilise également les termes de coréalisateurs et de partenaires, insistant ainsi sur le fait qu'il ne s'agit pas de relations marchandes classiques.

b. Les prestataires extérieurs ne se contentent pas de fournir des pièces ou des services périphériques, ils participent à la production, voire à la conception, des paquebots. Il s'agit de projets longs (trois ans) et très complexes (coordination de plus de 500 prestataires). Une relation de sous-traitance classique ferait prendre de nombreux risques à STX, notamment celui de ne pas tenir les délais. C'est pourquoi l'entreprise met en place une relation qui, sans intégrer les prestataires, assure un contrôle suffisant du projet dans son ensemble.

2 La notion de frontière de l'organisation a-t-elle encore un sens ?

La notion de frontière de l'entreprise a perdu de son sens, puisqu'il devient de plus en plus difficile de faire la différence entre ce qui est interne et ce qui est externe à l'entreprise. Dans les grandes entreprises intégrées, le périmètre d'activité correspondait globalement aux frontières juridiques de l'entreprise. Dans l'entreprise réseau, toute une partie de l'activité est sous-traitée à des prestataires extérieurs ou peut faire l'objet d'alliances avec des concurrents. Il devient donc indispensable de gérer les relations avec des organisations qui ne sont pas contrôlées par l'entreprise mais sont en relation avec elle. De plus, ces frontières changent rapidement en fonction de l'évolution des marchés et des technologies.

SYNTHÈSE

Synthèse des écoles et des auteurs clés

Les pages suivantes proposent un schéma récapitulatif des écoles et courants présentés dans l'ouvrage en indiquant sur un axe temporel la période qui correspond à leur phase d'expansion et de consolidation. Lorsque cette période se termine, cela ne signifie pas que l'école n'est plus influente. Par exemple, l'école classique a largement inspiré l'organisation des entreprises jusque dans les années 1960 et le taylorisme demeure toujours un modèle de fonctionnement possible.

Les auteurs fondateurs sont également indiqués avec la date de leur publication principale (voir les références complètes en bibliographie).

NB. Les fiches 15 et 16 sur les structures et l'entreprise réseau ne figurent pas sur ce schéma synthétique car elles présentent des objets d'étude et non pas des écoles ou courants théoriques.

SYNTHÈSE

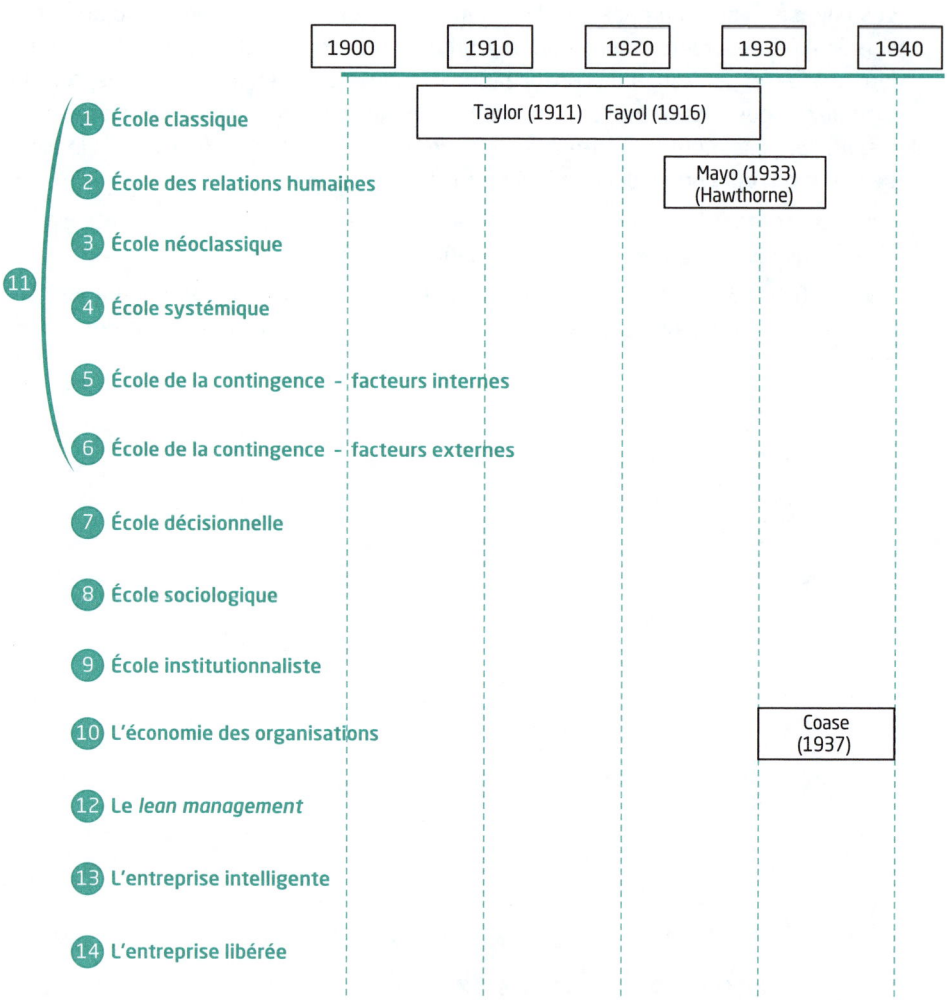

SYNTHÈSE

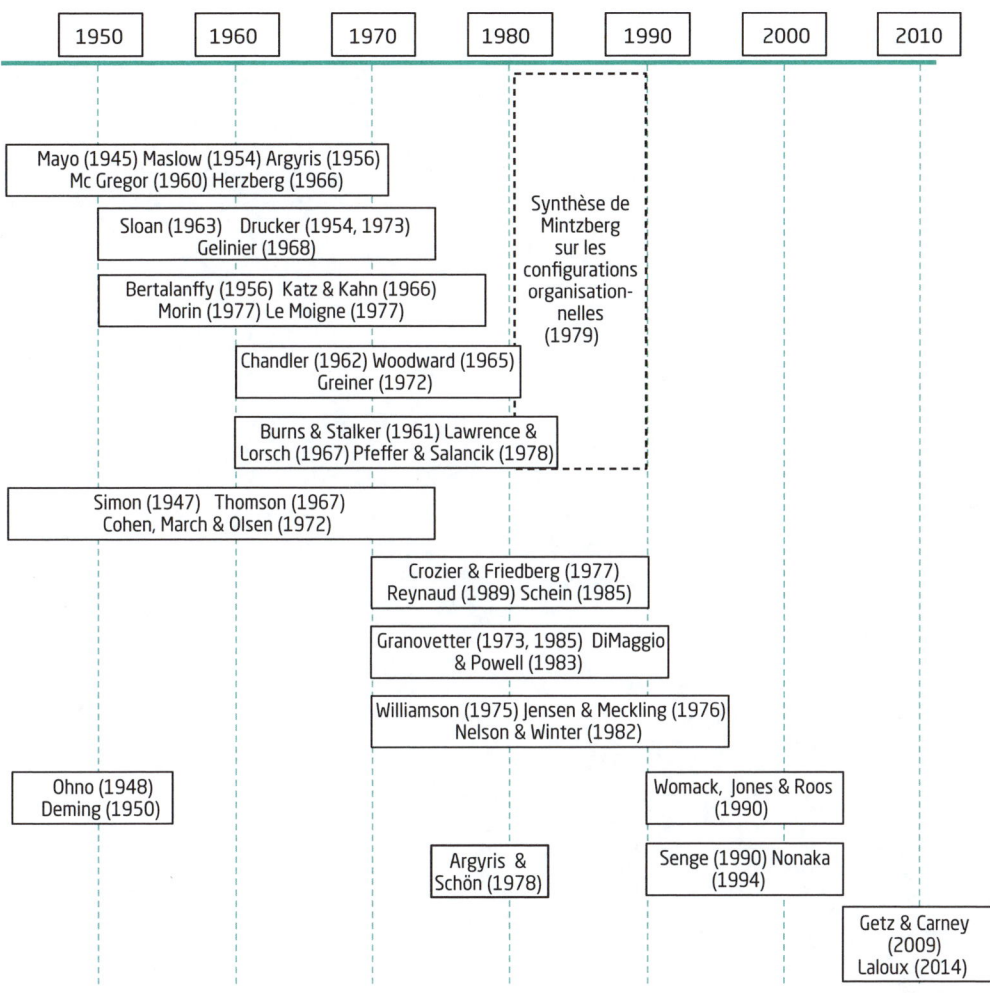

EXERCICES DE SYNTHÈSE

Qui a écrit ?

Pour vérifier que vous savez situer les différents courants présentés dans cet ouvrage, retrouvez les auteurs de ces citations (il s'agit de citations authentiques).

1. « C'est principalement grâce à un chef observateur sympathique et intéressé en charge de l'atelier que les dispositions originales ont produit leurs effets. »
   a. Elton Mayo.
   b. Henry Mintzberg.
   c. Sidney Winter.

2. « L'organisation semble donc changer au fur et à mesure que la technique se complexifie. »
   a. Frederick Taylor.
   b. Joan Woodward.
   c. Elton Mayo.

3. « Quels que soient les efforts déployés, il est impossible d'éliminer toutes les sources d'incertitude à l'intérieur d'une organisation en multipliant les règles impersonnelles et en développant la centralisation. Autour des zones d'incertitude qui subsistent, des relations de pouvoir parallèles vont se développer et, avec elles, des phénomènes de dépendance et de conflits. »
   a. Paul DiMaggio.
   b. Michel Crozier.
   c. Ronald Coase.

4. « Parce que les possibilités intellectuelles de l'homme sont limitées en comparaison avec la complexité des problèmes auxquels ont à faire face les individus et les organisations, le comportement rationnel s'appuie sur des schémas simplifiés qui prennent en considération les principaux traits d'un problème sans en restituer toutes les complexités. »
   a. Herbert Simon.
   b. Peter Drucker.
   c. Elton Mayo.

5. « La connaissance progresse en intégrant en elle l'incertitude, non en l'exorcisant. »
   a. Brian Rowan.
   b. Sidney Winter.
   c. Edgar Morin.

6. « Les organisations sont en concurrence non seulement pour les ressources et les clients, mais aussi pour le pouvoir politique et la légitimité institutionnelle. »
   a. Ikujiro Nonaka.
   b. Paul DiMaggio et Walter Powell.
   c. Michael Jensen et William Meckling.

EXERCICES DE SYNTHÈSE

7. « Tout notre travail sera inutile si quelqu'un ne fait pas appliquer la science par les ouvriers. »
   a. Frederick Herzberg.
   b. Jean-Louis Le Moigne.
   c. Frederick Taylor.

8. « Dans cette étude, nous avons trouvé une relation fondamentale entre les variables externes (l'incertitude, la diversité et la nature des contraintes de l'environnement), les états internes de différenciation et d'intégration et les procédures de résolution des conflits. »
   a. Paul Lawrence et Jay Lorsch.
   b. Jean-Louis Le Moigne.
   c. Michael Jensen et William Meckling.

9. « Il n'existe pas une seule organisation qui soit exactement semblable à un des types parfaits. Mais il y en a qui sont remarquablement proches d'une de ces configurations, alors que d'autres organisations reflètent une combinaison de plusieurs configurations, quelques fois dans des périodes transitoires d'une à l'autre. »
   a. Henry Mintzberg.
   b. Edwards Deming.
   c. Henri Fayol.

10. « Il existe un coût de fonctionnement d'un marché et en créant une organisation, et en permettant à une autorité (un entrepreneur) de répartir les ressources, certains coûts peuvent être évités. »
    a. Michael Jensen et William Meckling.
    b. Ronald Coase.
    c. Mark Granovetter.

11. « Les membres de l'organisation ont une théorie qu'ils utilisent pour planifier et réaliser leurs actions. Ils n'ont en général pas conscience de cette théorie. »
    a. Mark Granovetter.
    b. Chris Argyris.
    c. Henri Fayol.

12. « Un seul chef et un seul programme pour un ensemble d'opérations visant le même but. »
    a. Frederick Herzberg.
    b. Henry Mintzberg.
    c. Henri Fayol.

13. « Vos objectifs vous disent de façon nette et précise où vous devez concentrer vos ressources pour obtenir des résultats. »
    a. Peter Drucker.
    b. Frederick Herzberg.
    c. Sidney Winter.

Exercice 1 : Le management du groupe Renault

Le site internet du groupe Renault propose l'article suivant.

> **Un management par le profit, pour le client**
> Les performances du Groupe reposent sur une organisation managériale adaptée à un déploiement international rapide, et sur la capacité des managers à fixer à chacun des objectifs, mesurables, suivis et réalisables.
> Un management par région : 5 comités de management de régions (CMR) sont responsables et redevables de la contribution d'une zone géographique à la rentabilité de l'entreprise.
> Un management par programme : des Directeurs de Programme sont responsables et redevables de la contribution des véhicules à la rentabilité de l'entreprise, sur tous les marchés, tout au long de leur cycle de vie et sur l'ensemble des services associés.
>
> Source : https://group.renault.com/groupe/management/.

a. Quel auteur du courant néoclassique pourriez-vous mobiliser pour critiquer le titre de cette présentation du management du groupe Renault (fiche 3) ?
b. Quel courant de l'analyse économique pourrait au contraire être utilisé pour justifier ce titre (fiche 10) ?
c. Quelle est la structure organisationnelle adoptée par le groupe Renault (fiche 15) ?

Exercice 2 : Le *lean management* vu par plusieurs courants théoriques

En 2013, l'agence nationale pour l'amélioration des conditions de travail a consacré le numéro 351 de sa revue *Travail & Changement* à la thématique du *lean management*. Plusieurs acteurs du monde du travail y livrent leur analyse, dont voici quelques extraits.

« L'intention n'est pas d'être pour ou contre le Lean, mais de contribuer au débat en apportant des réponses aux vraies questions qu'il pose. [...] aucun modèle organisationnel n'est incontournable sous prétexte qu'il aurait fait ses preuves ailleurs. [...] Le Lean n'existe pas en tant que tel : il s'inscrit dans des dispositifs organisationnels existants. Cela explique la grande diversité de pratiques que l'on observe dans les entreprises [...] »

Rédactrice en chef ANACT

« Il me semble plus pertinent de raisonner en termes de recherche de performance globale. Cette performance vise à améliorer la compétitivité des entreprises pour

EXERCICES DE SYNTHÈSE

s'adapter à la mondialisation en gérant au mieux le changement. [...] Derrière le mot Lean, il y a des méthodes très différentes et très variables en fonction des compétences des consultants qui aident à les déployer. [...] Si ce dernier n'intègre pas la question des conditions de travail, il ne peut y avoir de performance efficace. »

Représentant du Medef

« Revenons aux origines du Lean, qui fait suite au taylorisme pour produire en masse en s'adaptant continuellement à la demande. [...] Temps, gestes, déplacements... tous les moments où le salarié est censé pouvoir se "régénérer" disparaissent. Nous ne pouvons pas considérer ces méthodes comme étant respectueuses du travail des salariés dont les savoir-faire ne sont pas reconnus dans ce type d'organisation. [...] [le Lean] a un défaut essentiel : il ne permet pas de parler du travail et de son lien social alors que, fondamentalement, le travail doit être un objet de discussion. »

Représentant CGT

« Nous considérons [...] que le dialogue social est exclu par l'application qui est faite du Lean le plus souvent, alors que celui-ci portait en lui l'opportunité de permettre aux salariés de s'impliquer dans la mise en œuvre de l'organisation du travail. »

Représentant CFDT

« Créé en 2007 [...] l'Institut Lean France est la branche française du réseau mondial développé par le Lean Enterprise Institute. Nous nous donnons pour mission la défense et l'essaimage des principes et de la pratique du Lean sur le territoire national [...] au travers de [...] la recherche, la formation et le partage. »

Directeur de l'Institut Lean France

« Et que dire de la standardisation de la production ? Va pour l'uniformisation des produits, mais uniformiser la manière de faire, c'est tout bonnement nier la compétence et ce qui fait sens pour l'opérateur. »

Médecin référent pour les risques psychosociaux

« Le Lean apporte des outils et des méthodes de travail structurées et structurantes, qui permettent d'avancer dans un certain nombre de démarches. [...] Cela nous permet d'intégrer de façon régulière les notions de sécurité et de confort au travail. »

Directeur d'un site d'entreprise du secteur de la santé
engagée dans une démarche Lean

« J'ai trente-huit ans d'ancienneté dans l'entreprise. J'ai connu le premier Lean, qui était très directif et imposé par la direction. Celui de maintenant est plus participatif, plus intéressant. Nous sommes passés d'un management autoritaire à une phase

EXERCICES DE SYNTHÈSE

où on explique les choses aux gens. C'est comme un travail de groupe, d'animation. Tout le monde participe, les opérateurs nous font profiter de leurs connaissances du terrain. »

Superviseur chez un équipementier automobile
engagé dans une démarche Lean

« En venant le matin, je sais que vais retrouver une équipe, une entraide. Un opérateur qui va être embêté à son poste, nous allons tous nous pencher sur le problème, essayer de trouver pourquoi cela ne marche pas. Une fois par semaine, nous avons d'ailleurs une réunion d'équipe des "5 pourquoi", qui aide à trouver des solutions. »

Un opérateur chez un équipementier automobile
engagé dans une démarche Lean

Quels sont les courants théoriques qui peuvent être mobilisés pour comprendre une méthode managériale telle que le *lean management* ?

EXERCICES DE SYNTHÈSE

CORRIGÉS

Qui a dit ?

1. a. Elton Mayo, expliquant l'augmentation de la productivité dans l'atelier test de l'usine Hawthorne de la Western Electric Company (fiche 2).

2. b. Joan Woodward, dans le chapitre d'un ouvrage rendant compte de sa recherche sur les formes d'organisation (fiche 5).

3. b. Michel Crozier, détaillant en 1963 les sources du pouvoir dans une organisation (fiches 7 et 8).

4. a. Herbert Simon, explicitant en 1947 le principe de la rationalité imitée (fiche 7).

5. c. Edgar Morin, en 1977, dans *La Méthode*, où il présente les principes de l'analyse systémique (fiche 4).

6. b. Paul Di Maggio et Walter Powell, dans leur article de 1983, où ils expliquent la ressemblance des organisations par le besoin de légitimité (fiche 9).

7. c. Frederick Taylor, détaillant en 1911 les principes de l'organisation scientifique du travail (fiche 1).

8. a. Paul Lawrence et Jay Lorsch, synthétisant dans un article de 1967 les résultats de leur recherche sur trois entreprises de haute performance (fiche 6).

9. a. Henry Mintzberg, expliquant la portée des configurations organisationnelles qu'il propose dans son livre de 2000 (fiche 11).

10. b. Ronald Coase, exposant le principe de coûts de transaction dans un article de 1937 (fiche 10).

11. b. Chris Argyris, analysant dans un article de 1977 pourquoi les dirigeants peuvent avoir du mal à mettre en place un apprentissage en double boucle (fiche 13).

12. c. Henri Fayol, dans son ouvrage fondateur de 1917, où il énonce le principe d'unité de direction (fiche 1).

13. a. Peter Drucker, qui explique l'intérêt du management par objectif (fiche 3).

Exercice 1

a. Peter Drucker défend l'idée que le profit ne doit pas être l'objectif premier d'une entreprise, car sinon le manager perd de vue les fonctions essentielles, à savoir le marketing et l'innovation. Pour lui, le profit ne doit être qu'un indicateur de réussite et non pas une cible du management.

b. La théorie de l'agence considère l'entreprise comme un type particulier de contrat. Elle a inspiré les principes de la gouvernance d'entreprise, qui considère que la maximisation du profit doit être l'objectif prioritaire des directions d'entreprise. Cette présentation, sans doute essentiellement à destination des investisseurs, en reprend donc les codes.

c. Pour se développer à l'international et faciliter le contrôle de ses différentes filiales, le groupe Renault a opté pour une structure divisionnelle par zone géographique. Pour permettre un fonctionnement transversal, le management par programme semble être une forme de management par projet. Le croisement de ces deux organisations aboutit à une structure matricielle.

Exercice 2

Plusieurs courants théoriques peuvent faire écho à ces citations. En voici quelques exemples choisis, sans prétention d'exhaustivité.

La rationalisation taylorienne du travail (fiche 1) est très souvent citée pour commenter le *lean management*, à l'instar de ce que fait explicitement le représentant CGT dans ses propos. Deux points en particulier peuvent être retenus. Le premier est celui de la prescription, et donc de l'imposition de standards. Une fois définis, idéalement avec la participation des salariés, les standards de production s'imposent en effet de manière stricte, et la recherche permanente de l'efficacité et de la suppression des temps morts prolonge bien, de ce point de vue, les principes tayloriens. Le second point est relatif à a construction de la légitimité des méthodes de production. Dans le cas du taylorisme, c'est au nom de la science que les normes de production s'imposent ; dans le cas du *lean*, c'est au nom d'une norme d'efficacité, qui est également présentée comme extérieure aux acteurs. Autrement dit, opérateurs, managers et directions sont censés trouver un terrain d'entente représenté par la « façon la plus efficace et la plus fluide de produire ». Dans les deux cas, le travail est ramené à une activité à optimiser, débarrassée de sa dimension sociale.

Les dimensions sociales peuvent pourtant se retrouver à travers les notions de pouvoir et de dialogue social, comme invite à le penser la citation du représentant CFDT. La maîtrise d'une compétence ou d'un savoir-faire technique fait partie des éléments qui donnent une forme de pouvoir aux acteurs de l'entreprise, en particulier les salariés, et leur permettent soit de peser sur les décisions (fiche 7), soit de rentrer dans des jeux stratégiques (fiche 8). À ce titre, le *lean* peut être analysé comme un processus de transfert de savoir-faire des salariés vers l'organisation, à travers l'amélioration continue et la production de standards opératoires. Dans un autre registre, la théorie de la régulation conjointe (fiche 8) alerte sur le risque que la prescription excessive des manières de faire aboutisse à nier les compétences des opérateurs de production (voir la citation du médecin référent), et détruise ainsi l'existence des « régulations autonomes » indispensables au déroulement de la production.

EXERCICES DE SYNTHÈSE

En insistant sur la variété des formes concrètes d'application *lean*, la citation de la rédactrice en chef s'inscrit très directement dans le courant de l'approche systémique des organisations, et en particulier dans ses développements en termes d'analyse sociotechnique (fiche 4). Le *lean* n'existe pas en tant que tel, et ses applications réelles dépendent des interactions entre les sous-systèmes technique et social des organisations. L'action managériale est alors essentielle dans l'implantation des méthodes *lean*, car elle doit permettre l'émergence, dans une logique participative, des façons de faire adaptées à chaque situation spécifique, et intégrer les préoccupations en matière de sécurité et de confort au travail, pour reprendre les termes du directeur de l'entreprise du secteur de la santé. Présenter le management du *lean* comme la volonté de faire émerger des solutions d'organisation spécifiques, intégrant à la fois les aspects techniques et les aspects sociaux, peut également aboutir à une lecture en termes de routines organisationnelles (fiche 10) car, une fois implantées selon cette logique, les méthodes *lean* deviennent des façons de faire spécifiques, à la fois formalisées et incorporées tacitement dans les pratiques des organisations, qui contribuent à leur performance.

La citation du représentant du Medef, qui insiste sur la justification économique des méthodes *lean* et sur le rôle des consultants, et la citation du directeur de l'Institut Lean France (ainsi que l'existence même d'un tel institut) permettent de mettre en évidence les mécanismes institutionnels de diffusion des pratiques managériales (fiche 9), et notamment le phénomène d'isomorphisme résultant de pressions normatives.

Les citations du superviseur et de l'opérateur de l'équipementier automobile peuvent être interprétées dans le sens de l'école des relations humaines, en mettant en évidence à la fois le rôle du manager, la motivation intrinsèque liée au travail et le travail en équipe (fiche 2). Elles peuvent aussi être mises en perspective à l'aide des théories de l'apprentissage organisationnel (fiche 13), car la résolution de problèmes et les échanges de savoirs se font bien entre des niveaux individuels, collectifs, et contribuent ainsi à la dynamique d'une organisation présentée comme « intelligente » (c'est-à-dire ici capable par son fonctionnement de produire des connaissances nouvelles et de les utiliser à des fins productives).

Pour conclure, il est important de souligner que ces différentes contributions théoriques ne sont pas contradictoires, mais qu'elles éclairent chacune soit une partie du problème, soit un angle de vue singulier. C'est bien en ce sens que le management ne se confond pas avec la théorie des organisations. Les managers peuvent s'appuyer sur les outils conceptuels et les cadres analytiques proposés par la théorie des organisations, mais celle-ci ne met pas de « recette » à disposition. Il appartient aux managers de concevoir des pratiques de gestion adaptées à des contextes singuliers, en fonction de leur propre idée des objectifs à atteindre et de ce que doit être la performance organisationnelle.

Bibliographie

Argyris Chris (1964). *Integrating the individual and the organization.* Wiley and Sons, New York. Traduction française : *Participation et organisation* (1970). Dunod, Paris.

Argyris Chris, Schön Donald A. (1978). *Organizational learning : a theory of action perspective.* Addison Wesley, Reading.

Blau Peter M. (1970), « A formal theory of differenciation in organizations », *American Socioloqogical Review,* 35, p. 201-218.

Burns Tom, Stalker George M. (1961). *The management of innovation.* Tavistok Publications, Londres.

Chandler Alfred D. (1962). *Strategy and structure.* MIT Press, Cambridge. Traduction française : *Stratégies et structures de l'entreprise* (1989). Éditions d'Organisation, Paris.

Coase Ronald (1937), « The nature of the firm », *Economica,* New Series, 4(16), p. 386-405. Traduction française : « La nature de la firme » (1987), *Revue française d'économie,* II(1), p. 133-163.

Cohen Michael D., March James G., Olsen Johan P. (1972), « A Garbage Can Model of Organizational Choice », *Administrative Science Quarterly,* 17(1), p. 1-25.

Crozier Michel (1963). *Le phénomène bureaucratique.* Éditions du Seuil, Paris.

Crozier Michel, Friedberg Ehrard (1977). *L'acteur et le système. Les contraintes de l'action collective.* Éditions du Seuil, Paris.

Deming W. Edwards (1982). *Out of the crisis.* MIT Press, Cambridge. Traduction française : *Qualité, La révolution du management* (1988). Economica, Paris.

DiMaggio Paul, Powell Walter (1983), « The Iron Cage revisited : Institutional Isomorphism and Collective Rationality in Organizational Fields », *American Sociological Review,* 48, p. 147-160.

DiMaggio Paul, Powell Walter (1997), « Le néo-institutionnalisme dans l'analyse des organisations », *Politix,* 10(40), p. 113-154.

d'Iribarne Philippe (1989). *La logique de l'honneur. Gestion des entreprises et traditions nationales.* Éditions du Seuil, Paris.

Drucker Peter F. (1954). *The Practice of Management.* Harper & Brothers, New York.

Drucker Peter F. (1973). *Management : Task, Responsabilities, Practices,* Harper & Row, New York. Traduction française : *La Nouvelle pratique de la direction des entreprises* (1975). Éditions d'Organisation, Paris.

Fayol Henri (1917). *Administration industrielle et générale.* Dunod, Paris.

Gelinier Octave (1968). *Direction participative par objectifs.* Hommes et Techniques, Paris.

Getz Isaac, Carney Brian (2009). *Freedom, Inc.: Free Your Employees and Let Them Lead Your Business to Higher Productivity, Profits, and Growth.* Crown Business, New York. Traduction française : *Liberté & Cie. Quand la liberté des salariés fait le succès des entreprises* (2012). Fayard, Paris.

Granovetter Mark (1985), « Economic Action and Social Structure : The Problem of Embeddedness », *American Journal of Sociology*, 91(3), p. 481-510.

Greiner Larry E. (1972), « Evolution and revolution as organizations grows », *Harvard Business Review*, 50(4), p. 37-46.

Herzberg Frederick (1966). *Work and the nature of man.* World Pub. Co., Cleveland. Traduction française : *Le travail et la nature de l'homme* (1971). Entreprise moderne d'édition, Paris.

Hofstede Geert (1980). *Culture's Consequences : International Differences in Work-Related Values.* Sage Publications, Beverly Hills CA.

Jensen Michael C., Meckling William H. (1976), « Theory of the firm: Managerial behavior, agency costs and ownership structure », *Journal of Financial Economics*, 3(4), p. 305-360.

Laloux Frédéric (2014). *Reinventing organizations.* Nelson Parker, Bruxelles. Traduction française : *Reinventing organizations. Vers des communautés de travail inspirées* (2015). Les Éditions Diateino, Paris.

Lawrence Paul R., Lorsch Jay W. (1967). *Organization and Environment. Managing Differentiation and Integration.* Harvard Business School Press, Boston.

Le Moigne Jean-Louis (1977). *La théorie du système général. Théorie de la modélisation.* PUF, Paris.

Likert Rensis (1967). *The Human Organization. Its Management and Value.* McGraw-Hill, New York. Traduction française : *Le gouvernement participatif de l'entreprise* (1974). Gauthiers-Villars, Paris.

Mayo Elton (1933). *The Human Problems of an Industrialized Civilization.* Macmillan, New York.

Mayo Elton (1945). *The social problems of an industrial civilization.* Routledge & Kegan Paul, Londres.

McGregor Douglas (1960). *The Human side of enterprise.* McGraw-Hill, New York. Traduction française : *La dimension humaine de l'entreprise* (1970). Gauthier-Villars, Paris.

MEYER John, ROWAN Brian (1977), « Institutionalized Organizations : Formal Structure as Myth and Ceremony », *American Journal of Sociology*, 83, p. 340-363.

MINTZBERG Henry (1979). *The Structuring of Organizations. A Synthesis of the Research.*

MINTZBERG Henry (1983). *Power in and Around Organizations.* Prentice Hall, Englewood Cliffs. Traduction française : *Le pouvoir dans les organisations* (1983). Éditions d'Organisation, Paris.

MORIN Edgar (1977). *La méthode 1. La nature de la nature.* Éditions du Seuil, Paris.

NELSON Richard R., WINTER Sidney G. (1982). *An evolutionary theory of economic change.* Harvard University Press, Cambridge.

NONAKA Ikujiro (1994), « A Dynamic Theory of Organizational Knowledge Creation », *Organization Science*, 5(1), p. 14-37.

NONAKA Ikujiro, TAKEUCHI Hirotaka (1995). *The Knowledge-Creating Company. How Japanese Companies Create the Dynamics of Innovation.* Oxford University Press, New York. Traduction française : *La connaissance créatrice. La dynamique de l'entreprise apprenante* (1997). De Bœck Université, Bruxelles-Paris.

OHNO Taiichi (1978). *Toyota Seïsan Hôshiki*, Diamond Inc., Tokyo. Traduction française : *L'esprit Toyota* (1990). Masson, Paris.

PETERS Tom (1992). *Liberation Management. Necessary Disorganization for the Nanosecond Nineties.* Random House of Canada, Toronto. Traduction française : *L'entreprise libérée. Liberation management* (1993). Dunod, Paris.

PFEFFER Jeffrey, SALANCIK Gerald R. (1978). *The external control of organizations. A resource dependence perspective.* Harper and Row, New York.

QUINN Robert E., CAMERON K. (1983), « Organizational life cycles and shifting criteria of effectiveness : some preliminary evidence », *Management Science*, 29(1), p. 33-51.

REYNAUD Jean-Daniel (1989). *Les règles du jeu. L'action collective et la régulation sociale.* Armand Colin, Paris.

SAINSAULIEU Renaud (1977). *L'identité au travail. Les effets culturels de l'organisation.* Presses de la FNSP, Paris.

SCHEIN Edgar H. (1985). *Organizational culture and leadership. A Dynamic View.* Jossey-Bass Publishers, San Francisco.

SENGE Peter (1990). *The fifth discipline. The art and practice of the learning organization.* Doubleday Currency, New York. Traduction française : *La Cinquième Discipline. L'Art et la manière des organisations qui apprennent* (1992). Éditions First, Paris.

SIMON Herbert A. (1947). *Administrative Behavior.* Macmillan, New York. Traduction française : *Administration et processus de décision* (1983). Economica, Paris.

Sloan Alfred P. (1963). *My Years with General Motors*. Doubleday, New York. Traduction française : *Mes années à la General Motors* (1966). Hommes et techniques, Paris.

Taylor Frederick W. (1911). *The Principles of Scientific Management*. Harper Bros, New York. Traduction française : *La direction scientifique des entreprises* (1957). Dunod, Paris.

Thompson James D. (1967). *Organizations in Action*. McGraw-Hill, New York.

Wernerfelt Birger (1984), « A resource-based view of the firm », *Strategic Management Journal*, 5(2), p. 171-180.

Williamson Oliver E. (1975). *Markets and Hierarchies : Analysis and Antitrust Implications*. Free Press, New York.

Williamson Oliver E. (1994), *Les institutions de l'économie*. InterÉditions, Paris.

Womack James P., Jones Daniel T., Ross Daniel (1990). *The Machine that Changed the World. The Story of Lean Production*. Rawson Associates, New York.

Woodward Joan (1958). *Management and technology. Problems of progress in industry 3*, HMSO, London.

Woodward Joan (1965). *Industrial relations. Theory and practice*. Oxford University Press, Oxford.

Index

A

AccorHotels 206
âge et structure 63, 66
Airbus 208
alliance 210
Alstom 156
Amazon 17
amélioration continue 152
analyse
 – fondée sur les ressources 163
 – stratégique des organisations 97
anarchies organisées 89
ANDRH 118
apprentissage organisationnel 161, 163
ARM 211
asymétrie d'information 128
attributs organisationnels 138
autocontrôle 38, 57
auto-organisation 55, 170

B

BMW 211
bonheur au travail 187
bureaucratisation 65
Buurtzorg 180, 181

C

causalité circulaire 49
centre
 – de profit 35
 – opérationnel 139
certitude, situation de 86
champ organisationnel 116, 117
changement organisationnel 74
cinq zéros 155
communauté de pratique 167
compétence organisationnelle 163
condition de survie 74

confiance 114
configuration
 – hybride 139
 – organisationnelle 138
contexte social des activités économiques 113
contingence structurelle 63
contrôle du travail 10
coût de transaction 125
critères de choix 87
croissance
 – externe 206
 – interne 205
culture d'entreprise 104
cycle de vie 66

D

Dacia 130
décentralisation 34, 38, 182
décision, processus de 54, 85
Dell 129
démarche qualité 78
dépendance des resssources 78
déshumanisation 14
différenciation structurelle 66, 76
direction par objectifs 37
division du travail 10, 14

E

EDF 169
entreprise
 – intégrée 205
 – réseau 208
environnement de l'organisation 73
équipes
 – autonomes 23, 171
 – de production semi-autonomes 153
externalisation 207

F

facteurs de contingence 64, 73
fast close 116
FAVI 181
fonction
  - administrative 11, 66
  - de production 123
force des liens faibles 114
Ford 11, 14

G

General Motors 36
gestion des compétences 120
Google 29, 170
Gore 169, 171, 180
gouvernance
  - bilatérale 209
  - d'entreprise 129
groupe
  - autonome 57, 181
  - projet 78, 168

H

Hawthorne 21
hiérarchie 12, 14
homo economicus 85

I

IBM 39
idéologie 139
incertitude, situation de 86
individualisme méthodologique 124
intégration
  - organisationnelle 76
  - verticale 69
Intel 211
isomorphisme 117

J

jeux de pouvoir 91
juste à temps 152

K

Kanban 153
Keolis 203
knowledge management 166

L

leader libérateur 185, 187
lean 115
légitimité 116, 118
liberté au travail 171
ligne hiérarchique 139
lobbying 79
logique cognitive 90

M

management
  - des savoirs 168
  - directif 23, 39
  - interculturel 106
  - libérateur 179
  - moderne 37
  - participatif 23, 27, 170, 183
mécanisme de coordination 140
mécaniste, organisation 75
MEDEF 120
Mercedes 130
Microsoft 173, 211
mimétisme 117
modèle
  - de la poubelle 90
  - d'organisation 138
Morning Star 183
motivation, théorie de la 22, 25, 38, 107
mythe organisationnel 116

N

Nissan 107, 130
niveau hiérarchique 64
nouvelle économie institutionnelle 209

O

opportunisme 127
optimisation de la décision 85
organigramme 193
organisation
  - divisionnalisée 142
  - entrepreneuriale, 142
  - innovatrice 142
  - mécaniste 75, 142
  - missionnaire 143
  - organique 75

- par projet 200
- parties internes 139
- politisée 143
- professionnelle 142
- scientifique du travail 10
Oticon 169

P

partenariat 79
politique de mobilité 78
polyvalence 157
professionnalisation 117
PSA Peugeot-Citroën 210

R

rationalité 126
- limitée 87, 98
- procédurale 88
- substantive 86
Renault 107, 130, 169, 207
réseau social 114
ressources stratégiques 78
routine 130

S

secteur d'activité 63
self-management 178
Smart 130, 209
SMED 154
solution satisfaisante 88
sommet stratégique 139
souffrance au travail 178
sous-traitance 79
spécialisation 64
spécificité des actifs 127
standardisation 64
stratégie et structure 63
structure
 - centralisée 68
 - divisionnelle 34, 196
 - en soleil 194

- fonctionnelle 195
- matricielle 199
- multidivisionnelle 69
- organisationnelle 23, 64, 181
STX France 213
style de management 23, 27, 106, 170
support logistique 139
système
 - d'information 78, 169
 - productif local 209

T

taille et structure 63, 65
technologie et structure 67
technostructure 139
Thales 202
théorie
 - de la dépendance 78
 - de l'agence 128
 - de la motivation 22, 25, 38, 107, 179
 - de la régulation sociale 102
 - des systèmes 47, 98, 185
 - du chaos 55
 - du producteur 123
 - évolutionniste 129, 163
 - néoclassique 123
 - X 27
 - Y 27
Toyota 151, 210
triangulation systémique 55
trous structuraux 114

V

Volvo 26, 107

W

Walmart 206

X

Xerox 167

Achevé d'imprimer en août 2017
sur les presses de la Nouvelle Imprimerie Laballery
58500 Clamecy
Dépôt légal : août 2017
N° d'impression : 706035
N° d'édition : 2017-0248

Imprimé en France

La Nouvelle Imprimerie Laballery est titulaire de la marque Imprim'Vert®